나누고
누리며 살아가는
세상 만들기

김성한 지음

나누고
누리며 살아가는
세상 만들기

연암서가

아주 특별한 우리 형

샬트르 성바오로수도회 서울관구

배 루시아 수녀

'똑똑한데 좀 특별한 사람'

성한이 형과의 첫 만남은 나와 친분이 있던 한 여학생이 그를 이렇게 소개하면서 만나볼 것을 권하여 이루어졌습니다.

당시 저는 가톨릭 사회복지회의 장애인 담당 부서인 재활사업부에 근무하고 있었습니다. 때마침 정신지체장애인 학습 지도를 할 봉사자가 필요했기에 반갑기도 했고, 어떤 점이 특별한지 호기심이 생기기도 했죠. 짧은 시간의 만남이었지만 예의 바르고 겸손한 모습에서 저는 그가 '진지하고 거짓이 없는 맑은 친구로구나' 하는 느낌을 받았습니다. 그래서 곧바로 정신지체장애인을 위한 교육장인 '늘푸른

나무'를 소개해 줬죠. 성한이 형은 학습 지도도 열심히 했지만 매년 후배들을 데리고 와서 봉사자가 끊이지 않도록 배려하는 등 유능하고 생각이 깊은 봉사자였습니다. 무엇보다도 그는 봉사활동을 꾸준히 오랫동안 했습니다. 지금보다 나눔에 관심이 있는 젊은이들이 많았던 그 시절에도 봉사를 그렇게 하는 친구들은 극히 드물었죠.

그 후 저는 결손가정의 아이들을 위한 공동체 '소년예수의집'을 맡게 되었습니다. 그리고 성한이 형이 아이들의 형 노릇을 할 수 있는 적임자라 생각되어 그에게 요청을 했죠. 형은 흔쾌히 제 부탁을 받아들였고, 이때부터 96년 충북 괴산군에 '소년예수의 작은집'을 설립하여 분가한 후 현재에 이르기까지 그는 아이들의 맏형 역할을 너무나도 잘 해내고 있습니다. 최초로 시설이 만들어진 지 20년이 넘는 세월이 흘러 처음 '소년예수의집'에 올 때 4살이었던 꼬마를 비롯해 몇몇은 벌써 가정을 이루기도 했고, 다들 뿔뿔이 흩어져 살고 있지만 성한이 형은 지금도 제 생일날을 비롯해 일 년에 한두 번씩 아이들을 소집해 함께 즐거운 시간을 갖는 등 믿음직한 맏형 노릇을 톡톡히 하고 있습니다.

성한이 형은 아버지가 외교관이셔서 고등학교 이후 부모님과 줄곧 떨어져 살았고, 외조모님이 그를 키워 주셨죠. 저는 그의 외조모님과 통화를 할 기회가 종종 있었는데, 이런저런 이야기를 나누면서 느껴졌던 품격이란…… '이래서 손자가 반듯하게 자랐구나'라고 느낄 수 있었습니다. 그의 외조모님께서는 다 떨어진 손자의 양말도 꼼꼼히 기워 주셨습니다. 성한이 형은 우리 아이들이 신다 버린 짝짝이가 된 양말도 가지고 가서 신고 다녔고, 아버지가 주셨다는 똑같은 바지를 늘 입고 다녀서 우리 아이들이 '옛날바지'라고 놀렸는데, 성한이 형은 이에 아랑곳하지 않고 언제나 아이들에게 모범이 되는 검소하고 사려 깊은 참 특별한 형의 모습을 보여줬습니다.

　농촌으로 분가한 '소년예수의 작은집'으로 자연스레 발길을 옮긴 성한이 형은 아마도 처음으로 우리 집 때문에 농촌을 접하게 되었을 겁니다. 누군가가 힘들어 하는 모습을 결코 그냥 지나치지 않는 그는 일손이 부족한 농촌 실정을 알고는 곧장 자신의 강의를 듣는 대학생들과 함께 농활을 시작했습니다. "도시에서 태어나 자란 사람이 언제 농사를 지어 봤겠으며, 교수라고 학생보다 힘이 더 좋으리라는 법도 없는데 그 힘든 삽질을, 숨이 턱턱 막히는 비닐하우스 안에서 비닐을 걷으며 땀과 먼지가 범벅이 되는 그 고된 일을 언제까지 지속할 수 있을까?" 이러한 우려는 한 마디로 기우에 불과했습니다. 그는 그 어떤 학생들보다 열심히 일했고, 솔선수범했으며, 학생들 인솔이 쉽지 않을 텐데도 20여 년이 가깝게 꾸준히 농촌의 일손을 돕고 있습니다. 결코 아무나 할 수 있는 일이 아니죠. 누가 아무런 대가 없이 그런 수고를 기꺼이 하려 할까요?

　성한이 형에게서는 바쁜 일상 가운데서도 좀 더 '살맛나는 세상'을 만들기 위해 끊임없이 무엇인가를 추구하며 도전하는 아름다운 모습이 느껴집니다. 가령 '사유와 실천', '보늬' 등의 학생들과의 봉사 모임을 통해 성한이 형은 학생 회원들의 마음에 나눔의 작은 씨앗을 심어주는 역할도 하려 하고 있습니다. 그는 이러한 활동이 겨우 시작에 불과하며, 할 일이 태산같이 많이 남아 있다고 말합니다. "아니? 지금까지 한 것이 얼마인데 시작이라니?" 백번 양보해서 그의 말이 사실이라고 해도 저는 한 가지 확신이 있습니다. 농활을 포함해 오랜 시간 다져온 나눔의 삶을 밑거름으로 그가 힘겹게 살아가고 있는 수많은 이웃들의 숨을 트게 할 것이며, 그로 인해 나눔을 실천하는 사람들이 더욱 많아질 것임을요.

우리가 조금만 관심을 주변으로 돌려보면 삶의 무게에 짓눌려 제대로 살아가지 못하는 이웃들을 많이 볼 수 있습니다. 저는 성한이 형이 이들을 위해 결코 적지 않은 일들을 해낼 것임을 믿습니다. 저는 그에게서 참사람의 모습을 봅니다. 저는 그가 지금까지 살아오면서 보여준 참 삶의 길을 모든 사람들에게 지속적으로 보여줄 것임을 확신합니다. 그가 원하는 일을 꼭 이룰 수 있도록 기도 안에서 힘을 모아줄 것을 굳게 약속하며……

성한이 형~ 정말 고맙고 또 고마워요!

차례

1

들어가는 말

신이시여! 우리가 지구상에서 가난과 배고픔으로 죽어가는 우리의 형제·자매들을
돌보기에 합당한 사람이 되게 해주소서. 우리의 손을 통해 저들에게 매일의 양식을
주시고, 우리의 자비로운 사랑으로 저들이 행복하고 즐겁게 하소서.

– 테레사 수녀님의 기도 중에서

1

　우리나라가 가난에서 벗어나 눈부신 경제 성장을 이룸에 따라 어
려운 이웃들에게 관심을 갖는 사회 분위기도 점차 무르익어가고 있
습니다. 아니 이미 무르익었다고 해도 과언이 아닐 겁니다. 실제로
복지 및 봉사 시설이나 제도 등이 구축되어 있는 내용을 보여주는 책
자를 살펴보면 우리나라의 복지 수준이 그동안 얼마나 성장해왔는
지를 짐작할 수 있습니다. 크게는 국가로부터 시나 도, 작게는 마을
에 이르기까지 사회복지 시스템은 놀랄 정도로 잘 구축되어 있죠. 뿐
만이 아닙니다. 우리나라는 일반 국민들이 봉사활동에 적극 나서게

하는 데에도 열심인데요. 최근 들어서는 봉사활동을 제도화하거나 의무화해서 국민들의 활동을 사회 차원에서 권장하고 있습니다. 이처럼 국가가 나서서 옆과 아래를 보면서 살아가도록 유도하는 것은 아무리 칭찬을 해도 지나치지 않습니다. 이는 최소한 경쟁에서 이겨야 한다는 생각만으로 머리가 채워진 사회 성원들의 시각을 교정해 주는 효과가 있으니까요.

그런데 이처럼 봉사활동을 의무화할 경우에 나타날 수 있는 한 가지 문제점은 이로 인해 봉사활동의 본래 취지와는 다소 다른 활동을 하는 사람들이 생기게 된다는 것입니다. 의무 시간을 채우기 위해, 스펙을 쌓기 위해, 취업에 도움이 되니까 어쩔 수 없이 하는 봉사활동 등은 그 예인데요. 이와 같은 봉사활동을 잘못되었다고 무턱대고 깎아내릴 수만은 없습니다. 아니 그러한 활동을 긍정적으로 평가할 수 있는 경우도 얼마든지 있을 겁니다. 그럼에도 본말(本末)이 전도된 활동은 자칫 그 누구에게도 도움이 되지 않을 수 있고, 심지어 활동을 둘러싼 모든 사람들에게 불편함을 야기할 수도 있습니다. 그리고 이러한 잉여적인 활동이 많아질 경우, 그래서 사람들의 불만이 점차 커지게 될 경우 좋은 취지에서 시작된 제도가 아예 없어져버릴지도 모를 일입니다.

어떤 경우에도 무엇인가를 제도화, 의무화하는 것은 이에 별다른 관심이 없는 사람들의 진정성 없는 대응을 낳기 마련입니다. 봉사활동도 이러한 경우에 해당한다고 말할 수 있을 텐데요. 대한민국 국민들이 경쟁의 소용돌이 속에서, 생존을 위한 치열한 전쟁을 벌이고 있음을 감안한다면 봉사활동에 대해 진정성을 가지고, 마음을 담아 활동하기가 생각보다 쉽지는 않습니다. 아니 매우 어렵다고 하는 것이 옳지요. 그리고 설령 사회 환경이 우호적이라고 해도 평범한 사람들은 대부분 지와 덕, 그리고 실천 능력을 겸비한 성인(聖人)들이 아닙니다. 이를 감안한다면 봉사활동에 요구되는 책임감, 지속성, 상대에 대한 진정한 배려 등을 아무리 강조하고 제안해도, 이를 충실히 따를 사람들은 그리 많지 않을 것입니다. 현실을 감안해볼 때, 사람들은 언제, 어디에서 반드시 몇 시간 이상을 해야 한다는 등의 제한이 있는 활동보다는, 자신이 편할 때 할 수 있는 활동을 훨씬 선호합니다. 이를 외면하고 봉사활동의 이상(理想)만을 이야기한다면 사람들은 나눔 활동을 즐거움보다는 빨리 시간을 채우고 벗어나야 할 대상으로 생각하기 십상일 겁니다. 그런데 만약 이것이 받아들여야 할 현실이라면 봉사를 장려해야 하는 사람의 입장에서는 무엇을, 어떻게 제안해야 할까요?

먼저 적극적으로 현재 이루어지고 있는 봉사활동의 문제점을 지적하고, 봉사자의 활동에 요구되는 자세나 기준 등을 알리는 방법을 생각해볼 수 있습니다. 오늘날 봉사는 너무나 쉽게 보고 들을 수 있는 활동이 되었습니다. 하지만 이는 생각보다 그리 만만한 활동이 아닙니다. 우리가 조금만 고민해보면 봉사활동이 사실상 매우 어렵고, 또 생각해야 할 것들이 많은 활동임을 알 수 있죠. 실제로 활동을 하려고 하는 사람들, 이미 활동을 하고 있는 사람들, 그리고 아예 활동을 하지 않는 사람들이 어느 정도 고민을 해본 후, 굳게 마음먹고 활동을 해야 봉사자와 봉사 수혜자, 그리고 사회에 도움이 되지, 남들이 하니까, 봉사 점수가 필요하니까 등의 이유로 무턱대고 활동을 할 경우, 이는 무엇보다도 수혜자에게 고스란히 피해가 돌아갈 수 있습니다. 예컨대 육하원칙에 따라 누구와, 누구에게, 언제, 무엇을, 어떻게, 왜 등을 고려하지 않고 봉사활동을 한다면 민폐 활동이 될 가능성이 적지 않다는 것이죠. 이를 방지하고, 명실상부한 봉사활동을 하기 위해서는 나눔 활동이 어떠해야 하고, 왜 해야 하는지 등을 알아야 합니다.

일단 이처럼 봉사에 대해 사유를 해봤으면 그 다음 단계로 이를 실천으로 이어가야 하는데요. 만약 봉사활동에 대해 이론으로 알기만 하고 막상 실천으로 옮기지 않는다면 이는 공허하기 짝이 없을 겁니다. 우리가 아무리 나눔에 대해 많이 안다고 해도, 실천으로 연결되지 않는다면 그러한 사유는 빈껍데기에 불과하죠.

그런데 대부분의 사람들이 바쁘고 평범하다는 점을 고려한다면 우리가 '이상(理想)'으로서의 인간보다는 '현실'로서의 인간의 모습을 외면하면서 봉사 이념에 따를 것을 강요할 수는 없습니다. 주어진 현실과 한계를 어느 정도 인정하면서 이에 맞는 활동을 모색해봐야 하죠. 여기서 우리는 딜레마에 봉착합니다. 만약 봉사자의 현실을 감안한다면 봉사 수혜자에게 도움이 될 만한 활동이 마땅히 없습니다. 거꾸로 수혜자의 현실을 고려한다면 봉사자들 중에서 그러한 기대를 충족시킬 만한 사람이 그리 많지 않고요. 이와 같은 문제를 해결할 수 있는 현실적인 방안은 없을까요? 평범한 사람들의 평범한 나눔 활동 중에서 수혜자에게 제대로 도움이 될 수 있는 활동은 없을까요?

이 책은 이렇게 두 가지, 그러니까 봉사자가 마땅히 가져야 할 자세에 대한 권고와 평범하면서도 봉사 수혜자에게 도움이 될 수 있는 활동을 제안하는 내용을 담고 있습니다. 물론 이와 같은 내용을 이야기하는 제가 평범한 사람인지라 이런저런 이야기를 한다는 것이 매우 어색하고 민망합니다. 그럼에도 책에서의 제안이 일방적인 충고가 아닌 저를 포함한 모든 사람들이 함께 해보자는 제안이라고 생각한다면 조금은 부끄러움을 면할 수 있을 것 같네요.

이상에서의 두 가지 목적을 합쳐본다면 이 책은 봉사의 이념에 부합하는 제대로 된 나눔 활동을 하고 싶은 분들께 봉사 방법을 제안하고 있다고도 할 수 있습니다. 책에서 저는 공리주의 원리에 입각해 사람들의 고통을 없애고, 나아가 행복을 주기 위해 노력해야 하며, 내가 할 수 있는 범위 내에서 최대한 그런 사람들이 많아지도록 하려면 무엇을, 어떻게 해야 할 것인지를 서술하고 있습니다. 물론 제 의견에 공감해 실제로 책에서 말하고 있는 내용을 실천으로 이어갈 사람이 얼마나 될지 알 수 없고, 실제로 이어간다고 해도 제가 생각하는 것만큼 흡족한 결과가 나타날지 확신할 수 없습니다. 하지만 그런 사람들이 극소수에 불과하고, 또한 만족스럽지는 않다고 하더라도 저의 제안이 실천으로 연결되어 작은 결과라도 나타난다면, 최소한 지금보다 많은 사람들이 실질적인 도움을 받고, 심지어 목숨을 구할 수도 있을 것입니다. 저는 봉사자들이 자기만족에 빠져서는 안 된다고 생각합니다. 자신이 왜 나눔을 실천하려 하는지를 좀 더 근본적으로 검토해보세요. 그러면 혼자만의 나눔에 만족할 수 없고, 설령 비교적 많은 나눔을 실천하고 있다고 해도 여전히 할 일이 많이 남아 있음을 알게 될 것입니다. 함께 노력해보지 않으실래요?

2

이 책에서 저는 나눔을 제대로 실천하기 위한 조건으로 윤리 원리, 사실에 대한 지식, 나눔 감성의 촉발, 실천이라는 네 가지의 중요성을 강조하고 있으며, 봉사활동이 육하원칙에 따라 어떻게 이루어져야 하는지를 이야기하고 있습니다. 예를 들어 '무엇을'과 관련해서는 봉사 방법을 크게 친교, 일, 홍보, 기부 등으로 구분하여 각각의 활동이 어떻게 활용되고, 장단점이 무엇인지를 제시하고 있으며, 이러한 점들을 종합적으로 고려해야 제대로 된 봉사활동을 할 수 있다고 말하고 있습니다. 대략 장별 내용을 소개하자면 다음과 같습니다.

이 중에서 윤리 원리를 다루고 있는 3~6장과 이기적인 동기를 극복해야 한다는 이야기를 윤리 이론에 입각해 하고 있는 13장과 14장은 읽기에 다소 부담을 느끼는 분들이 계실지도 모르겠습니다. 만약 이론적인 내용이 불편하고 따분하게 느껴진다면 다른 장부터 읽어보고, 나중에 마음의 여유가 생기면 이 장들을 읽어보는 것도 괜찮을 것 같습니다. 사실 저도 처음부터 딱딱한 내용이 나오는 것이 독자들에게 부담을 줄 것 같아 윤리 이론을 다루는 장을 어디에 배치할 것인지에 대해 고민을 많이 했는데, 그럼에도 뒤의 장들에서 서술되고 있는 내용들이 윤리 원리를 바탕으로 하고 있고, 저의 제안들 또한 이들이 기준이 되고 있기 때문에 이를 다른 곳에 놓을 수가 없었습니다. 처음부터 딱딱한 내용을 이야기하는 것 자체가 봉사 정신에 어긋난다고 화를 내지 마시고 부디 널리 이해해주시기 바랍니다. 사실 윤리학을 어느 정도 알고 있는 분들께는 쉬운 이야기니까 이론적인 이야기에 익숙해 있는 분들은 굳이 이 장들을 피해 가지 않아도 될 겁니다.

윤리 이론을 다루는 장 외의 대부분의 장들은 제 경험을 많이 포함하고 있기 때문에 읽기가 상대적으로 수월할 겁니다. 저는 이러한 이야기들을 그저 필자가 무엇인가를 하고 있다는 이야기를 으스대며 늘어놓는 신변잡기라고 생각하기보다는, 함께 나눔과 관련한 변화를 일구어가자는 제안이라고 생각해줬으면 좋겠습니다.

책은 제 경험을 바탕으로 쓴 내용이기 때문에 다소 객관성을 결여하고 있을 수도 있습니다. 실제로 제가 책에서 이야기하는 것들은 반드시 따라야 하는 진리가 아닙니다. 그럼에도 저는 대표적인 윤리 이론인 공리주의와 의무론을 바탕에 깔고 어떤 나눔 활동을 해야 하는지를 말씀드리려 하는데요. 중요한 것은 저자인 제가 내린 결론이 아니라 여러분들이 직접 고민을 해보는 것입니다. 만약 어떤 합당한 근거를 가지고 특정한 결론을 받아들였고, 이를 실천에 옮긴다면 저는 쌍수를 들고 환영합니다. 좋은 묘안이 떠오른다면 제게도 꼭 이야기해주세요. 저도 적극적으로 받아들여 확산을 위해 노력해볼 테니까요. 좋은 생각을 나누어 훌륭한 봉사활동이 널리 퍼지도록 힘써보자고요.

3

흔히 책을 쓰거나 번역을 하면 책머리에서 감사드릴 여러 분들을 나열하고, 그분들께 머리 숙여 인사를 드립니다. 저 또한 이러한 관행을 봐왔기에 습관적으로 그렇게 했었죠. 그런데 최근 들어 엄청난 대작을 출간하는 것도 아닌데 그렇게 하는 것이 다소 쑥스럽다는 생각이 들었습니다. 그래서 감사의 글을 포기할까 생각해보기도 했죠. 하지만 이 책의 경우 저의 나눔 활동에 이루 말할 수 없이 커다란 영향을 주신 분들께 지면상으로라도 고마움을 표시해야 할 것 같았습니다. 그것 또한 고마움에 대한 작은 보은을 하는 실천일 수 있으니까요.

먼저 부모님께 감사드립니다. 부모님께서는 평생 제게 말이 아닌 행동으로, 또한 저를 대하는 모습 속에서 묵묵히 나눔의 중요성을 보여주셨습니다. 만약 당신들께서 일반 가정처럼 공부, 출세만을 강요하셨다면, 그리하여 나눔 활동을 적극 지원해주지 않으셨다면 지금처럼 나눔에 대한 책을 쓸 엄두도 내지 못했을 겁니다. 공직에 계실 때 자신을 돌보지 않고 최선을 다해 고통과 실의에 빠진 사람들부터 도우려 하셨던 아버지의 이타심은 지금도 변함이 없어 허리가 아파 제대로 걷지도 못하심에도, 눈이 좋지 않아 책을 읽기 어려우심에도 제 번역을 기꺼이 도와주시려 애를 쓰십니다. 어머님의 자식 사랑 또한 그에 못지않은데요. 아무리 힘들고 지쳐 있을 때라도 자식 식사를 어떻게든 챙겨주시려 하고, 아무리 바빠도 자식 나갈 때는 반드시 문밖까지 배웅을 나와 손을 흔들어주시는 어머니의 모습은 당신들이 굳이 나눔을 이야기하지 않으셨어도 그 자체가 제게는 살아 있는 나눔 교육이었습니다.

제가 나눔 활동을 작으나마 이어가는 데 역할을 한 고마운 분들 중 외할머니는 결코 빠뜨릴 수 없는 분이십니다. 청소년기, 말 그대로 질풍노도의 시기에 뭣하나 제대로 마음에 드는 행동이 없으셨을 텐데 그저 손자가 다 옳다고 누구에게나 칭찬만 해주셨던 외할머니. 친구들을 몰고 와서 집을 엉망으로 만들어놓아도 외할머니는 단 한마디 나무람 없이 불편한 몸을 이끌고 모든 뒷바라지를 다 해주셨죠(이처럼 저는 불효막심한 놈이었습니다.). 지금은 옆에 계시지 않은 외할머니는 정말 존경해야 할 훌륭한 어른이셨습니다. 너무 이타적이셔서 오히려 화가 날 정도로 외할머니는 평생 당신을 돌보지 않고 자식과 손자들을 위해 사셨습니다. 물론 조부모 중에 안 그런 사람이 어디 있냐고 말하는 사람들도 있겠지만, 제가 영상물을 찍어놓고 보여드렸다면 아마도 모든 사람들이 고개를 끄덕였을 겁니다. 저는 할머니로부터 참사랑의 의미를 절실하게 느낄 수 있었고, 그 느낌은 시간이 흐를수록 커지고 있습니다. 요즘 세상에서는 찾아보기 힘든 분과 함께 살았다는 것만으로도 저는 운이 좋은 사람이라는 생각이 드네요.

세 번째로 배 루시아 수녀님께 감사를 드려야겠습니다. 저는 여기저기서 배 수녀님 이야기를 자주 하는데요. 만약 수녀님이 아니었다면 저는 나눔 활동과 상관없는 삶을 살았을 겁니다. 대학 시절부터 지금에 이르기까지 제 활동은 늘 수녀님을 매개로 이루어졌습니다. 그러면서 자연스레 나눔의 의미, 나누는 삶이 제게 스며들었던 것 같습니다. 아직까지 충분히 스며들려면 멀었지만 그럼에도 지금 정도라도 나눔을 의식하고 살게 된 것은 수녀님의 힘이 매우 컸는데요. 며칠 후면 수녀님의 생신입니다. 수녀님 생신날 이제는 모두 흩어져 각자의 일에 충실하게 잘 살아가고 있는 동생들이 함께 모이기로 했죠. 모두 15명 정도가 모일 건데요. 방금까지 이들과 카카오톡으로 수다를 떨다 다시 정신을 차리고 글을 이어가네요. 꼬맹이 때 만난 이들 중 몇몇은 결혼을 해서 아이를 낳고 잘 살고 있습니다. 만약 수녀님이 안 계셨다면 동생들과 지금까지 인연을 유지하지 못했을지도 모릅니다. 아니 무엇을 하며, 어떻게 살고 있는지 간혹 궁금해 하면서 평생을 보지 못하고 지냈을 수도 있죠. 그냥 시설의 장(長)으로서가 아니라, 한 집안의 가장으로서 친자식 돌보듯 아이들을 대하셨던 수녀님의 역할은 정말 컸던 모양입니다. 이들이 자신들이 좋아하는 것보다는 '어머니 수녀님' 드시기 좋은 것을 먹자는 이야기를 자연스럽게 하는 것을 보면요. 사실 '어머니 수녀님'이라는 표현을 쓰는 것을 보고 저는 은근히 많이 놀랐습니다. 이는 자기 위안으로서의 봉사, 자기 위주의 봉사가 아닌, 그저 삶으로서의 나눔이 어떠해야 하는지를 웅변적으로 보여주고 있습니다.

마지막으로 병옥이에게 감사의 인사를 전합니다. 병옥이는 25년이라는 세월 동안 다른 사람이 뭐라 하건, 저를 한결같이, 무조건 믿어

주는 제게는 더 없이 소중한 친구입니다. 적지 않은 세월 동안 나마저도 잊고 사는 음력 생일은 물론, 기념일을 단 한 번도 잊지 않고 챙겨주는 고마운 동생. 누구에게 제 소개 글을 써달라고 할까 잠시 생각하다가 망설임 없이 병옥이로 결정한 것은 그만큼 제가 병옥이로부터 많이 받고, 많은 것을 배웠고, 또한 배우기 때문일 것입니다. 저는 그저 병옥이가 아픈 곳 없이, 건강하기만을 바랄 뿐입니다.

별로 대단한 책은 아니지만 그럼에도 이 책에는 제 경험과 마음이 가득 담겨 있습니다. 쑥스럽긴 하지만 긍정적이건 부정적이건 이 책이 제대로 된 나눔 활동의 초석으로 활용되었으면 하는 마음 간절하네요. 저와 함께 활동을 하고 싶으신 분들, 나눔에 대한 생각을 공유하거나 이야기를 나누고 싶은 분들은 주저하지 말고 이메일을 주십시오. 제 이메일은 kishan@sookmyung.ac.kr입니다. 이 책이 이 세상의 고통을 없애는 데 아주 작으나마 보탬이 되길 바라며……[1]

2016년 2월 11일
겨울비 추적추적 내리는 밤에

1 책의 일부 내용은 김성한·이승훈, 「나눔 교육과 가치 형성 : 대학의 사회봉사 활동을 중심으로」, 『공공사회연구』 제6권, 2016에 실린 바 있습니다.

* 이 책의 초판 1쇄를 제외한 나머지 판의 인세는 전액 기부금으로 사용될 것입니다.

2

제대로 나누는 데
필요한 요소들

　사람들은 어렸을 때부터 나누며 살아야 한다는 이야기를 들으며 성장합니다. 이 때문인지 바쁘거나 혹은 귀찮아서 나눔을 실천하지 않는 경우는 있어도 나누는 것이 잘못이라고 생각하는 경우는 거의 없습니다. 사람들은 대부분 나눔이 마땅하고 옳다고 생각하죠. 이처럼 별다른 의심 없이 나누어야 한다고 생각하고, 이를 실천하는 것 또한 분명 훌륭한 것입니다. 하지만 이와 같은 방식으로 나눔을 실천할 경우 자칫 명실상부한 나눔이 이루어지지 못할 수도 있습니다. 제대로 된 나눔이 이루어지려면 이를 뒷받침하는 조건들이 갖추어져야 하는데요. 이를 위해서는 나눔과 관련된 ①사유, ②감성, ③실천 능력을 함양하려는 노력이 필요합니다.

사유 능력의 함양

사람들은 봉사하면 거의 대부분 나눔 수혜자를 위해 직접적으로 무엇인가를 하는 모습을 떠올립니다. 실제로 봉사라고 하면 대체로 실천에 초점을 맞추지 이를 뒷받침하는 사유에 대해서는 생각해보지 않죠. 그런데 실천에 앞서 나눔에 대한 심도 있는 고민을 해보지 않을 경우 자칫 실효성이 없는 나눔 활동을 하게 될 수 있습니다. 사유 없는 실천은 항해도(航海圖) 없는 항해에 비할 수 있는데요. 노련한 선장은 항해도가 없어도 오랜 경험으로 순항할 수 있습니다. 하지만 그렇지 못한 대부분의 사람들은 우연히 원하는 곳에 도착할 수는 있을지 몰라도 훨씬 많은 경우 목적지에 도달하지 못합니다. 이와 마찬가지로 나눔에 대한 올바른 사유가 뒷받침되지 않을 경우 무엇을, 어떻게, 왜 나누어야 하는지를 충분히 의식하지 못하고 그저 좋은 게 좋은 것이라고 생각하며 잘못된 방향으로 나아가는 나눔 활동을 하게 되기 십상이죠. 이의 위험성을 의식해서 조성희는 봉사활동에 대해 지속적으로 관심을 갖고 참여하게 하기 위한 한 방안으로 봉사자들의 의식 변화가 이루어져야 함을 지적하는데[2], 여기서 의식 변화란 대체로 나눔 활동을 적절히 이끌어갈 수 있는 사유와 정서 등을 갖추는 것을 말합니다. 저는 이러한 변화가 일어나지 않을 경우 크게 두 가지 방식으로 긍정적이지 못한 결과가 초래될 것이라고 생각합니다.

먼저 나눔의 대상에게 도움이 아니라 피해를 줄 수 있습니다. 아무

2 조성희, 「대학 봉사활동 비교 연구-순천향대학교 봉사학습 사례를 중심으로-」, 『교양교육연구』 제3호, 2009, 138쪽.

리 선의로 나눔 활동을 한다고 해도 만약 상대방에게 도움이 되기는 커녕 심지어 불편함을 준다면 그것은 제대로 된 나눔이 아닐 것입니다. 나눔 수혜자의 입장에서 보자면 이는 사실상 민폐에 가깝죠. 이처럼 나누어야 하는 근본 이유에 대해 생각해보지 않을 경우 우리는 봉사 수혜자에게 미치는 영향을 간과한 채 무엇인가를 했다는 데에만 초점을 맞추면서 만족해하기 쉽습니다.

다음으로 사유가 동반되지 않는 나눔을 실천할 경우 더 좋은 나눔 방법이 있을 수 있음에도 이를 간과할 수 있습니다. 예컨대 왜 나누어야 하는지 그 이유를 뚜렷이 알고 있을 경우 이를 바탕으로 더욱 훌륭한 나눔의 방법이 무엇인지를 고려하고 실천할 수 있습니다. 반대로 이를 알지 못할 경우 더 간단하고 나은 나눔의 방법이 있음에도 이를 적절하게 활용하지 못할 수 있죠.

이처럼 제대로 나눔을 실천하기 위해 사유가 중요하다면 우리는 마땅히 이에 관심을 가져야 합니다. 물론 나눔에 요구되는 적절한 사유가 이루어진다고 해서 우리가 항상 이에 따라 살아가게 되는 것은 아닙니다. 그럼에도 무엇이 나눔을 위해 요구되는지를 분명하게 자각하고 있으면, 그리고 이를 따르기 위해 분투해볼 의지가 있다면 나눔은 점차 개선된 방향으로 나아가게 될 것입니다. 또한 그 내용도 한층 충실해져 명실상부한 나눔을 실천하게 될 것입니다.

제대로 된 나눔에 요구되는 사유

저는 다음과 같은 것들을 충분하게 사유할 경우 제대로 된 나눔 활동을 할 가능성이 높아진다고 생각합니다.

① 윤리 원리에 입각한 나누어야 하는 이유
② 사실에 관한 문제
③ 제대로 된 나눔의 실천 방법

윤리 원리를 적절히 이해하고, 이를 현실에 적용하는 것은 단지 나눔 활동뿐만 아니라 일상을 올바르게 살아가는 데도 중요합니다. 윤리 원리는 올바른 삶을 살아가기 위한 궁극적인 지침으로, 이를 알아야 왜 나누어야 하는지도 뚜렷하게 알게 됩니다. 공리주의와 칸트의 도덕법칙은 대표적인 윤리 원리에 해당하는데, 우리는 이를 그저 이론으로만 알아서는 안 되고, 실생활에서 응용하며 살아야 합니다.

다음으로 사실 문제에 대한 확인과 이해가 필요한 이유는 현실을 직시해야만 무엇을, 어떻게 나누는 것이 가장 효과적인지를 알 수 있기 때문입니다. 사실 문제에 대해서는 단지 현상뿐만이 아니라 그 이면을 체계적으로 파악하려는 노력 또한 필요한데요. 우리가 현상만을 보고 처방을 내릴 경우 잘못된 처방을 내릴 가능성이 높습니다. 때문에 우리는 현상으로서의 사실을 보고 무엇인가를 느끼려 하는 데에서만 그쳐서는 안 되고, 그러한 현상이 나타나게 된 배후의 원인들, 특히 사회구조적인 문제를 심층적으로 파악하기 위해 노력할 필요가 있습니다.

마지막으로 우리는 누구와, 무엇을, 어떻게 나누어야 하는지를 생각해보아야 합니다. 예를 들어 대규모의 사람들이 동원되는 행사성 활동으로 별다른 생각 없이 장애인 그룹홈을 방문한다고 가정해봅시다. 이 활동이 제대로 된 봉사활동이 될 가능성은 매우 낮습니다. 이러한 경우가 생기지 않도록 우리는 나눔 활동을 하기에 앞서 육하원칙에 따라 무엇을, 어떻게, 누구와 나눌지 등에 대해 고민하고 신중하게 어떤 활동을 할 것인가를 결정해야 합니다. 이를 조금 구체적으로 정리해보죠.

① 누가: 혼자서, 주변 사람과, 주변 사람을 넘어선 다수의 사람과
② 누구에게: 결손가정 아동, 아프리카 난민, 홀몸 노인, 지적 장애인 등
③ 어디에서: 시설, 농촌, 집, 사고 현장 등
④ 무엇을: 기부, 노동, 친분, 홍보 등
⑤ 어떻게: 방문 횟수, 지속성, 책임감 등 봉사할 때의 자세
⑥ 왜: 고통 제거, 인격체로서의 삶 등의 윤리 이론적인 고찰

이외에도 나눔을 실천할 때 유의해야 할 사유와 관련한 문제들은 많습니다. 그럼에도 이상에서 언급한 내용만이라도 고려해서 어떤 나눔 활동을, 어떻게 할 것인지를 결정한다면 아마도 봉사자와 봉사 수혜자 모두에게 득이 되는 나눔 활동을 할 수 있게 될 겁니다.

감성 훈련

일단 사유 능력을 동원해 나눔을 실천해야 하는 근본 이유와 방법 등을 알았다고 하더라도 이를 실천하고자 하는 의지를 갖지 않는다면 사유가 실천으로 이어지지 못할 것입니다. 이처럼 의지는 사유와 실천을 매개해주는 연결 고리 역할을 하는데, 의지를 움직이는 데 중요한 것이 타인에 대한 공감 또는 정서입니다.

그렇다면 이러한 공감 능력을 함양하기 위한 감성 훈련은 어떻게 이루어질 수 있을까요? 이는 생각보다 쉽지 않을지도 모릅니다. 우리 국민들은 어려서부터 경쟁에서 이겨야만 한다는 이야기를 들으며 살아갑니다. 이러한 상황에서 자신과 아무 상관없는 타인의 삶에 관심을 가지라고 할 경우 마음에서 우러나 그렇게 하는 사람은 많지 않을 것입니다. 하지만 그렇다고 이러한 관심을 촉발해내기 위한 노력을 포기할 수는 없는데, 실제로 감성 훈련이 제대로 이루어지지 않을 경우 심지어 나눔을 실천하려는 사람들마저도 경쟁에서 살아남기 위한 도구로 나눔 활동을 이용할 가능성이 커집니다. 이를 막기 위해서라도 감성 훈련은 반드시 필요하죠.

제가 염두에 두는 나눔 감수성을 키우는 방법 중의 하나는 감동을 느낄 수 있는 장면, 남이 고통받는 장면을 직간접적으로 체험해보는 것입니다. 직접적인 체험이나 감동을 담은 소설, 휴먼 다큐멘터리나 영화를 보는 것이 그 예에 해당하는데, 이 경우 감동의 파장이 길게 드리워져 일생일대의 전환의 계기가 마련될 수도 있습니다. 설령 이와 같이 극적인 변화는 아니라고 하더라도 이런 경험은 나눔을 제대로 실천해보겠다는 의지를 다지는 데 분명 도움이 될 것입니다.

꾸준한 실천 연습

마지막으로 필요한 것은 꾸준하게 나누는 연습을 해보는 것입니다. 아무리 제대로 된 나눔이 어떻게, 왜 이루어져야 하는지를 알게 되었다고 하더라도 그것을 실천으로 옮기지 않는다면 그러한 사유는 공허한 것이 되고 맙니다. 사유가 실천으로 연결되지 않는다면 그것이 무슨 의미가 있을까요? 실천이 이루어지지 않을 경우 나눔에 대한 사유는 동력을 얻지 못하고 결국 제자리를 맴돌 수밖에 없습니다.

나눔의 실천에는 무엇보다도 영혼이 담겨야 합니다. 만약 담기지 않았다면 담으려고 노력을 해야 하죠. 단순히 스펙을 쌓기 위한 수단으로 나누려 할 경우 수단으로서의 목적이 달성되고 나면 더 이상 나눔을 실천하지 않게 될 것입니다. 보고, 듣고, 행동함으로써 자신이 변하고, 상대에게 기쁨을 주려는 의지가 없을 경우 나눔은 사실상 나눔이 아니며, 또 다른 나눔의 계기가 마련되지도 않습니다.

사유와 실천 중 무엇을 먼저 시작해야 하냐고요? 저는 둘 중 어느 하나를 먼저 해야 한다고 생각하기보다는, 나눔을 실천하면서 사유 능력을 이용해 자신의 실천을 끊임없이 반성해보는 것이 좋으리라 생각합니다. 시행착오를 겪으면서 방향을 조금씩 수정해나가야 하는 것이지 만약 빈틈없이 생각을 정리하고 나서야 나눔을 시작하려다간 평생 아무것도 하지 못할 수도 있습니다. 현실은 관념이나 상상 속의 모습하고는 차이가 있습니다. 또한 상황마다 생각지도 못했던 변수가 도사리고 있기도 하죠. 때문에 아무리 완벽한 나눔을 구상해서 실천을 하려 해도 문제는 거의 필연적으로 발생합니다. 어떤 나눔이 이상적인지에 대해 충분히 생각해보아야 하겠지만 그렇다고 너무 생각에만 매달려 실천을 놓쳐버려서는 안 됩니다. 그럼 지금부터 이 장에서 간단히 언급한 내용들을 본격적으로 다루어볼까요?

3
도덕 원리의
중요성

동기에 대한 강박관념에서 벗어나지 못했던 나

젊은 시절 제 화두(話頭)는 불교에서 말하는 공(空)이었습니다. 그 이유는 간단합니다. 아무리 버리려 해도 내가 버려지지 않았기 때문입니다. 특히 다른 사람에게 친절을 베풀었을 때의 자아분열은 심각했습니다. '너 왜 그런 행동을 했니?'라고 자문했을 때 떳떳하게 '그것이 옳기 때문에', '그분들을 행복하게 하기 위해' 등의 대답을 시원하게 해본 적이 별로 없었고, '다른 사람들에게 잘 보이기 위한 것이지?'라는 또 다른 나의 질책에 고개를 못 들기 일쑤였죠. 이러한 실존적인 고민을 극복하기 위해 저는 부단히 애를 썼습니다. 하지만 한 발자국도 나아가지 못하는 모습에 늘 좌절하면서 저는 자신에게 점점 더 냉소적이 되어갔습니다.

장애인 시설에서 봉사활동을 하면서도 저를 힘들게 한 것은 늘 동기였습니다. 다른 사람에게 어떻게 보일지가 중요해서 봉사활동을 하는 것인지, 진정으로 나눔이 중요해서 하는 것인지를 자문해보면 저를 괴롭히는 문제가 여전히 해결되지 않은 채 남아 있었습니다. 이처럼 묻고 또 물으면서 제 자신을 괴롭히는 것은 거의 일상이 되었는데, 심지어 이러한 고민을 하고 있다는 사실을 친지들에게 이야기하는 것이 또 다른 자기과시이며, 이러한 사실을 털어놓는 것마저도 또다른 과시일 수 있다고 제 자신을 몰아붙이면서 저의 자학 증세는 날로 심해졌습니다.

그러던 어느 날, 저는 부모님의 소개로 법정(法頂) 스님을 만나 뵙게 되었습니다. 그 당시 제겐 나를 버리고 떠나는 것이 너무나도 중요했기에 스님을 뵙자마자 여쭈어보았죠. "스님! 스님은 삶 자체에 사법인(四法印)이 녹아들어 늘 텅 빈 충만을 느끼고 사십니까?" 스님은 껄껄 웃으시다가 고개를 저으며 말씀하셨죠. "결코 그렇지 않아. 그것이 이상(理想)이고, 나는 이를 따르기 위해 노력할 뿐."

간단한 답변이었지만 제게는 이 한마디가 적지 않은 위안이 되었습니다. '스님같이 고매한 인품의 소유자도 계속 정진하면서 이상을 따르려 하는데, 하물며 일개 범부(凡夫)가 노력 같지도 않은 노력을 해놓고 바뀌지 않는다고 푸념을 늘어놓는 것은 실로 뻔뻔스러운 일 아닌가!' 저는 스님의 솔직한 말씀에 오히려 스님을 더욱 존경하게 되었고, 이후 저는 제게 너그러워지는 훈련을 조금씩 하게 되었습니다.

그 후 전공을 바꾸어 대학원에서 철학을 공부하면서 저는 인간을 좀 더 근원적인 차원에서 이해하게 되었고, 이로 인해 제 동기에 대해 조금 더 너그러워질 수 있었습니다. 이러한 전환을 이룬 결정적인 계기는 공리주의와의 만남이었습니다. 사실 공리주의가 어떤 이론인지는 고등학교 윤리 수업을 통해 어느 정도 알고 있었습니다. 하지만 공리주의가 암기 대상이 아닌 현실에서 내 삶에 커다란 영향력을 발휘하게 된 것은 공리주의자인 피터 싱어(Peter Singer)의 주저 『동물해방』을 번역하면서 부터였습니다.

싱어를 통한 공리주의와의 만남이 제게 힘이 되었던 것은 얼마만큼 행복을 야기하고, 고통을 제거할 수 있는지가 동기보다 중요하다는 주장 때문이었습니다. 이로 인해 저는 저를 오랫동안 괴롭혀왔던 동기 문제로부터 비교적 자유로워질 수 있게 되었죠. 하지만 이보다도 중요했던 것은 공리주의가 삶을 인도하는 궁극적인 윤리 지침이 될 수 있다는 사실을 파악하게 된 점이었습니다. 다시 말해 공리주의는 윤리 원리(ethical principle)로, 우리가 옳고 그름을 판단하고자 할 때 최종적인 기준이 되는 규범임을 뒤늦게 깨달았던 것입니다. 이러한 원리는 발달심리학자 로렌스 콜버그(Lawrence Kohlberg)가 말하는 도덕 발달 단계를 살펴봄으로써 그 중요성이나 필요성을 잘 이해할 수 있습니다.

콜버그의 도덕 발달 단계

콜버그는 우리의 도덕 특성의 발달 단계를 크게 전(前) 인습(因襲) 수준, 인습 수준, 그리고 후(後) 인습 수준으로 구분하고, 각각의 수준에 두 단계씩 총 여섯 단계를 거치며 도덕 심리의 발달이 이루어진다고 생각했습니다.

전 인습 수준	1단계: 처벌과 복종의 단계
	2단계: 이익 상호 교환의 단계
인습 수준	3단계: 대인간 조화 또는 착한 소년 지향 단계
	4단계: 법과 질서 등의 의무 지향 단계
후 인습 수준	5단계: 선행 권리 인식의 단계
	6단계: 원리 지향 단계

1) 전(前) 인습 수준

(1) 1단계: 처벌과 복종의 단계

대개 사람들은 아무 곳에나 방뇨를 하지 않고, 거짓말을 하지 않으려 하며, 사람을 이유 없이 괴롭히려 하지 않습니다. 그런데 만약 누군가가 왜 그런 행동을 하지 않는 것이냐고 묻는다면 여러분들은 어떻게 대답하겠습니까? 만약 여러분들이 "그렇게 하면 혼나잖아.", "경찰한테 걸리면 어떻게 하려고 그래?"처럼 처벌을 피하는 것과 관련된 답변을 한다면 여러분들은 가장 낮은 수준인 1단계에서 도덕 판단을 내리는 것입니다. 이처럼 처벌을 피하기 위해 어떤 행동을 하거나 하지 않는 경우를 콜버그는 '처벌과 복종의 단계'로 분류했고, 이를 가장 낮은 수준의 도덕 판단이라고 생각했습니다. 만약 여러분들이 비난이나 처벌 등을 피하려고 이와 같은 행동을 삼가려 한다면 여러분들은 가장 낮은 수준의 도덕 판단을 내리고 있는 것입니다.

(2) 2단계: 이익 상호 교환의 단계

이는 상대가 어떤 태도를 보였을 때 이에 상응하는 태도를 보이는 경우인데요. 예를 들어 "너 왜 저 친구에게 아이스크림을 사주려 하지?"라고 물었더니 "저 친구가 내게 아이스크림을 사주었거든."이라고 대답하는 사람은 2단계의 도덕 판단을 내린 것입니다. 주고받는 것을 의식하여 판단을 내리는 경우죠. 이와 같은 호혜적 태도는 심지어 동물들에게서도 살펴볼 수 있는 특징입니다.

2) 인습 수준

(3) 3단계: 대인간 조화 또는 착한 소년 지향 단계

관계의 해체, 또는 사람들이 자신을 좋은 아이라고 생각하지 않을까 봐 걱정하면서 어떤 행동을 하는 단계입니다. 예를 들어 애인에게 자신이 좋은 사람임을 보이기 위해 구세군 자선 냄비에 돈을 넣는다거나, 동료들의 기대를 저버리고 싶지 않아 열심히 일하는 경우, 부모가 자신에게 거는 기대에 부응하기 위해 부모의 뜻에 맞는 행동을 하는 경우가 이에 해당합니다.

(4) 4단계: 법과 질서 등의 의무 지향 단계

기존의 법 내지 규범에 따라 행동하려는 경우가 이에 해당합니다. 예를 들어 '어른 앞에서 담배를 피우는 것은 나쁘다.'는 이유로 어른들 앞에서 담배를 피우지 않는 경우, 신이 "이웃을 사랑하라."고 명령했기 때문에 이웃을 사랑하려 하는 경우가 이에 해당합니다. 간단히 말해 옳은 행동은 옳기 때문에 하는 것이고, 나쁜 행동은 나쁘기 때문에 하지 않는 것입니다. 이 단계에서는 그저 규칙에 대한 복종만 있을 뿐 '왜'라는 질문이 제기되지 않습니다. 이러한 단계에서는 그저 주어진 규범을 의식하고, 이에 따르려 할 따름이죠.

3) 후(後) 인습 수준

(5) 5단계: 선행 권리 인식의 단계

법이나 기존 질서로 해결하지 못하는 문제들이 있다는 것을 인식하는 단계를 말합니다. 예컨대 생명권이 재산권보다 중요할 수 있다고 생각한다거나, 국가의 법과 질서가 원래의 취지를 잘 살리고 있는지, 그 운영이 제대로 되고 있는지를 따져보는 단계를 말합니다. 사실 이 단계는 애매한 점이 없지 않은데, 여기에서는 도덕 판단의 배후를 이루는 무엇인가를 확실하게 의식하고, 이를 근거로 도덕 판단을 내리는 단계의 바로 전(前) 단계, 그러니까 의문만을 제기하고 있는 정도로 이해하고 넘어가도 되겠습니다.

(6) 6단계: 원리 지향 단계

어떤 근본적인 도덕 원리를 기준으로 도덕 판단을 내리는 단계입니다. 예를 들어 5단계에서 사람들이 다소 막연하게 생명권이 재산권보다 중요한 이유에 대해 생각해보았다고 한다면, 이 단계에서는 윤리 원리를 뚜렷이 의식하고, 이를 잣대로 특정한 도덕 판단의 옳고 그름을 판정하고 또한 행동하려 합니다. 이 단계에서 도덕 판단을 내리는 사람은 '특정' 상황만이 아니라 '모든' 상황에서 도덕 원리라는 확실한 잣대를 사용해서 구체적인 도덕 판단을 내리려 합니다.

이상에서 살펴본 여섯 단계를 한 가지 사례를 통해 정리해보겠습니다. 여러분들이 '수업 시간에 떠들어서는 안 된다.'라는 판단을 했고, 그 이유에 대해 자문해보았습니다. 이때의 반응을 각 단계에 따라 정리하자면 다음과 같습니다.

1단계: '선생님께 혼나잖아.'
2단계: '선생님께서 내게 해주신 것이 많으니, 나도 수업에 지장을 주지 말아야지.'
3단계: '떠들면 선생님께서 내게 실망하실 거야.'
4단계: '수업 시간에 떠드는 것은 잘못이잖아.'
5단계: '수업 시간에 떠들어서는 안 되는 좀 더 심층적인 이유가 있지 않을까? 한번 생각해봐야겠다.'
6단계: '수업 시간에 떠들 경우 사람들에게 피해를 주는 것이고, 이는 공리주의 원리에 위배되는 것이야.'

콜버그는 6단계의 판단을 가장 높은 수준의 도덕 판단이라고 생각했습니다. 그러니까 그는 도덕 원리에 입각한 판단이 가장 높은 단계에서의 도덕 판단이라고 생각했다는 것입니다. 이렇게 보았을 때 우리가 도덕적으로 성숙한 판단을 하고자 한다면 우리는 도덕 원리를 기준으로 도덕 판단을 내려야 합니다. 그럼 구체적으로 도덕 원리란 무엇일까요?

도덕 원리

다음의 경우를 생각해봅시다.

전쟁터에서 포로가 된 당신이 동료들의 행방에 대해 취조당하고 있다. 이때 당신은 어떻게 대응해야 한다고 생각하는가?

위의 질문에 대해 여러분들은 동료들의 행방을 알려주어서는 안 되며, "모른다"는 대답으로 일관해야 한다고 생각할 것입니다. 그런데 여러분들은 혹시 거짓말을 해서는 안 된다는 교육을 받아오지 않았는지요? 그럼에도 이러한 상황에서의 거짓말은 왜 용납된다고 생각하는 것일까요? 이와 같은 질문에 답하고자 할 때 도덕 규칙(Rule)과 도덕 원리(Principle)의 차이가 드러납니다. 윤리학자들은 다음과 같이 도덕 규칙과 도덕 원리를 구분합니다.

도덕 규칙	구체적인 '행동'에 대한 도덕 지침	거짓말은 나쁘다.
도덕 원리	추상적인 명령 형태의 도덕 지침	행복을 도모하고, 고통을 제거해야 한다.

좀 더 설명을 해보죠. 예를 들어 도덕 규칙은 '수업 시간에 떠들지 말아야 한다.', '수업 시간에 자지 말아야 한다.' 등 구체적인 '행동'에 관한 규범들을 말합니다. 이에 반해 도덕 원리란 이러한 도덕 규칙들을 지켜야 하는 이유가 되는 더욱 포괄적이고 심층적인 규범으로, 수많은 도덕 규칙들을 정당화해주는 도덕 판단의 총사령관이라 말할 수 있습니다. 이는 왜 거짓말이 나쁜지, 왜 수업 시간에 떠들지 말아야 하는지, 그리고 왜 나눔을 실천해야 하는지를 근거 지워주는 근본 이유에 해당합니다.

도덕 원리에 입각한 판단이 중요한 이유

이와 같은 도덕 원리가 중요한 이유는 첫째, 이를 통해 도덕 판단의 적절성을 판단할 수 있기 때문입니다. 예를 들어 설명해보죠. 버스에서 앉아서 가고 있는데, 불행(?)하게도 할머니가 타셔서 내 앞에 서 계십니다. 이와 같은 상황에서 우리는 자리를 양보해드리는 것이 마땅하고 옳은 일이라고 어릴 때부터 배워왔습니다. 그런데 우리가 자리를 양보해드려야 하는 이유는 무엇일까요? 여러 이유들이 있지만 간단히 답하면 '할머니가 나보다 서 있는 것이 더 힘드시니까.'라고 할 수 있을 것입니다. 다시 말해 할머니와 내가 서 있음으로써 초래되는 고통의 총합을 비교해보면 할머니보다 내가 서 있는 것이 덜 고통을 야기합니다. 때문에 자리를 양보해드린다는 것이죠.

그런데 만약 이처럼 고통의 양을 비교해서 더 많은 고통을 느끼는 사람을 우선 고려하는 것이 옳다면 젊은 사람이 자리를 양보하지 않는 것이 정당한, 예외의 경우가 있습니다. 예를 들어 나는 팔다리에 깁스를 했고, 독감에 걸렸으며, 하루 종일 수업이 있어서 서 있기도 힘들 지경입니다. 이에 반해 할머니는 할머니인지 아주머니인지 헷갈리는 '할주머니'십니다. 게다가 할주머니는 운동을 나온 옷차림입니다. 만약 이러한 상황이라면 내가 앉아 있는 것이 정당화될 수 있는데, 그 이유는 내가 앉아 있음으로써 고통이 덜 야기되기 때문입니다. 이처럼 도덕 원리를 기준으로 판단할 경우, 우리는 도덕 규칙을 따르는 데에서 융통성을 갖게 되며, 사유 없이 습관적으로 판단을 내리지 않고 좀 더 근본적인 기준을 가지고 판단을 할 수 있게 됩니다.

다음으로 이러한 원리는 우리의 삶에 일관성을 부여합니다. 원리를 기준으로 판단하는 것은 공식을 머리에 담아두고 수학 문제를 푸는 것에 비할 수 있습니다. 만약 공식을 모른다면 문제를 푸는 데에 어려움을 겪을 것이며, 설령 문제를 풀더라도 공식을 알고서 문제를 푸는 경우에 비해 시간이 훨씬 많이 걸릴 것입니다. 도덕 문제에서도 유사한 이야기를 할 수 있는데, 다시 말해 도덕 원리 없이 도덕 판단을 내리는 것은 수학에서 공식을 모르고 문제를 푸는 것과 같다고 말할 수 있습니다. 우리가 기저에 숨어 있는 근본적인 도덕 원리를 확실하게 알고 이를 적용할 경우, 그렇지 않을 때보다 훨씬 일관성 있는 태도로 살아갈 수 있습니다.

　윤리학자가 아닌 일반인들은 윤리 원리가 왜 중요한지 제대로 이해하지 못하는 편이며, 그러한 것이 있는지, 자신들이 이미 알고 있는 것이 윤리 원리인지를 아는 사람도 그리 많지 않습니다. 심지어 윤리학자들마저도 학문으로서의 윤리학을 공부하고 있지, 막상 실생활에 응용되는 윤리 원리의 중요성을 적절하게 이해하지 못하는 경우가 있죠. 저 또한 예외가 아니었는데, 운이 좋게도 저는 싱어의 『동물해방』을 번역하면서 칸트의 의무론과 더불어 도덕 원리의 양대 산맥 중 하나인 공리주의가 올바른 삶을 살아가기 위한 최종 지침이 될 수 있음을 깨닫게 되었습니다.

　저는 중고등학교 윤리 수업에서 선생님들이 이러한 원리를 단순히 암기의 대상으로만 가르치지 말고, 이를 현실에 적용하는 것의 중요성을 가르쳤으면 좋겠습니다. 개인적인 경험일 수 있지만 안타깝게도 대학 수업에서 윤리적인 문제를 놓고 이야기를 나눌 때 윤리 원리를 뚜렷하게 의식하고 판단을 내리는 학생을 본 적이 거의 없습니다. 의아한 점은 많은 윤리 교사들이 콜버그의 도덕 발달 단계를 배워서 알고 있을 텐데, 왜 도덕 원리를 응용하면서 살아가야 함을 애써 강조하지 않는가라는 것입니다. 많은 사람들이 고등학교 과정에서 도덕 원리를 배우고 있고, 이를 실생활에 응용할 수 있다면 제가 이처럼 한 장을 할애해 설명하지 않아도 될 텐데 말이죠.

4

공리주의와 나눔

선의는 자신을 행복하게 하지만, 잘못 전해지면 상대에게 상처를 준다. 그러지 않기 위해서는 우리의 지원이 어느 지역의 누구에게 전해지는지, 누군가에게 피해를 주지는 않는지 고민하는 것이 필요하다.

— 다나카 유 외·이상술 옮김, 『세계에서 빈곤을 없애는 30가지 방법』(알마, 2007), 44쪽.

앞 장에서 저는 동기의 순수성 때문에 고민했던 시절을 이야기하면서 공리주의가 동기에 대한 강박관념으로부터 저를 해방시켜주었다고 말씀드렸습니다. 물론 지금도 동기를 완전히 포기하지는 않았습니다. 하지만 공리주의를 접하면서 저는 동기가 순수해지길 기다려 나눔을 실천하기보다는 동기를 성찰하면서 결과에 초점을 맞추어 열심히 노력하는 것이 훨씬 중요하다고 확신하게 되었습니다. 공리주의는 제 가슴에 선명하게 새겨졌으며, 설령 동기가 만족스럽지 못하더라도 세상의 행복을 도모하고 고통을 없애기 위해 노력하는 것이 중요하다는 신념이 생겼습니다. 그리고 나눔은 자연스레 제가 살아가면서 지향해야 할 지상 과제로 자리 잡았습니다.

그렇다면 공리주의란 무엇이며, 어떤 특징을 가지고 있는 이론일까요? 공리주의는 제레미 벤담(Jeremy Bentham)으로 대표되는 양적 공리주의, 존 스튜어트 밀(John Stewart Mill)의 질적 공리주의, 피터 싱어(Peter Singer)의 선호 공리주의 등 다양한 방식으로 분류됩니다. 하지만 대체로 보았을 때 공리주의는 크게 쾌락주의, 결과주의, 보편주의, 최대 다수의 최대 행복을 추구한다는 네 가지 특징을 갖습니다. 이 중에서 쾌락주의적 특징은 공리주의의 핵심으로, 이 특징으로부터 나머지 특징들이 도출됩니다.

쾌락주의

공리주의는 쾌락을 선(善), 고통을 악(惡)으로 파악하고 있다는 점에서 쾌락주의적 특징을 가지고 있는 윤리 이론입니다. 여기서 말하는 쾌락이란 육체적인 것보다는 행복 개념에 가깝습니다. 우리가 공리주의자로서 판단하고 행동하고자 한다면 우리는 행복을 산출하고 고통을 없애기 위해 노력해야 합니다. 예를 들어 공리주의의 입장에서 볼 때 나의 나눔은 그것이 누군가에게 행복을 주거나 고통을 덜어줄 경우 정당화될 수 있겠지만 그러한 나눔이 누군가의 행복을 빼앗고, 오히려 고통을 준다면 공리주의자들은 이를 결코 긍정적으로 생각하지 않을 것입니다. 명목은 나눔이지만 이는 공리주의자가 보았을 때 심지어 '악'으로까지 간주될 수 있습니다. 그것이 어찌되었건 고통을 야기했기 때문이죠.

공리주의에서 말하는 쾌락과 고통은 이상(理想)적 관찰자(ideal observer)의 기준입니다. 이상적 관찰자란 실제로 존재하는 누군가가 아니라 지식과 지혜를 겸비한 가상의 슬기로운 사람을 말합니다. 이러한 관찰자는 충동에 휩쓸리고, 적절한 안목을 갖추지 못한 '나'가 아니라 이성적이면서 객관적인 판단을 하는 주체로서의 '나'를 뜻하기도 합니다. 예를 들어 마약 중독에 빠진 사람이 "마약이 나를 행복하게 하니 내게 마약을 줘야 해."라고 말할 경우 그가 말하는 행복을 충족시키기 위해 그에게 마약을 주는 것은 도덕적으로 옳지 않습니다. 마약은 이상적 관찰자의 관점에서 볼 때 결코 그에게 행복을 줄 수 없기 때문입니다.

공리주의자들에게는 무엇이 행복을 주고 고통을 없애는지를 파악하는 것이 중요한데, 이를 파악하고자 할 때 공리주의자들은 동일한 처우가 동일한 양의 고통이나 행복을 산출한다고 생각하지 않습니다. 예를 들어 내가 애인에게 키스를 할 경우 애인은 상당히 즐거워할 것이지만 만약 지하철에서 모르는 사람에게 키스를 한다면 상대방은 극도의 불쾌감을 느낄 것입니다. 또한 내가 명품 가방을 그 가방의 가치를 아는 사람에게 주었을 경우와 전혀 모르는 사람에게 주었을 경우에 양자가 느끼는 행복에는 차이가 있습니다. 이처럼 공리주의자들은 동일한 행동이 동일한 결과를 산출하는 것이 아니며, 거꾸로 서로 다른 행동이 동일한 결과를 산출할 수 있다고 생각합니다. 나아가 그들은 동일한 사람에게도 동일한 행동이 동일한 결과를 산출하지 않는 경우가 있다고 생각하는데, 다시 말해 동일한 사람이 언제, 어디서 어떤 행동을 접했느냐에 따라 느낄 수 있는 행복과 고통이 다르다는 것입니다. 예를 들어 배가 부른 사람에게 평소에 좋아하는 음식을 주는 경우와 배가 고플 때 그 음식을 주는 경우 중 어느 쪽이 더 그를 행복하게 할지는 굳이 말할 필요가 없을 것입니다. 심지어 몹시 배가 고플 경우에는 평소에 싫어했던 음식도 꿀처럼 느껴질 수 있는데, 이때 먹는 음식은 배가 터지게 음식을 먹은 상태에서 평상시에 좋아하는 음식을 먹는 경우보다 훨씬 커다란 행복을 줄 것입니다.

결과주의

이상에서 살펴본 쾌락주의적 특징으로부터 이끌어낼 수 있는 것은 공리주의가 결과주의적 특징을 갖는다는 점입니다. 결과주의란 동기와 결과 중에서 결과를 더욱 중요하게 생각하는 것을 말합니다. 다시 말해 얼마만큼 쾌락을 많이 산출하고 고통을 줄이느냐가 어떤 동기에서 행동을 했느냐에 비해 중요하다는 것입니다.

이처럼 결과를 중요하게 생각하는 공리주의는 동기를 중요시하는 칸트의 윤리 이론과 차이가 있을 수밖에 없는데, 그럼에도 유의해야 할 것은 공리주의가 오직 결과만을 중요하게 생각하지는 않는다는 것입니다. 예를 들어 훌륭한 동기에서 봉사활동을 했고, 이로 인해 누군가가 고통을 덜 수 있는 경우와 훌륭하지 못한 동기에서 봉사활동을 했음에도 누군가가 고통을 덜 수 있었다고 했을 때, 공리주의는 전자가 후자에 비해 훌륭하다고 생각합니다. 그 이유는 동기가 훌륭해야만 고통을 덜고 행복을 주려는 훌륭한 행동을 지속적으로 할 가능성이 높아지기 때문입니다.

보편주의

세 번째로 공리주의는 보편주의적 특징을 가지고 있습니다. 여기서 보편주의란 나와 남을 동등하게 생각하는 것인데, 공리주의는 나보다 남을 앞세우는 이타주의와 다르고, 남보다 나를 앞세우는 이기주의와도 다릅니다. 우리는 흔히 이타주의를 윤리나 도덕과 동등하게 생각하는 경향이 있습니다. 하지만 이는 잘못된 것입니다. 물론 이타주의가 훌륭하지 않은 것은 아닙니다. 하지만 이타주의는 윤리의 특징이라기보다는 도덕을 넘어선 일종의 초(超)도덕이라고 할 수 있습니다.

이처럼 윤리는 보편주의를 전제로 하는데, 공리주의는 어떤 존재가 느끼는 쾌락과 고통이든 그것을 동등하게 생각한다는 측면에서 보편주의적 특징을 갖습니다. 공리주의가 말하는 보편주의를 간단한 예를 통해 설명해보겠습니다. 외국인과 자국인 중에서 외국인이 느끼는 고통의 양이 100임에 반해, 자국인이 느끼는 고통의 양이 0이라면 우리는 마땅히 외국인을 도와야 합니다. 그런데 어떤 다른 상황에서 외국인이 느끼는 고통의 양이 0임에 반해, 자국인이 느끼는 고통의 양이 100이라면 이때 우리는 자국인을 우선 도와야 합니다. 물론 이는 상황을 매우 단순화한 것으로, 실제 상황에서는 도움을 받는 사람뿐만 아니라 도움을 주는 사람의 행복과 고통까지 고려해야 합니다. 또한 도움이 미칠 수 있는 제삼자에 대한 파급 효과까지도 염두에 두어야 하는데, 여기에서는 공리주의가 누구를 도와야 하는가에 초점을 맞추지 않고, 얼마만큼 고통을 제거할 수 있느냐에 초점을 맞춘다는 점만을 기억해두면 됩니다.

최대 다수의 최대 행복

최대 다수의 최대 행복은 공리주의의 이상으로, 공리주의자들은 한 사람보다는 두 사람, 두 사람보다는 열 사람, 열 사람보다는 백 사람의 행복을 도모하는 것이 옳다고 생각합니다. 이는 공리주의의 쾌락주의적 특징을 생각해보면 너무나도 당연한 특징인데, 만약 행복을 도모하고 고통을 없애는 것이 공리주의가 추구하는 바라면, 이왕이면 더 많은 행복을 도모하거나 고통을 없애는 것이 더 좋을 것입니다. 여러분들이 공리주의자로 나눔을 실천하고자 한다면 더 많은 행복을 이끌어내고, 더 많은 고통을 없애기 위해 노력해야 할 것이고, 이왕이면 같은 시간과 노력을 들여 최대한 행복을 도모하고 고통을 덜 수 있는 실천을 해야 합니다. 이를 자신도 모르게 도모하는 경우와 의도를 가지고 도모하는 경우, 그리고 나눔이 좋은 것이라고 생각해서 무턱대고 실천하는 경우는 얼핏 별다른 차이가 없어 보일지 몰라도 사실상 큰 차이가 있습니다. 제대로 나눔을 실천하고자 하는 사람들은 최대 다수의 최대 행복을 의식하면서, 어떤 활동을 어떻게 할 것인지를 따져보고 실천해야 할 것입니다.

공리주의의 장단점

저는 공리주의를 많은 사람들에게 추천하는 편입니다. 그 이유는 공리주의가 도덕적 딜레마 상황에서 선택의 기준이 되어주기 때문입니다. 예를 들어 A와 B라는 행동 중에서 한 가지를 선택해야 한다고 했을 때, 칸트의 도덕 원리는 별다른 해결책을 제시하지 못합니다. 이에 반해 공리주의는 고통은 없애고 쾌락을 주는 쪽을 선택하라고 말함으로써 둘 중의 하나를 선택하는 기준이 될 수 있습니다.

공리주의는 단점도 가지고 있는데, 여기에서는 세 가지만 지적해 보겠습니다. 먼저 공리주의는 현실에 적용하는 데에 어려움이 따릅니다. 그 이유는 무엇에 대해 쾌락과 고통을 느끼느냐가 사람마다 다르기 때문입니다. 예를 들어 나는 피자를 좋아하지만 다른 사람은 그렇지 않을 수 있습니다. 심지어 나이, 상황, 그리고 정서 상태 등에 따라 사람들은 좋아하는 것과 싫어하는 것이 달라질 수 있는데요. 이러한 점을 고려한다면 쾌락과 고통을 비교해서 행동하라는 공리주의의 기준을 일상에 적용한다는 것은 매우 어려울 수 있습니다. 두 번째로 공리주의는 개인의 권리를 무시할 수 있습니다. 공리주의에서 말하는 최대 다수의 최대 행복을 지향하다 보면 자칫 개인의 권리가 무시될 수 있는데요. 아무리 최대 다수의 최대 행복을 도모한다고 해도 만약 소수 약자의 희생이 따르게 된다면 이를 긍정적으로 평가할 수 없습니다. 마지막으로 쾌락과 고통을 양(量)으로 나타내는 것이 과연 가능한지에 대한 의문이 제기될 수 있습니다. 쾌락과 고통이란 우리의 내적 경험이기 때문에 이를 양으로 나타내는 것이 불가능할 수 있습니다. 따라서 쾌락과 고통의 양을 측정하여 선택하라고 요구하는 것은 공허한 요구일 수가 있죠.

왜 하필이면 공리주의인가?

그렇다면 이처럼 장점 못지않게 많은 단점을 가지고 있는 공리주의를 왜 도덕 판단의 궁극적인 기준으로 삼는 것이 좋다고 말하는 것일까요? 그 이유는 공리주의가 단점 이상의 장점을 가지고 있는, 칸트의 의무론과 더불어 윤리 이론을 대표하는 양대 산맥 중의 하나이기 때문입니다. 간단한 예를 들어보겠습니다. 우리가 누구를 대통령으로 뽑을지 고민하는 상황을 가정해봅시다. 후보들의 점수를 종합해보니 1번 후보는 백점 만점에 -50점, 2번 후보는 0점, 3번 후보는 30점입니다. 이들 후보 중에서 만점에 가까운 후보는 하나도 없습니다. 그럼에도 우리는 3번 후보를 뽑아야 합니다. 그나마 세 명 중에서 가장 나은 평가를 받았고, 그 외에는 다른 선택지가 없기 때문입니다. 심지어 기권을 하는 것마저도 또 다른 선택일 수 있는데, 아예 선거가 무효가 되는 상황이 벌어지지 않는 이상 우리는 누군가를 뽑아야 하며, 이 경우 우리에게 3번 후보 선택은 불가피합니다.

이러한 선택 방식은 가상 상황이 아닌 현실에서도 활용되는 경우가 적지 않습니다. 예를 들어 과학 이론을 선택할 때에도 우리는 '상대적으로' 더 나은 이론을 선택합니다. 또한 생활 속에서 합리적인 선택을 하고자 할 때에도 우리는 이와 같은 방식으로 선택을 합니다. '결혼식을 갈 것이냐, 장례식을 갈 것이냐'의 딜레마 상황에서 우리는 어떤 선택을 해도 일장일단이 있음에도 상대적으로 더 나은 쪽을 선택하려 하죠. 우리가 현실에서 활용할 도덕 이론 또는 도덕 원리를 선택할 때에도 마찬가지입니다. 만약 완전무결한 도덕 원리가 존재하지 않는다면 우리는 '현재로서는 최선'이라 할 수 있는 도덕 원리를 선택할 필요가 있습니다. 그리고 공리주의는 그러한 이론 가운데 하나이기에 우리가 공리주의를 채택할 이유가 있다고 말할 수 있을 겁니다.

저는 독자들에게 공리주의를 강요하지 않습니다. 다만 올바른 삶을 살고자 할 경우 자신의 삶을 이끄는 최종적인 재판관 역할을 할 도덕 원리를 갖추고 있어야 하고, 공리주의가 그중 하나임을 말하고 있을 따름입니다. 따라서 만약 여러분들이 어떤 도덕 원리를 다른 원리들과의 엄정한 비교와 검토 등을 통해 선택한다면, 그 원리를 선택한 것이 잘못이라고 말할 생각은 전혀 없습니다.

이제 공리주의가 가지고 있는 각각의 특징이 나눔의 문제에 시사하는 바가 무엇인지를 간단하게 정리해보죠. 먼저 공리주의의 쾌락주의적 특징은 우리에게 세상의 고통을 줄이고 행복을 증진할 것을, 결과주의적 특징은 동기가 어떠하건 쾌락을 산출하고 고통을 줄이기 위해 힘쓸 것을 요구하며, 보편주의의 특징은 '누구'를 돕는가에 초점을 맞추기보다는 최대한 고통을 줄이고 행복을 증진하라는 생각을 담고 있습니다. 마지막으로 공리주의에서 말하는 최대 다수의 최대 행복은 이왕이면 더 많은 고통을 줄이고 더 많은 행복을 도모할 것을 요청합니다.

공리주의의 특징에서 도출되는 이와 같은 간단한 지침으로부터 저는 여러 구체적인 실천 방안들을 떠올렸습니다. 예컨대 저는 봉사 동기가 확실치 않은 많은 학생들을 동원하는 행사성 활동이면서도 봉사자와 봉사 수요자 모두에게 도움이 되는 활동으로 일일 농활을 생각해냈고, 수요자에게 도움이 되지 않는 활동을 하기보다는 기부를 함으로써 실질적인 도움을 주는 것이 더 필요할 수 있음을, 설령 우리 동포가 아니라고 해도 가장 고통받고 있는 지역 사람들에게 관심을 가져야 함을, 그리고 세상에서 고통을 좀 더 근본적인 방법으로 없애는 방안으로 공정무역 등 구조적인 측면에 대한 변화를 촉구해야 함을 의식하게 되었습니다. 또한 공리주의를 의식함으로써 저는 이와 같은 책을 써보겠다는 생각도 할 수 있었는데, 저는 이런 생각을 할 수 있게 해준 공리주의 이론을 만난 것을 진심으로 감사하게 생각합니다.

5

공리주의를 통해 본
이태석 신부님의 삶

얼마 전 본 이태석 신부님의 삶을 다룬 영화 〈울지마 톤즈〉는 앞으로의 제 삶에 적지 않은 영향을 미칠 듯합니다. 사실 〈울지마 톤즈〉가 수년 전 극장에서 상영될 때는 보지 못했었습니다. 보고 싶긴 했지만 가슴 아픔이 미칠 후폭풍이 두려워 저는 차마 이 영화를 보지 못했죠. 아니 안 봤다는 것이 더 적절한 표현일 것입니다. 영화가 담고 있는 메시지나 작품성 등과는 상관없이 저는 우울해지는 것이 싫었습니다.

그런데 지난해 어느 순간, 문득 학생들에 대한 나눔 수업을 더 철저하게, 목표를 가지고 해야겠다는 생각이 들었습니다. 창피한 이야기지만 그제야 비로소 학생들을 그저 내 수업을 수강하는 젊은이들이 아니라, 앞으로 나눔 활동에서 일정한 역할을 맡아야 할 예비 리더로 바라보게 된 것입니다. 저는 제대로 된 나눔에의 의지를 불러일으킬 방법으로 이에 관한 영화를 보여줘야겠다고 생각했고, 문득 〈울지마 톤즈〉를 떠올렸습니다. 그리고 검토의 차원에서 결국 영화를 보게 되었죠.

말 그대로 영화는 제가 외면하고 싶었던 슬픈 내용을 담고 있었고, 혼자 영화를 보면서 소리 내어 울었습니다. 수업 시간에 영화를 보여주면서도 눈물을 흘리지 않으려고 특정 장면에서는 화면을 애써 외면하면서 다른 생각을 하기도 했죠. 제가 예상했던 것 이상으로 가슴 아픈 영화였음에도 저는 이 영화를 본 것을 후회하지 않았습니다. 아니 보고 나서는 보지 않았다면 정말 후회했을 것이라 생각했죠. 시간이 꽤 흐른 지금까지도 〈울지마 톤즈〉의 장면들이 떠오르곤 합니다. 이처럼 슬픔의 파장이 긴 것은 영화가 제대로 된 삶, 참된 나눔이 무엇인지를 보여주고 있으며, 이것이 저를 반성으로 이끌면서 준엄하게 채찍질했기 때문입니다. 훗날 제가 어떤 모습으로 살아갈지 모르겠지만 만약 제가 이 책에서 말하고 있는 것처럼 나눔을 실천하려 하고 있다면, 이에 적지 않은 역할을 한 것이 이태석 신부님의 〈울지마 톤즈〉였다고 회고하게 될 것입니다.

영화를 보면서 제가 눈물을 훔쳤던 장면은 주로 누군가가 눈물을 흘리고 있는 장면이었습니다. 눈물은 전염성이 있다고 했던가요? 이태석 신부님을 추억하며 눈물짓는 수단의 어린이, 청년, 한센인, 그리고 신부님 어머니의 모습을 보면서 저 또한 눈시울이 뜨거워졌습니다. 하지만 현재 제 가슴에 새겨져 있는 것은 이런 장면보다는 신부님이 일관되게 공리주의에 부합되는 모습으로 살았다는 점입니다. 신부님이 공리주의자인지의 여부는 알 길이 없습니다. 그럼에도 신부님은 자신의 의도와 무관하게 사실상 공리주의적 삶을 실천했다고 할 수 있습니다. 앞에서 언급했던 공리주의의 네 가지 특징을 이용해 신부님의 삶을 설명해보도록 하죠.

쾌락주의로 본 신부님의 삶

먼저 공리주의의 특징인 쾌락주의 측면에서 신부님의 삶을 정리해봅시다. 신부님은 수단인들이 행복해질 수 있는 다양한 활동을 했습니다. 의사인 신부님은 온갖 질병과 상처로 신음하는 수단인들을 치료해주었을 뿐 아니라 학교를 세우고, 직접 아이들을 가르치기도 했습니다. 신부님은 아이들의 아픔을 치유하고, 기쁨과 희망의 씨앗을 심어주겠다는 일념으로 브라스 밴드를 만들기도 했으며, 우물을 파 오염된 물을 마시지 않아도 되게 했고, 국내에서 모금 활동을 벌이는 등 톤즈 사람들과 고통을 나누기 위해 애썼습니다. 심지어 신부님은 수단 사람들에게 조금이라도 더 도움이 되기 위해 말기 암으로 엄청난 고통에 시달리면서도 『친구가 되어 주실래요?』라는 책을 출간하기도 했습니다.

또한 신부님은 어머님께서 마음 아파하실 것을 염려해 병세의 위중함을 보이지 않으려 노력했습니다. 어머니가 병원에 오신다는 이야기를 들으면 신부님은 정리 정돈을 하고서 의자에 앉혀달라고 부탁을 했고, 어머니를 뵈면 밝은 미소로 맞으셨다고 합니다. 어머니를 아프게 하고 싶지 않으셨던 것이죠. 이 모두는 행복을 야기하고 고통을 없애고자 하는 공리주의에 부합되는 행동이라 할 것입니다.

결과주의라는 측면에서 본 신부님

얼마만큼 행복과 고통을 야기했는지를 중요하게 생각하는 공리주의의 측면에서 본다면 아무리 열심히 누군가를 위해 애를 썼어도 막상 그것이 고통을 야기한다면 긍정적으로 평가받지 못합니다. 그럼에도 앞서 밝힌 바와 같이 공리주의가 결과만을 중요하게 생각하는 이론은 아닙니다. 그 이유는 동기가 훌륭해야 비로소 긍정적인 결과가 이끌어져 나올 가능성이 커지며, 그것도 지속될 확률이 높아지기 때문입니다.

신부님은 자신의 동기를 구체적으로 밝힌 적이 별로 없습니다. 하지만 톤즈 사람들과 주변 사람들의 신부님에 대한 평가를 들어보면 신부님의 동기와 결과가 모두 훌륭했다고 믿을 단서들이 쉽게 발견됩니다. 일반적으로 사람들은 상대가 왜, 어떤 행동을 하는지를 잘 파악합니다. 행동을 하는 사람은 다른 사람들이 모른다고 생각할지 몰라도, 시간이 흐를수록 그 사람의 진면목이 속속 드러나게 되죠. 그리고 이러한 상황에서의 주변인들의 평가는 그 사람의 동기를 미루어 짐작케 합니다. 그러한 평가는 그 사람의 행동이 타인에게 미친 영향을 가늠할 수 있게 하는데, 다시 말해 얼마만큼 그 사람이 타인에게 행복이나 고통을 주었는지를 판단할 수 있게 한다는 것입니다.

〈울지마 톤즈〉에는 이태석 신부님에 대한 여러 사람들의 평가가 나옵니다. 가장 인상적이었던 것은 한센인 시각 장애인 할머니의 평가였는데, 할머니는 자고 일어날 때면 졸리(이태석 신부님의 세례명이 요한(John)인데 현지 주민들은 신부님의 성과 함께 신부님을 이와 같이 불렀습니다.) 신부님이 생각난다며 눈물을 글썽이고 신부님 사진에 입을 맞췄습니다. 또한 브라스 밴드의 막내는 인터뷰 도중 신부님께 인사를 드려보라는 요청에 눈물을 흘렸는데, 그곳에서 함께 생활하는 한 수도사에 따르면 수단 아이들은 웬만큼 아프거나 힘들어도 좀처럼 울지 않는다고 합니다. 그럼에도 아이가 눈물을 흘렸다는 사실은 신부님이 얼마만큼 마음을 담아 아이를 대했는지를 보여줍니다. 톤즈를 방문했던 또 다른 한국 신부님은 이태석 신부님이 "당신들은 가난하고 나는 가진 사람이니 무엇인가를 나눠준다."는 그런 입장이 아니라 그냥 수단 사람이었다고 회고합니다. 이것이야말로 주는 사람도 받는 사람도 없는, 그저 자신을 잊고 무념무상의 경지에서 나누는, 불교에서 말하는 이상적인 경지 아닐까요? 그리고 이러한 경지에서 베풀어야 상대방을 진정 기쁘게 할 수 있지 않을까요?

이번에는 신부님이 한 말을 통해 동기를 확인해보죠.

시간이 지날수록 같이 있어주는 것이 중요하다는 것을 깨달았다. 어떤 어려움이 닥친다 해도 그들을 버리지 않고 함께 있어주고 싶다.

이러한 생각을 가지고 있었기에 신부님은 말기 암 선고를 받고도 수단으로 돌아가려 했으며, 투병 생활을 하면서도 수단 아이들 이야기를 자주 하고, 선종하기 바로 전까지도 수단 아이들을 돕기 위한 콘서트를 열고, 책까지 출간했던 것입니다.

저는 훌륭한 동기가 없었다면 신부님이 톤즈 사람들에게 아낌없이 주는 나무가 되어 줄 수 없었으리라 생각합니다. 만약 순수하게 그 사람들을 염려하고 사랑하는 마음이 아니었다면 새벽에 찾아오는 환자들을 치료하거나 세상을 떠나기 직전까지 수단인들을 걱정하지 않았겠죠. 아니, 아예 수단에서 생활하겠다고 자원하지도 않았을 겁니다. 백번 양보해서 신부님의 동기가 베일에 가려져 있다고 하더라도 결과를 중시하는 공리주의적 측면에서 보았을 때 신부님의 공헌은 매우 큽니다. 톤즈 사람들에게 베풀었던 사랑은 말할 것도 없고, 영화를 보고서 감명받은 사람들, 그리고 그러한 감명으로 인해 나눔을 실천하려는 사람들, 그리고 그 사람들로 인해 혜택을 입게 될 사람들을 고려한다면 신부님은 실로 커다란 족적을 남긴 것입니다.

공평무사성으로 본 신부님의 삶

비록 신부님이 자신을 돌보지 않았다는 점에서는 공평무사성을 다소 벗어났지만, 신부님은 다른 사람들을 대하는 태도에서만큼은 공평무사성을 견지했습니다. 영화 마지막에는 다음과 같은 내레이션이 나옵니다.

신부가 아니어도 의술로 많은 사람을 도울 수 있는데, 한국에도 가난한 사람이 많은데 왜 아프리카까지 갔냐는 질문을 자주 받는다. 나도 잘 모르겠다. 다만, 내 삶에 영향을 준 아름다운 향기가 있다. 가장 보잘것없는 이에게 해준 것이 곧 나에게 해준 것이라는 예수님 말씀. 모든 것을 포기하고 아프리카에서 평생을 바친 슈바이처 박사. 어릴 때 집 근처 고아원에서 본 신부님과 수녀님들의 헌신. 마지막으로 10남매를 위해 희생하신 어머니의 고귀한 삶. 이것이 내 마음을 움직인 아름다운 향기다.

이러한 생각은 공리주의에서 말하는 공평무사성을 통해 정당화됩니다. 만약 우리나라 사람들이 수단 사람들보다 더 고통받고 있었다면 신부님은 아마도 국내에서 활동을 하셨을 것입니다.

우리나라 사람들	수단 사람들
100	0

대한민국에서 활동

하지만 수단 사람들이 우리나라 사람들보다 더 고통받고 있음은 물론, 이 세상에서 가장 고통받고 있는 사람들이기에 신부님은 톤즈에 가셨고, 그곳 주민이 되셨습니다.

우리나라 사람들	수단 사람들
0	100

수단에서 활동

신부님은 유독 그곳의 한센인들에 관심을 가졌습니다. 과거에 한센병은 나병 내지 문둥병이라고 불렸는데, 이 병에 걸린 사람들은 그 흉한 모습 때문에 대개 소외된 삶을 살아갑니다. 그런데 가뜩이나 고통 받는 지역인 톤즈에서라면 한센인들이 얼마나 소외된 삶을 살아갈까요! 신부님은 이 사람들을 직접 찾아가 약을 지어주었고, 말벗이 되어주기도 했으며, 발에 상처가 나지 않게 발 모양을 그려 거기에 맞는 신발을 만들어주기도 했습니다. 이처럼 가장 고통받는 사람들에 대한 헌신적인 관심은 '더 많은 고통을 받는 사람들을 우선적으로 고려하는' 공평무사한 태도로, 공리주의의 이념을 몸소 실천한 것입니다.

신부님이 이와 같은 공평무사한 태도를 견지했음은 신부님이 "가난한 사람들뿐만 아니라 도움이 필요한 모든 사람들에게 항상 도움을 베푸셨다."는 말에서도 드러납니다. 신부님은 고통이나 염려에서 벗어나지 못해 허덕이는 사람이면 그 사람이 가난한 사람이든 부자이든, 우리나라 사람이든 수단 사람이든 가리지 않고 도움을 주려 했습니다. 이는 '누구'에 초점을 맞추지 않고 얼마만큼 행복을 산출하고 고통을 제거할 수 있는지에 초점을 맞추는 공리주의의 이상에 부합하는 것이죠.

최대 다수의 최대 행복으로 본 신부님의 행동

위에서 정리한 신부님의 이야기는 신부님이 사실상 최대 다수의 최대 행복을 도모하기 위해 최선을 다한 삶을 살았다는 말로 바꾸어 놓을 수 있습니다. 신부님은 한 사람이라도 더 고통에서 구해내려고 혼신의 힘을 기울였습니다. 신부님은 하루에 300명이 넘는 사람들을 진료하는 엄청난 과로에 시달리면서도 시간을 내서 한센인을 찾아가 그들의 벗이 되어주고, 치료를 해주었으며, 낮 동안의 활동으로 파김치가 되었을 텐데도 밤에 환자가 들이닥치면 단 한 번도 거절하는 법 없이 진료를 했습니다.

신부님이 최대 다수의 최대 행복을 도모했던 것은 그곳 아이들과 젊은이들을 위해 학교를 세운 데에서도 잘 드러납니다. 학교 건립은 낚시를 해서 물고기를 주는 것이 아니라 낚시하는 방법을 가르쳐주는 것에 해당합니다. 이는 단순히 현재의 고통을 없애는 데에만 그치는 것이 아니라 원천적으로 고통을 줄여주는 방법이죠. 실제로 구호품 못지않게, 아니 그 이상으로 고통받는 사람들에게 필요한 것은 교육을 포함한 사회구조나 제도의 개선입니다. 이처럼 신부님은 직접적인 고통뿐만 아니라 미래에 발생할 고통을 근본적으로 없애는 데에도 관심을 가졌는데, 신부님은 투병 중에도 톤즈 공동체를 제대로 이끌어갈 인재를 키우기 위해 두 명의 톤즈 젊은이들을 한국으로 데려와 대학에 입학시키기까지 했습니다.

제대로 신부님 추억하기

저는 〈울지마 톤즈〉를 보면서 느끼는 감동이 단순히 신부님의 삶에 대한 감동에 그쳐서는 안 된다고 생각합니다. 우리가 신부님처럼은 살아가지 못해도 신부님의 삶을 통해 참다운 나눔이 무엇인가를 느낄 수 있어야 합니다. 그리고 우리는 이러한 이상을 따르기 위해 노력해야 하는데, 이것이야말로 이태석 신부님을 진정으로 기리는 방법일 것입니다.

신부님이 보여주셨던 이런저런 모습을 윤리 원리를 바탕으로 이해하려 할 경우, 우리는 그러한 모습 속에 담긴 근본적인 의미를 일정한 기준을 가지고 파악할 수 있으며, 자신의 나눔에 대해서도 적절한 반성을 하면서 구체적으로 무엇을, 어떻게 해야 더욱 올바른 실천을 하는 것인지 알 수 있게 됩니다. 우리가 주어진 상황에서 윤리 원리에 입각해서 신부님의 나눔을 따르고자 할 경우, 그러한 나눔은 결코 정도를 벗어나지 않을 것입니다.

6

칸트의 도덕철학과 나눔

モ

모든 인간은 태어날 때부터 자유롭고, 존엄성과 권리에 있어서 평등하다. 인간은
이성과 양심을 부여받았음으로 서로에게 형제·자매의 정신으로 행해야 한다.
– 유엔 세계인권선언문 제1조

어떤 동기로 봉사활동을 해야 하는가?

봉사활동을 할 때 우리의 마음가짐은 어떠해야 할까요? 적절한 봉
사 동기란 봉사 수혜자에 초점을 맞출 경우 그 수혜자를 받들어 섬
긴다는 것을 의미하며, 설령 이런 마음이 없었다 하더라도 이것이 마
땅하고 옳다고 여겨 그 기준에 맞추려 애쓰는 경우를 말할 것입니다.
다음으로 봉사자에게 초점을 맞춘다면 이는 봉사자가 봉사를 통해
인격의 성숙을 도모하고 나눔을 실천하는 삶을 살려는 의지를 다지
는 경우를 말할 것입니다. 이처럼 훌륭한 봉사 의식이란 봉사자와 수
혜자 모두에게 도움이 되고자 노력하는 마음가짐입니다. 봉사자들

은 가능한 한 사적인 이익을 생각지 않고 자신의 인격 함양을 위해, 또한 봉사 대상에게 실질적인 도움을 주기 위해 노력해야 합니다. 그런데 봉사활동을 할 때 이보다 엄격한 기준을 제시할 수도 있는데요. 봉사자에게 어떤 결과가 초래될지를 고려해서는 안 되며, 오직 수혜자에게 줄 수 있는 도움에만 초점을 맞추어야 한다고 생각할 수 있습니다. 칸트는 실제로 이와 같이 생각한 것처럼 보이는데, 동기라는 측면만을 놓고 보자면 이것이 가장 이상적이라고도 할 수 있습니다. 칸트의 윤리 이론을 짚어가면서 이에 대해 설명해보도록 하죠.

칸트 윤리 이론의 특징

칸트의 윤리 이론은 의무론으로 분류됩니다. 의무론에 따르면 우리가 참된 도덕적 행동을 하기 위해서는 결코 행복이나 자기 이익 등 어떤 목적을 위해 행동해서는 안 되며, 오직 그러한 행동이 옳기 때문에 그 행동을 해야 합니다. 칸트는 우리가 우리의 마음속에 있는 도덕법칙에 대해 이와 같은 태도를 취해야 한다고 생각했는데, 그는 다음과 같은 유명한 구절에서 이러한 생각을 표현하고 있습니다.

그것을 생각하는 것이 거듭되면 거듭될수록 또 그 기간이 길면 길수록 더욱더 새로워지며, 그리고 더욱 강한 감탄과 존경의 생각으로 마음을 채워주는 두 가지가 있으니, 하나는 내 위에서 항상 반짝이는 별을 보여주는 하늘이며, 다른 하나는 나를 항상 지켜주는 마음속의 도덕법칙이다.

칸트의 도덕철학은 공리주의와 더불어 윤리 이론의 양대 산맥으로 자리매김하고 있기에 우리는 이 이론에 대해 알아둘 필요가 있습니다. 칸트의 이론은 크게 ①동기주의, ②엄격주의, ③보편주의적인 특징을 가지고 있는데, 먼저 그의 이론이 갖는 동기주의적 특징부터 살펴보겠습니다.

동기주의

봉사활동을 할 때, 우리는 동기와 결과를 크게 네 가지의 경우로 나누어 생각해볼 수 있습니다.

① 동기와 결과가 모두 좋은 경우
② 오직 동기만이 좋은 경우
③ 오직 결과만이 좋은 경우
④ 동기와 결과가 모두 나쁜 경우

각각의 경우에 대한 예를 들어보도록 하죠. ①은 상대에게 도움을 주는 것이 옳다는 동기를 가지고 봉사활동을 했고, 상대 또한 상당히 만족을 한 경우입니다. ②는 상대에게 도움을 주는 것이 옳다는 동기로 활동을 했지만 막상 수혜자는 불편을 겪은 경우입니다. 반면 ③은 상대에 대한 별다른 관심 없이 봉사 점수를 받기 위해 활동을 했는데, 막상 수혜자는 매우 만족을 한 경우입니다. 마지막으로 ④는 봉사자가 아무 생각 없이 마지못해 활동을 했고, 수혜자도 불쾌감만을 느낀 경우입니다.

칸트는 ①과 ②에 대해 긍정적으로 평가를 하겠지만 ③에 대해서는 부정적인 평가를 내릴 것입니다. 이는 ③을 긍정적으로 생각하는 공리주의자와 상반되는 입장인데요. 이처럼 칸트는 만약 동기가 훌륭하다면 그러한 동기에 바탕을 둔 행동은 결과에 상관없이 도덕적이라는 평가를 받아야 한다고 생각했고, 바로 이러한 특징으로 인해 칸트의 의무론은 동기주의적 특징을 갖는다고 일컬어집니다.

엄격주의

그런데 왜 이와 같은 이론이 엄격주의적 특징을 가지고 있다고 하는 것일까요? 칸트에 따르면 만약 동기가 훌륭하다면, 다시 말해 다른 어떤 이유 때문이 아니라 그것이 옳기 때문에 그에 따라 행동했다면 그러한 동기에 따른 행동은 결과에 상관없이 도덕적으로 훌륭하다는 평가를 받게 됩니다. 거꾸로 설령 사람들에게 커다란 행복을 안겨주었다고 하더라도 동기가 훌륭하지 못할 경우 그 행위는 도덕적이라는 평가를 받을 수 없습니다. 의무론자들은 심지어 재미있거나 좋아한다는 이유로 그러한 행동을 했을 경우마저도 도덕적 행동이라고 평가하지 않습니다. 많은 사람들이 그러한 행동으로 인해 고통에서 벗어나게 되었다 해도 마찬가지입니다.

칸트는 정서 반응에 따르는 행동이 아닌, 도덕법칙에 따라야 한다는 의무를 자각하고 그러한 의무를 다하려는 데에 따른 행동만이 가치가 있다고 생각했는데, 이처럼 칸트는 도덕적으로 선한 행위의 기준을 크게 제한하고, 그러한 기준을 충족하는 행위만으로 도덕 행위를 한정했습니다. 바로 이러한 이유로 사람들은 그의 이론이 엄격주의적인 특징을 갖는다고 평가합니다.

보편주의

앞에서 공리주의에 대해 이야기할 때 살펴본 바와 같이, 공리주의는 나와 남을 동등하게 여기는 보편주의적인 특징을 갖습니다. 여기서 보편주의적 특징이란 고통에 초점을 맞춘 것으로, 상대가 여성인지 남성인지, 흑인인지 백인인지 황인인지, 대한민국 사람인지, 외국 사람인지의 여부와 무관하게 더 큰 고통을 겪고 있는 사람을 우선적으로 고려해야 한다는 의미였습니다. 칸트의 윤리 이론 또한 보편주의적 특징을 갖는데, 그가 말하는 보편주의는 사적인 관계를 고려해서는 안 된다는 점에서 공리주의와 공통되는 특징을 가지고 있습니다. 하지만 칸트의 이론에서 말하는 보편주의는 공리주의에서 말하는 것과 다르기도 한데, 공리주의가 산출될 수 있는 고통과 쾌락을 고려해 사람들을 달리 처우해야 한다고 이야기하는 데 반해, 칸트는 남이건 나이건 상관없이 모든 사람들이 하나의 인격체로 존중받아야 한다고 주장합니다. 칸트의 생각에 인격체로서의 인간은 가난하건 부자건, 나이가 어리건 많건, 상대에게 원하는 바가 있건 없건 이와 무관하게 어떤 경우에도 존중되어야 합니다. 바로 이것이 그의 이론이 갖는 보편주의적 특징이죠.

도덕법칙

칸트에 따르면 법칙에는 자연법칙과 도덕법칙이라는 두 가지 법칙이 있습니다. 그중 전자가 예외가 허용되지 않는 필연의 법칙이라면 후자는 우리가 마땅히 따라야 할 당위의 법칙입니다. 이러한 도덕법칙은 우리에게 따를 것을 명하는데요. 왜 이처럼 도덕법칙은 우리에게 따를 것을 요구하는 것일까요? 그리고 왜 우리는 선의지를 통해 도덕법칙을 따르기 위해 노력해야 할까요? 그 이유는 한마디로 인간이 불완전한 존재이기 때문입니다. 만약 우리가 철저하게 도덕적 이성을 따르고 있는 존재라면 우리는 예외 없이, 누구나가 도덕법칙을 '따르고 있을' 것이며, 이에 따라 굳이 '따라야 한다'고 말할 필요가 없을 것입니다. 하지만 인간은 욕구나 감정 등에 쉽게 휩쓸리는 존재로, 이성 외에도 욕구가 있기 때문에 도덕법칙을 항상 따르지 못합니다. 이처럼 도덕법칙은 우리가 따르지 않을 수도 있기 때문에 명령의 형식으로 우리를 압박합니다. 이때의 명령은 '~을 하려면 도덕법칙을 따라야 한다'처럼 조건이 붙은 것이 아니라, '이유 여하를 막론하고 도덕법칙을 따르라.'처럼 목적하는 바나 결과에 상관없는 무조건적인 명령입니다.

칸트는 이러한 유형의 명령을 조건이 붙은 '가언적인' 명령과 대비하여 '정언적인' 명령이라 불렀습니다. 여기서 정언적인 명령은 무조건적인 명령이며, 마땅히 실천되어야 할 것으로 '강제' 또는 '명령'됩니다. 도덕 명법에는 가언적인 것, 다시 말해 조건이 붙은 명령은 없으며, 오직 정언적인 것만이 존재하는데, 칸트에 따르면 모든 도덕명법을 포괄하는 근본 원리는 오직 하나밖에 없습니다. 다음은 그가 말하는 근본 원리로서의 정언명법입니다.

> 네 의지의 준칙이 언제나 동시에 하나의 보편적 입법의 원리로서 타당할 수 있도록 행위하라.

이를 쉽게 풀이하면 네가 개인적으로 하고자 하는 바를 동시에 모든 사람들이 해도 괜찮을지 생각하고 행동하라는 것입니다. 예를 들어 어떤 상황에서 거짓말을 할 것인지 말 것인지를 칸트의 근본 원리에 따라 결정한다면 우리는 그 거짓말을 만인이 해도 괜찮을지를 자문해봐야 합니다. 그리고 만약 괜찮을 것 같다고 판단하면 거짓말을 하는 것이고, 그렇지 않다면 거짓말을 해서는 안 되는 것입니다.

칸트는 이러한 근본 원리로부터 몇몇 실천원리를 이끌어냅니다. 다음은 그중에서 잘 알려진 실천원리입니다.

> 너의 인격 및 모든 타인의 인격에 있어서의 인간성을 언제나 동시에 목적으로서 사용할 것이며, 결코 단순히 수단으로서 사용하지 않도록

행위하라.

이는 간단히 말해 자기의 인격이나 타인의 인격을 단순히 자신의 욕망을 충족시키기 위한 수단으로 사용해서는 안 된다는 것입니다. 이성적인 존재인 인격은 다른 무엇과도 바꿀 수 없는 목적 그 자체로, 어떤 경우에도 이러한 인격을 단지 수단으로만 대해서는 안 된다는 것이죠.

유의할 점은 칸트가 항상 인간을 수단으로 사용해서는 안 된다고 말하고 있는 것은 아니라는 겁니다. 그는 단지 인격을 자기의 것이든 타인의 것이든 '오직 수단으로만' 사용하지 말고, 목적 자체로 존중해야 한다고 강조하고 있습니다. 예컨대 내가 필요에 의해 어떤 사람에게 부탁을 할 경우를 생각해봅시다. 이때 상대방은 나에게 부탁을 위한 수단일 수 있고, 칸트가 이런 것마저도 잘못이라고 말하고 있는 것은 아닙니다. 칸트는 단지 부탁만을 목적으로 그 사람을 이용해서는 안 되며, 부탁과 동시에 그 사람을 하나의 인격으로 대하는 것을 잊지 말아야 한다는 점을 강조하고 있는 겁니다.

우리가 현실에서 적절히 활용할 수 있는 칸트의 도덕법칙은 앞에서 언급한 근본 원리보다는 이러한 실천원리입니다. 그가 말하는 근본 원리는 현실 적용이 거의 불가능하고, 공허하기도 합니다. 그 이유는 예외 없이 모든 사람들이 해도 괜찮은 행위를 찾기란 극히 힘들기에 현실 속 행위 지침이 될 수 없기 때문입니다. 이에 반해 인격을 단지 수단으로만 대하지 말고 동시에 목적으로 대하라는 실천원리는 우리가 노력하면 어느 정도는 따를 수 있는 명령입니다. 우리는 사람들을 대할 때 인종, 남녀, 노소, 국가, 빈부 등에 상관없이 단지 수단으로만 대하지 않으려 노력할 수 있습니다. 이처럼 사람을 하나의 인격으로 대하려 할 경우 우리는 칸트의 도덕법칙에 따르는 격이라 할 수 있습니다.

칸트의 도덕철학과 나눔

이제 이를 나눔의 문제에 적용해봅시다. 칸트의 실천원리에 따르자면 나눔 활동을 할때 훌륭한 동기란 결코 '좋아해서', '재미있어서' '스펙을 쌓을 수 있어서' 등이 되어서는 안 됩니다. 왜냐하면 우리가 관심을 갖는 나눔의 대상은 단순히 나의 재미를 만족시키거나, 스펙을 쌓는 데 도움이 되는 대상이어서는 안 되기 때문입니다. 그들은 내가 무엇인가를 얻기 위한 수단으로서가 아니라 하나의 인격체로 존중받아야 합니다. 심지어 그들은 나의 인격 성장에 도움이 되기 위한 수단이어서도 안 됩니다. 미묘한 차이지만 우리는 나눔을 실천한 결과로 인격 성장을 할 수 있습니다. 하지만 아예 인격 성장을 위한 도구로 나눔의 대상을 생각해서는 안 됩니다. 이는 타인을 수단이 아닌 목적으로 대하라는 명령을 거스르는 것이기 때문입니다.

한편 우리가 나눔을 실천해야 하는 실천원리에 바탕을 둔 이유를 들라고 하면 나눔 수혜자들이 인격체로서의 온전한 삶을 누릴 수 없을 정도로 열악한 상황에 놓여 있다는 사실을 들 수 있습니다. 우리는 그들이 인격체로서의 삶을 회복할 수 있도록 도와야 하며, 바로 이것이 나눔의 요체입니다.

사실 저는 이와 같은 칸트의 의무론보다는 공리주의에 경도되어 있는 편입니다. 그 이유는 칸트의 의무론이 결과를 중요시하지 않는다는 이유도 있지만, 이보다는 너무 엄격할뿐만 아니라 일상생활에 적용하기 어렵고, 도덕적 딜레마를 해결할 수 없다는 등의 문제가 있기 때문입니다. 하지만 그렇다고 칸트의 입장이 공허하기만 한 이론은 전혀 아닌데, 특히 칸트가 동기를 강조하고, 사람들을 하나의 인격체로, 단지 수단이 아닌 목적으로 대하라고 하는 것은 나눔에서뿐만 아니라 인간을 대하는 기본 태도로 마땅히 가슴에 새길 필요가 있습니다.

7

어려운 현실을 보고
느껴야 나눈다

이곳에 오는 아이들의 나이는 6개월부터 열살까지 다양하다. 대부분의 아이들은 피
골이 상접했다. 살갗 아래로 뼈가 거의 드러날 지경이며 머리카락이 빨개진 아이, 콰
시오커 증세로 배만 불룩하게 부풀어 오른 아이들도 더러 눈에 띈다. 콰시오커는 노
마와 더불어 영양실조가 야기하는 가장 심각한 질병이다.

– 장 지글러·양영란 옮김, 『굶주리는 세계, 어떻게 구할 것인가?』(갈라파고스, 2011), 10쪽.

나눔의 의지를 갖기 위해 사용할 수 있는 방법은 여러 가지입니
다. 그중 한 가지는 우리의 나눔이나 관심이 필요한 대상이 실제 살
아가는 모습을 보고 느끼는 것입니다. 그 실태를 파악할 경우 우리의
태도는 어느 정도 달라질 수 있습니다. 이렇게 말하는 한 가지 이유
는 우리가 누구나 공감 능력을 갖고 있기 때문인데, 맹자는 이를 불
인인지심(不忍人之心)이라고 불렀습니다.

맹자께서 말씀하셨다. "사람은 모두 다 차마 남을 해치지 못하는 마음
을 가지고 있다. 선왕은 이 차마 남을 해치지 못하는 마음을 가지고 차
마 백성을 다치게 하지 못하는 정치를 하셨다. 차마 남을 해치지 못하는

마음을 가지고 차마 백성을 다치게 하지 못하는 정치를 할 수 있다면 천하를 다스리는 것은 손바닥 위에서 움직이는 것과 같이 쉬울 것이다. 사람이 모두 다 차마 남을 해치지 못하는 마음을 가지고 있다고 이르는 까닭은 지금 사람들이 갑자기 어린애가 우물에 빠지려고 하는 것을 보게 된다면 모두 다 깜짝 놀라며 측은(惻隱)한 마음을 가지게 되기 때문이다. 이는 그 어린애의 부모와 사귀고 싶어서도 아니며 마을이나 친구들로 부터 명예를 얻고자 하기 위해서도 아니고 잔인하다는 명성을 듣기 싫어하기 때문도 아니다.[3]

만약 맹자의 말처럼 우리가 공감 능력을 타고났다면 고통에 절규하고 있는 누군가의 모습은 우리의 마음을 움직여 무엇인가를 해야겠다는 생각을 불러일으킬 것입니다. 세월호 문제에 대한 전 국민의 관심만 보더라도 사람들이 얼마나 타인의 아픔에 공감하는지 잘 알 수 있죠.

그런데 이는 곧 우리가 사람들의 고통을 외면할 경우 공감 능력이 생기지 않아 나누려는 의지가 생기지 않을 것이라고 바꾸어 말할 수 있는데요. 특히 우리 사회의 성원, 우리 국민이 아닌 경우에는 아무리 고통 속에 신음하고 있어도, 또한 우리가 작은 실천을 통해 큰 도움을 줄 수 있어도 남의 일이라고 생각하며 관심을 갖지 않는 경향이 있습니다. 이처럼 반응이 뜨뜻미지근한 이유 중의 하나는 그 사람들이 우리가 보이지 않는 곳에서 신음하고 있기 때문일 것입니다. 하지만 우리가 그들의 고통을 보지 못한다고 해서 그들에게 관심을 갖지 않아

3 孟子·김학주 역주, 『맹자』(서울대학교출판문화원, 2013), 130쪽.

도 되는 것은 아닙니다. 만약 그들의 삶의 모습을 보고 느껴야 공감이 촉발된다면 우리는 의도적으로 어려움을 겪고 있는 사람들의 현실을 알기 위해 노력해야 합니다. 그 방법으로는 어떤 것들이 있을까요?

직접 체험

과거에 캄보디아 여행을 갔을 때의 이야기입니다. 캄보디아가 내전을 겪으면서 엄청난 고통에 시달렸던 나라라는 것을 어느 정도는 알고 있었지만 사실 저는 세계적 유적지인 앙코르와트에만 관심이 있었지, 그 나라 사람들의 삶에 대해서는 별다른 관심이 없었습니다. 그런데 프놈펜을 비롯하여 여러 곳을 돌아다니면서 본 그 나라 사람들의 내전 피해의 여파는 상상 이상이었습니다. 폴 포트 정권 아래서 인·친척을 잃지 않은 사람들이 거의 없었고, 곳곳에 매설되어 있는 지뢰로 피해를 입은 사람들이 너무나도 많았습니다. 같은 하늘 아래서 어떤 사람들은 극심한 가난과 전쟁 후유증에 허덕이며 살고 있는데, 누군가는 그런 곳을 그저 관광하고 있다는 사실이 부끄러워 잠을 이룰 수가 없었죠.

"백문(百聞)이 불여일견(不如一見)"이라는 말이 있습니다. 아무리 많이 들어도 한 번 보는 것만 못하다는 말입니다. 이를 조금 바꾸어 나눔의 문제에 적용해보면 우리가 책이나 이야기로 어려운 이웃의 문제를 접하는 것은 그 사람들의 삶을 체험해보는 경우에 비해 현실감이 떨어지며, 이에 따라 정서의 촉발 강도도 상대적으로 낮을 것입니다. 이와 같은 이유 때문인지 최근 아프리카나 동남아의 오지로 봉사 활동을 떠나는 젊은이들이 많이 눈에 띕니다. 비행기 값이나 현지 체류비는 물론 식수나 화장실 등 기본적인 생활을 하는 데 필요한 제반 시설이 턱없이 부족하다는 사실까지 감안한다면 이러한 활동은 상당한 부담일 수밖에 없습니다. 게다가 이러한 활동에 드는 비용을 기부한다면 실로 많은 사람들에게 도움을 줄 수 있는데도, 굳이 오지에 가서 활동을 하려는 것은 봉사자들이 치러야 하는 비용 이상으로 많은 것들을 느끼고 생각할 수 있기 때문일 것입니다.

직접 체험의 중요성과 그 긍정적인 효과에 대한 이야기는 어렵지 않게 접할 수 있습니다. 『세계에서 빈곤을 없애는 30가지 방법』에서 교사인 하라 이쿠오가 담임을 맡고 있는 초등학교 학생들은 어린이 노숙인에 대해 조사해보고, 그들을 돕기 위한 활동을 시작합니다. 그 중 일부 학생들이 노숙 아동들의 삶을 몸소 체험해보자는 취지로 노상은 아니지만 학교 복도에서 골판지와 담요만 가지고 자보자는 의견을 내고, 아이들은 복도에서 노숙 체험을 해봅니다. 노숙을 한 학생들은 이러한 체험을 한 후 막연하게 알고 있던 노숙과 실제가 완전히 다르다는 사실을 깨닫고, 이를 계기로 훨씬 진지하게 노숙 아동들을 돕기 위한 활동을 하게 되었다고 합니다. '하룻밤을 자도 이렇게 피곤하고 힘든데, 아예 노숙이 생활이 되어 있는 아이들은 얼마나 힘들까?'라고 감정이입이 되었고, 이것이 생각과 행동의 변화를 이끌어냈던 것입니다.

제 수업을 듣는 학생들도 농촌을 다녀오고 난 후 농촌의 현실에 대해 깊게 생각해보게 되었다는 말을 합니다. 물론 많은 것들을 느낄 수 있을 만큼 오랜 시간을 농촌에 머문 것은 아니라서 그러한 이야기가 얼마만큼 마음속 깊이 느끼면서 하는 말인지는 알 수 없습니다. 하지만 많은 학생들이 적어도 농촌의 하루가 얼마나 힘들고, 농촌이 얼마만큼 노령화되어 있으며, 또 얼마만큼 일손이 부족한지 등에 대해서는 어느 정도 느끼는 것처럼 보입니다. 설령 학생들이 농촌 현실 이면에 숨겨져 있는 구조적인 측면까지 생각해보지는 않는다고 할지라도, 그리고 자신이 농촌을 위해 무엇을 할 수 있을지를 고민해보지 않는다고 할지라도 적어도 농촌 생활이 힘들다는 것만큼은 경험해보기 전보다 더 의식하게 된다는 거죠.

이처럼 공감을 형성하게 되는 장점이 있음에도 일부 경우, 특히 체험 당사자가 무엇인가를 느끼려는 의지가 없을 경우 직접 체험이 별다른 긍정적인 영향력을 발휘하지 못할 수 있습니다. '대략적'으로 본다면 직접 보고 듣는 것은 체험자에게 분명 유용합니다. 하지만 신중하게 숙고를 하지 않는다면 체험이 부정적인 결과를 낳을 가능성도 얼마든지 있습니다. 가령 어떤 학생이 봉사활동 증명서를 받아야 하기 때문에 마지못해 농촌활동을 간 경우를 생각해봅시다. 이 학생은 농촌에 대해 어떤 것도 느낄 마음자세가 되어 있지 않기 때문에 시간만 흘러가길 바랄 것이고, 농촌활동은 이 학생에게 아무런 마음의 변화를 불러일으키지 못할 것입니다. 그런데 하필이면 선생님이 옆에서 함께 일을 하고 있어서 마지못해 일을 할 수밖에 없었다면 학생의 활동이 이어질 가능성은 더 낮아질 겁니다.

또 무엇인가를 배워서 오겠다는 마음가짐으로 농촌에 갔다고 해도 많은 것들을 얻어 오지 못할 수도 있습니다. 학생이 생각했던 것과 직접 본 농촌이 달라서 굳이 농촌활동을 해야 하는지에 대한 의문을 가질 수 있고, 궂은 날씨나 주변 사람들로 인해 부정적인 경험을 할 수 있으며, 농촌이 힘들다는 것을 느끼긴 했어도 노동이 너무 고되어서 다시는 오지 않겠다는 생각을 할 수도 있습니다.

직접 체험이 초래할 수 있는 또 다른 문제는 체험을 하는 사람이 조심하지 않으면 자칫 체험의 대상, 그리고 함께 체험하러 갔던 사람들에게 민폐가 될 수 있다는 것입니다. '체험'은 어떤 일을 실제로 보고 듣고 겪는다는 말로, 이는 경험을 하는 당사자에게 초점이 맞추어진 단어입니다. 이는 주변 사람들에 대한 그 경험의 영향이 고려되지 않고 있는데, 나눔을 실천하고자 할 경우에는 '체험'이라는 측면 이상으로 그 경험이 미칠 수 있는 봉사 수요자 및 주변 사람들에 대한 영향을 의식해야 합니다. 예를 들어 오지 활동을 함으로써 체험자가 많은 것을 얻었다면 이는 체험자에게는 매우 의미 있는 활동입니다. 하지만 활동이 그곳 사람들에게 별다른 도움이 되지 못하고, 사람들만 계속 바뀌면서 들락거린다는 느낌을 주었다면 이는 결코 좋은 나눔 활동이 아닙니다. 이처럼 체험에만 초점을 맞출 경우 설령 체험자 자신은 얻는 바가 많아도 현지인들은 물론, 함께 간 사람들에게도 민폐가 될 수 있는데, 이는 체험을 하는 사람이 반드시 유의해야 할 점입니다.

다큐멘터리 등을 통한 간접 경험

만약 나눔 활동을 하려는 사람의 생각을 바꾸고, 정서를 촉발하는 데에 초점을 맞추고자 한다면 저는 다큐멘터리와 같은 영상물도 도움이 될 수 있다고 생각합니다. 이렇게 말하는 이유는 다큐멘터리가 대개 사실에 대한 적절한 이해와 감동을 목적으로 제작되기 때문인데요. 실제로 다큐멘터리는 사실 이상의 감동을 주는 경우가 적지 않습니다. 다큐멘터리는 현실을 가감하여 보여주고, 여기에 해설을 덧붙여 감동을 극대화합니다. 예를 들어 다큐는 배경음악 등을 통해 보는 사람의 심금을 울리기도 하는데, 실제 활동을 할 때 그와 같은 음악이 흘러나오면서 감동을 느끼게 하는 경우는 없습니다. 이렇게 보았을 때 마음을 움직인다는 면에서는 다큐멘터리가 체험에 비해 오히려 더 효과적일 수 있습니다.

물론 나눔에 관한 영상물을 보는 것도 맹점은 있습니다. 이는 나눔 활동을 하려는 사람들의 변화에 초점을 맞추고 있는데, 때문에 이는 직접적인 나눔의 실천은 분명 아니죠. 영상물을 보는 것은 나눔의 실천을 촉발하는 역할을 하는 데 그칠 따름입니다. 이 세상의 모든 사람들이 어떤 영상물을 보고 감동을 느꼈지만 직접 활동은 하지 않는 경우를 생각해봅시다. 이 경우 고통받는 사람들의 삶은 전혀 변하지 않습니다. 그럼에도 적어도 나누고자 하는 사람의 마음을 움직이는 효과라는 면만을 놓고 본다면 좋은 다큐멘터리는 직접 체험 못지않은, 혹은 그 이상의 효과를 낼 수 있을 겁니다.

다큐멘터리가 직접적인 체험 못지않게 나누고자 하는 사람에게 도움이 될 여지가 있다고 말하는 또 다른 이유는 현상의 이면에 대한 설명도 해주기 때문입니다. 직접적인 체험은 상황에 대한 전체적인 맥락 등에 대한 설명이 제공되지 않기 때문에 사전 지식을 갖추고 있지 못할 경우 개인들이 얻게 되는 것은 생각보다 많지 않을 수 있습니다. 예를 들어 다큐멘터리를 통해 어떤 동물의 특성에 대한 내용을 파악하는 경우가 동물원에 가서 그 동물을 직접 한 번 보는 경우보다 더 심층적인 이해를 하게 해줍니다. 이처럼 적절하게 제작된 다큐멘터리에서는 사실에 대한 지식뿐만 아니라 그 배경에 대한 설명, 나아가 문제의 원인과 처방까지도 제시합니다. 이런 장점 때문에 다큐멘터리를 보는 것은 어떤 측면에서는 직접 경험보다 많은 것을 느끼고 생각하게 해줍니다.

이런 이유로 저는 수업 시간에 종종 학생들에게 다큐멘터리를 보여주는데요. 제가 자주 보여주는 한 영상물은 공장식 농장에서 살아가는 가축의 실태를 다룬 것입니다. 이를 본 학생들은 충격을 감추지 못합니다. 영상이 우리가 쉽게 접할 수 없는 끔찍한 것들이고, 싼 값에 인간의 미각을 충족시키기 위해, 그리고 싼 값에 고기를 생산하기 위해 동물들이 얼마나 고통 속에 살다가 식탁에 오르는지를 잘 보여주고 있기 때문입니다. 학생들이 받은 충격과 변화에의 의지는 그들이 제출한 리포트에 잘 드러납니다. 리포트를 읽어보면 육식의 문제를 재고하는 데에 영향을 준 것이 윤리 이론이나 책보다는 다큐멘터리였다고 밝히는 학생들이 상당히 많죠. 문제는 이러한 다큐가 말초적인 자극을 유발하지 않기 때문에 사람들이 좀처럼 보려 하지 않는다는 것인데요. 수업 등을 통해 다큐를 함께 관람하는 것도 나눔의 의지를 갖게 하는 한 방법이 되지 않을까요?

8
현상의 이면을
직시하기 위해 노력하자

ㄴ) 서구 문화의 영향

3) 우리의 생활 윤리 - ㄱ) 전통 윤리의 계승 발전 ㄴ) 외래문화의 수용

5장 국가와 윤리

1) 국가 발전의 윤리적 기반 - ㄱ) 개인과 국가 ㄴ) 공동체 의식

2) 국가 발전과 근대화 작업 - ㄱ) 조국 광복과 우리의 시련 ㄴ) 민족

의 자각 ㄷ) 근대화의 발자취 ㄹ) 복지 국가의 건설

3) 새마을 정신과 유신 이념 - ㄱ) 새마을 운동과 정신 계발 ㄴ) 유신

이념

6장 북한 실정과 조국 통일

- 1970년대 『국민윤리』 교과서

위는 1970년대 국민윤리 교과서 차례의 일부입니다. 여러분들은 이 차례를 보면서 어떤 생각이 드나요? 우선 쉽게 눈에 띄는 것은 새마을 운동과 유신 이념에 대한 절이 있고, 이들을 이야기하기에 앞서 이들을 정당화하기 위한 내용들이 나온다는 점입니다. 하지만 사람들을 설득하기 위해 대놓고 무엇인가를 이야기하는 것은 새로울 것도 없습니다. 문제는 보이지 않는 부분인데, 이는 드러내놓고 무엇인가를 알려주거나 요구하지는 않지만 그럼에도 간접적인 방법으로 사람들의 생각을 특정한 방향으로 이끌어갑니다.

당장 위의 차례를 훑어보면 윤리 교과서라는 특성상 좋은 이야기들만 나옵니다. 그런데 항목을 찬찬히 뜯어보면 충효(忠孝) 등 수직

관계의 중요성이 강조되고 있지 자유나 평등 등의 수평 관계에 관한 덕목은 보이지 않습니다. 왜 그런 것일까요? 그리고 이와 같은 덕목만이 유독 강조될 경우 어떤 결과가 초래될까요? 만약 충이나 효가 아닌 살인이나 강도가 정당하다는 이야기를 하고 있다면 사람들은 즉각적으로 책을 쓴 사람에게 항의할 것입니다. 하지만 충이나 효는 숭상되어 마땅한 윤리적인 덕목이기 때문에 그 덕목들이 초래할 수 있는 결과를 간과하기 쉽습니다. 특히 그 결과를 의도적으로 바람직하지 못하게 이용하려는 경우도 있어 사람들은 현명한 판단을 내릴 수 있도록 깨어 있어야 합니다.

이와 유사한 예들은 얼마든지 들 수 있습니다. 잘 알려져 있는 3S, 즉 스크린, 스포츠, 섹스를 통해 국민의 관심을 정치로부터 다른 곳으로 돌리려는 정책을 예로 들어봅시다. 3S는 많은 사람들에게 즐거움을 줍니다. 하지만 그 이면을 파악하지 않을 경우 그 즐거움은 결과적으로 우민화(愚民化) 정책에 기여함으로써 정권의 영속화에 간접적으로 기여하게 됩니다. 만약 3S가 누구에게나 불쾌감을 주는 것들이라면 정책은 실패로 귀결될 수밖에 없을 것입니다. 하지만 3S가 특성상 많은 사람들이 찾고 즐거워하는 것이기 때문에 자연스레 정치에 대한 관심을 다른 곳으로 돌리는 효과를 거두게 됩니다. 백화점을 찾는 사람들이 이용하기 쉽지 않은 엘리베이터, 호프집의 불편한 나무 의자, 창문과 시계가 없는 카지노 등 우리가 그 의미를 파악해보려 하지 않으면 그냥 지나치기 쉬운 의도가 숨어 있는 경우가 많습니다. 아니 설령 의도가 없다고 하더라도 결과적으로 사람들을 일정한 방향으로 이끌 수 있죠.

일반적으로 현상은 공공연하게 그 이면을 드러내 보여주지 않기에, 이를 제대로 파악하기 위해서는 적절한 해석 능력과 인과적으로 상황을 바라볼 수 있는 능력이 요구됩니다. 이와 같은 해석 능력을 갖추지 못하거나 1차원적인 삶에 안주할 경우 우리는 수많은 것들을 간과해버리게 되는데, 이로 인해 사회적 부정의, 불공정 등을 부추기거나 간과하게 될뿐만 아니라 심지어 자신도 피해자이면서 이를 모르고 살아가게 될 수 있습니다. 누군가가 자신의 코를 베어가고 있는데도 막상 자신의 코가 베인지도 모를 수 있다는 것입니다.

현상 내지 문제의 원인이나 이면에 대한 이해가 필요한 이유는 문제 해결을 위해 구체적으로 무엇을, 어떻게 해야 할 것인지를 가늠해보게 해주기 때문입니다. 물론 원인이나 이면을 적절하게 파악한다고 해서 문제를 해결할 정확한 처방을 내릴 수 있는 것은 아닙니다. 예를 들어 아이가 홍역에 걸려 열이 펄펄 나는데, 그 원인 바이러스를 알아도, 이를 퇴치할 수 있는 백신이 없거나 엉뚱하게 치료할 경우 아이의 병은 낫지 않습니다. 하지만 문제의 원인을 알려 하지 않으면 해결은 더욱 어려워집니다. 그래서 우리는 문제에 심층적·입체적으로 접근해 종합적인 대책을 세워야 하는 것이며, 이때 '왜'와 '어떻게'는 우리가 반드시 제기해야 할 중요한 질문입니다.

사회구조에 대한 이해의 중요성

기초 인프라(도로·동력·항구)와 인적 자본(보건과 교육)이라는 전제조건이 갖추어지면 시장은 발전을 위한 강력한 엔진이 된다. 이런 전제조건이 없을 경우 시장은 세계의 많은 곳을 무심하게 지나치며, 빈곤과 끊임없는 고통 속에 방치한다.[4]

　무수히 많은 봉사와 기부가 이루어지고 있음에도 이 세상에는 여전히 절대 빈곤층을 포함한 사회 약자들이 셀 수 없이 많습니다. 왜 그런 것일까요? 아직도 나눔이 턱없이 부족한 탓일까요? 이것이 아주 잘못된 이야기는 아닙니다. 우리나라의 경우 나눔을 실천하는 사람들의 수가 과거에 비해 늘어난 것은 사실이지만 아직도 그 비율로 따져보면 현저하게 부족하죠. 그런데 사람들의 참여도 참여지만 혹시 좀 더 근본적인 무엇인가가 해결되지 않은 채 남아 있기 때문은 아닐까요? 그렇다면 사회 약자들이 고통받으며 살아가게 되는 좀 더 근본적인 원인은 무엇일까요? 나눔에 진정으로 관심이 있는 사람이라면 그 원인이 무엇인가를 곰곰이 생각해볼 필요가 있습니다.

　어떤 사람들은 사회 약자들의 게으름을 탓하면서 그들을 몰아세웁니다. 사회 약자가 된 것은 개인의 의지가 부족한 탓이라는 것이죠. 하지만 생각해봅시다. 우리 국민들이 한국전쟁이 끝난 후 과연 게을렀기 때문에 한동안 빈곤의 굴레를 벗어나지 못했는가를. 물론 예외적인 개인은 근면함을 포함한 여러 요인들로 인해 가난을 극복할 수 있었을 것입니다. 하지만 예외적인 사례를 일반화할 수는 없습니다. 그리고 어떤 상황 하의 개인은 아무리 부지런해도 근본적으로 가난

4　제프리 삭스·김현구 옮김, 『빈곤의 종말』(21세기북스, 2009), 17쪽.

에서 벗어날 수 없습니다. 예를 들어 아프리카 일부 지역의 아이들은 카카오 농장에서 노예처럼 일을 하는데, 그렇게 해서 받는 돈은 고작 하루 550원 미만에 불과합니다. 이처럼 기본 생존만이 보장되는 경우에는 아무리 가난을 벗어나기 위해 몸부림쳐도 사실상 불가능합니다. 아이들이 제대로 노동의 대가를 받아도 가난을 극복하기가 쉽지 않은데, 하물며 가까스로 생존만이 보장되는 임금을 받을 때는 말 그대로 하루 벌어 하루 먹고살기도 힘들 수밖에 없습니다. 극도로 가난한 부모에게서 태어나 교육받을 기회가 전혀 없는 아이가 아무리 열심히 일을 한다고 해도 저축을 해서 미래를 계획하는 것은 꿈도 못 꿀 일입니다. 개인의 발버둥이 헛된 몸놀림이 될 가능성이 매우 크죠. 이런 처지에 있는 아이에게 "너도 근면하면 잘 살 수 있어."라고 이야기하는 것은 덧셈 뺄셈도 모르는 아이에게 "너도 열심히 하면 미분적분을 풀 수 있어."라고 말하는 것과 같습니다.

그런데 이 아이가 제대로 교육을 받고, 일한 대가를 정당하게 받을 수 있는 직장에서 일을 하게 되어 어느 정도 저축을 하게 되었다고 가정해봅시다. 이러한 상황에서는 아이가 훨씬 나은 삶을 살게 될 것입니다. 이처럼 개인적인 노력은 어떤 사회체제에서는 빛을 발하고, 또 다른 사회체제에서는 전혀 힘을 쓸 수가 없는데, 이와 같이 사회체제는 개인들의 삶에 막대한 영향력을 행사합니다.

많은 사람들이 나누며 살아도 사회 약자의 수가 좀처럼 줄어들지 않는 이유를 꼽으라면 단연 사회체제의 문제를 꼽을 수 있을 겁니다. 예컨대 아프리카에서 사람들이 겪고 있는 고통의 근본적인 원인은 "군벌끼리의 갈등, 내전, 불안한 사회제도, 가뭄이나 사막화 같은 자연재해, 도로나 항만 같은 사회기반 시설의 부족, 유엔이나 인도적 지원 조직의 협력을 거부하는 따위의 문제들"[5]입니다. 여기에 덧붙여 일부 곡물 회사와 투기꾼들의 국제 곡물 거래 가격 조작으로 가난한 나라의 정부는 곡물가를 감당할 수 없어 결국 그들은 기아에서 벗어날 수가 없습니다.

이 모든 문제들이 어느 정도 해소되지 않는 이상 아프리카인들에 대한 원조는 밑 빠진 독에 물 붓기일 수밖에 없습니다. 최근 해외 오지 봉사가 유행인데, 아무리 이와 같은 활동이 확산된다고 해도 그들을 곤경에 빠뜨리는 근본 원인인 사회구조의 문제가 해결되지 않는 이상 그들의 삶은 그다지 나아지지 않습니다. 사회구조의 개선은 인간 삶의 질에 매우 중요해서 그 개선에 관심을 기울여야 합니다. 사회구조가 바뀌지 않은 상태에서 변화를 이끌어내고자 하는 것은 바이러스를 제거하지 않은 상태에서 열을 내리려는 것과 유사합니다. 바이러스 감염으로 인한 고열에 해열제를 주는 것은 근본적인 치료 방법이 아닙니다. 일시적으로 열을 내리는 효과는 있겠지만 근본적으로 바이러스를 퇴치하지 않으면 열은 다시 오를 수밖에 없죠. 때문에 사회봉사는 궁극적으로 문제의 근원인 사회구조의 변혁에로 나아가야 하는 것이죠.

그런데 우리가 흔히 접하게 되는 사회봉사는 대개 '사회구조적인 봉사'라기보다는 '사회 구호적인 봉사'입니다. 많은 경우 두 가지 유형의 봉사가 아울러 이루어져야만 나눔 활동이 제대로 이루어질 수

---

5 장 지글러·유영미 옮김, 『왜 세계의 절반은 굶주리는가』(갈라파고스, 2007), 47쪽.

있고, 이러한 봉사 중 어느 쪽에 더 관심을 가져야 하는지는 상황에 따라 다릅니다. 예를 들어 지진으로 고통받고 있는 네팔 국민에게 지금 당장은 사회 구호적인 봉사가 더욱 절실할 것입니다. 하지만 아무리 노력해도 기아에서 벗어날 수 없는 사람들의 고통을 근본적으로 해결하기 위해서는 사회구조적인 개선이 필요합니다.

처방과 실천

만약 사회 약자들이 약자로서의 삶에서 벗어나지 못하고, 더욱 곤궁에 빠져드는 근본 원인이 사회구조에 있다면, 우리가 적극적으로 관심을 가져야 할 부분은 바로 이 부분일 것입니다. 하지만 안타깝게도 좋은 직장과 교육을 제공하는 등의 사회구조적인 개선은 개인이 어떻게 할 수 있는 일이 아니고, 사회 인프라, 다시 말해 사회 생산이나 경제활동의 토대가 구축되어야 해결될 수 있습니다. 평범한 개인들이 할 수 있는 일은 별로 없다고 해도 과언이 아니죠. 군벌끼리의 갈등, 내전 등의 문제를 일반인이 어떻게 한다는 것은 불가능에 가깝습니다. 그렇다면 개인들은 고통의 근본 원인을 그저 이해하는 데에 그칠 수밖에 없는 것일까요?

반드시 그렇지는 않을 겁니다. 일단 원인을 분석해내면 쉽진 않겠지만 우리가 그에 대한 해결책을 강구해볼 수 있을 겁니다. 한 가지 예를 들어보도록 하죠. 아프리카의 농장에서 저임금의 아동 노동으로 생산된 카카오는 선진국으로 수출되어 비싼 가격에 팔립니다. 그런데 그 수익은 고스란히 기업의 몫으로 돌아갑니다. 기업 입장에서 값싼 노동력을 이용하여 최대한 이윤을 많이 남기려는 것은 이해하지 못할 일은 아닙니다. 하지만 기업은 이익뿐만 아니라 사회적 책임을 망각해서는 안 됩니다. 다른 방법으로는 돈을 벌 수 없는 아이들의 약점을 이용해 기업이 배를 불리는 것은 아무리 긍정적으로 생각하려 해도 용납할 수 없는 것이죠.

그런데 이처럼 기업의 노동 착취가 아이들이 겪는 고통의 근본 원인 중의 하나라면 이 문제에 대한 처방이 실효를 거둘 경우 아이들이 고통에서 조금은 벗어날 수 있습니다. 극도로 열악하게 일하는 카카오 농장의 아이들에게 지금보다 훨씬 좋은 노동 환경을 제공하고, 그들에게 지금보다 훨씬 나은 권리를 보장해주는 것이 전제된 국제무역이 이루질 경우, 아이들의 삶에도 서광이 비칠 것입니다. 이른바 공정무역이 이루어지면 아이들의 삶은 크게 개선될 수 있죠.

문제는 별다른 사회적 영향력을 갖지 못하는 개인들이 어떻게 공정무역이 이루어지게 하느냐는 것인데요. 방법이 아예 없는 것은 아닐 겁니다. 만약 공정무역이 해결책이라면 이에 대한 사회적 공감을 확산하는 노력을 벌여 결집된 힘을 보여준다면 문제는 또 다른 국면으로 접어들게 될 것입니다. 과거와는 달리 우리는 SNS를 이용하고 있으며, 많은 사람들에게 자신의 의사를 전달할 수 있는 수단이 있습니다. 얼마 전 저는 세월호 사건을 잊지 말자는 메시지를 받았는데, 이것이 누구에게서 시작되었는지는 알 수 없지만 아마도 수많은 사람들에게 전달되었을 것입니다. 그런데 세월호 사건에 대한 이와 같은 홍보가 가능하다면 다른 이슈들에 대해서도 유사한 활동을 해 볼 수 있지 않을까요?

문득 사람이 할 수 있는 최선을 다하고, 이후의 일은 하늘의 뜻을 기다리라는 '진인사대천명(盡人事待天命)'이라는 문구가 떠오릅니다. 이 말은 최선을 다하다 보면, 그리고 운이 좋으면 자신이 원하는 바를 얻을 수 있다는 희망이 담겨 있습니다. 하지만 개인적으로 저는 이보다는 제갈공명의 생각이 더 와 닿습니다. 제갈공명은 한낱 작은 인간이 하늘의 뜻을 거스를 수 없음을 파악하고 있었으며, 이에 따라 아무리 노력을 해도 자신의 뜻을 이룰 수 없음을 인지하고 있었습니다. 그럼에도 그는 묵묵히 최선을 다해 자신의 본분을 다하려 했습니다. 저는 이런 제갈공명의 태도를 본받고 싶습니다. 아니 우리 모두가 그의 태도를 본받으려 노력했으면 합니다. 저는 지극히 평범한 사람에 지나지 않습니다. 때문에 내 작은 몸짓들이 바다에 물 한 방울 떨어뜨리는 것보다도 작은 영향을 미칠 것임을 너무나도 잘 알고 있습니다. 하지만 어쩌겠습니까? 그저 평범한 사람으로서 내가 할 수 있는 일들을 최선을 다해 하겠다는 의지를 다지고, 이것이 실천으로 잘 옮겨지지 않는다고 하더라도, 그러한 한계를 인정하면서 나와 주변 사람들, 나아가 사회의 실천을 촉발하기 위해 노력해야 하지 않을까요? 설령 그것이 세상을 바꾸어나가는 데에 별다른 영향을 줄 수 없을지라도 말입니다.

저는 믿고 싶습니다. 많은 사람들이 노력하다 보면 언젠가는 살맛나는 세상이 올 것임을요. 그리고 그것이 가능하다면 '언젠가는'이 아니라 하루빨리 그런 세상이 오도록 작은 노력이라도 보태고 싶습니다. 솔직히 저는 티끌과 같은 작은 행동들이 모여 태산이 될 것이라는 확신이 없습니다. 왜냐하면 티끌이 모여 태산이 되는 것을 방해하는 수많은 요인들이 있고, 그러한 요인들의 영향력이 너무나도 강력하기 때문입니다. 그럼에도 저는 어떤 임계점을 넘어서면 그러한 영향력의 힘을 극복할 수 있는 시점이 올 것이고, 이를 넘어서면 순식간에 변화가 나타나면서 티끌이 태산이 되는 본격적인 궤도에 진입하게 될 것이라 믿고 싶습니다. 그리고 이를 위해 제가 할 수 있는 범위 내에서 열심히 노력해야겠다고 다짐해 봅니다.

9

나눔 감성을 자극하는
연습을 하자

책의 모두(冒頭)에서 이야기한 것처럼 우리가 나눔을 제대로 실천하기 위해서는 단지 논리, 사실에 대한 지식, 실천만으로는 부족합니다. 마음이 움직여 무엇인가를 해야겠다는 생각이 촉발되지 않는 이상 우리의 사유는 좀처럼 실천으로 이어지지 않습니다. 현재 나눔 활동을 하고 있다고 하더라도 시간이 흐르다 보면 의지가 약해지고 처음과 마음가짐이 달라지기 쉽습니다. 이러한 이유로 우리에게는 정서를 촉발하는 자극제가 필요합니다. 이것이 얼마만큼 지속적인 효과를 발휘할지는 미지수지만, 그럼에도 이와 같은 자극은 우리가 자신의 나눔을 반성하면서 새로이 각오를 다지는 데 도움이 될 수 있습니다. 그렇다면 자극을 주는 방법에는 어떤 것들이 있을까요? 저는 비교적 편하게 관심을 가질 수 있는 방법으로 나눔에 대한 노래를 듣고 영화를 보며 책을 읽을 것을 권합니다. 먼저 노래 얘기부터 해 볼까요?

노래를 통한 나눔 감성 훈련

함께 가자 우리 이 길을 투쟁 속의 동지 모아
함께 가자 우리 이 길을 동지의 손 맞잡고
가로질러 들판, 산이라면 어기여차 넘어주고
사나운 파도, 바다라면 어기여차 건너주자
해 떨어져 어두운 길을 서로 일으켜주고
가다 못 가면 쉬었다 가자 아픈 다리 서로 기대며
함께 가자 우리 이 길을 마침내 하나 됨을 위하여

– 안치환의 〈함께 가자 우리 이 길을〉

제가 이 노래를 알게 된 것은 꽤 오래전입니다. 요즘 젊은 세대의 기준에서 보았을 때 이러한 노래가 흥겨움을 주는 것은 아닙니다. 신이 나서 어깨를 들썩이며 따라 부르게 되는 노래는 아니죠. 하지만 가사를 찬찬히 음미해보면 마치 국가 대항 운동 경기 전에 듣는 애국가처럼 마음속 깊은 곳의 울림과 가벼운 흥분을 느낄 수 있습니다. 이러한 감흥은 특히 나눔에 대한 관심이 커지고 있는 분들이 강하게 느낄 수 있지 않을까 싶습니다. 저는 의도적으로, 한 학기에 한 번쯤 수업 시간에 학생들과 함께 이 노래를 듣는데요. 그 이유는 크게 두

가지입니다. 먼저 학생들이 가사에 공감하면서 실천에의 의지를 다졌으면 하는 바람 때문입니다. 사실 학생들이 얼마만큼 가사에 공감을 하고, 생각을 바꿀지에 대한 확신은 없습니다. 그럼에도 그럴 가능성이 조금이라도 있다면 시도해보는 것이 나쁜 것 같지 않아 노래를 함께 들어보죠. 만약 학생들이 저와 마찬가지로 가사에 감명을 받는다면 그들 또한 실천 의지를 다지는 데 조금이나마 도움이 되지 않을까 생각해봅니다.

그런데 이러한 노래를 학생들과 함께 듣는 것은 단지 학생들에게 영향을 주기 위한 것만은 아닙니다. 저 또한 노래를 들으면서 이런저런 생각을 하게 되는데, 특히 의지가 박약한 저로서는 이러한 노래를 학생들에게 들려주고, 노래 가사에 담긴 뜻을 이야기해 주면서 제 자신을 반성하고 새롭게 의지를 다지게 됩니다. 일종의 제 자신을 옭아매는 방법인 것이죠. 학생들에게 노래를 들려주면서 나눔을 강조해 놓고, 제 자신이 제대로 나눔을 실천하지 않는다면 제가 학생들에게 어떻게 고개를 들 수 있을까요? 다른 사람에게 무엇을 해야 한다고 말하면서 막상 자신은 빠져버리는 것처럼 부끄러운 일이 또 어디 있겠습니까?

이처럼 함께 하는 삶에 대한 의지를 다지게 하는 노래들에는 민중가요가 적지 않습니다. 그런데 민중가요 외에도 가사를 들으면서 마음이 짠해지는 노래들은 많이 있습니다. 사이먼 앤 가펑클(Simon & Garfunkel)의 〈Bridge over troubled water(험한 세상의 다리가 되어)〉는 그 예인데, 다음은 가사의 일부입니다.

당신이 작다고 느껴져서 힘이 들 때
당신의 눈에 눈물이 고일 때
내가 그 모든 것을 사라지게 해줄게요.
친구들도 찾을 수 없고
힘든 시간을 보낼 때
내가 당신 곁에 있어요.
거친 강물 위의 다리처럼
내가 당신의 다리가 되어 줄게요.

저는 차에서 이 노래를 자주 듣는데, 다른 노래들과는 달리 이 노래가 흘러나오면 저도 모르게 숙연해지면서 가사를 음미해보게 됩니다. '숨이 탁탁 막힐 정도로 힘든 일상을 살아가는 사람들이 고난을 극복할 수 있도록 다리가 되어줄 수만 있다면 내 비록 가진 것이 많지 않다고 해도 행복하지 않을까?' 이런 생각을 하다 보면 나눔에의 의지가 충만해지는데, 이는 분명 저의 실천에 도움이 됩니다.

감명 깊게 본 영화에서 흘러나오는 노래는 영화의 감명과 더불어 듣는 사람의 정서를 자극합니다. 그런 노래 중에는 원래 개인의 사랑에 초점이 맞춰진 노래임에도 맥락에 따라 전혀 다른 의미로, 오랫동안 영혼에 울림을 주는 노래도 있죠. 〈울지마 톤즈〉에서 이태석 신부님이 부른 윤시내의 〈열애〉가 제게는 그랬습니다.

이 생명 다하도록 이 생명 다하도록
뜨거운 마음속 불꽃을 피우리라

태워도 태워도 재가 되지 않는

진주처럼 영롱한 사랑을 피우리라

사실 이 노래 명곡이긴 하지만 제가 좋아하는 노래는 아니었습니다. 그런데 〈울지마 톤즈〉를 보고 나서는 이 노래가 완전히 다른 시각에서 느껴졌습니다. 아무리 태워도 재가 되지 않는 불굴의 의지로, 이 생명 다 바친 헌신적인 사랑을 다짐하는 가사의 내용이 윤시내의 절규, 그리고 영화의 내용과 어우러지면서 저는 이 노래를 들을 때마다 울컥합니다. 이처럼 노래를 부르고 듣는 것이 정서 반응과 연결되는 경우가 흔히 있는데요. 이러한 정서 반응을 적절히 활용할 경우 나눔의 의지를 다지는 데 도움을 받을 수 있을 것입니다.

영화를 통한 각오 다지기

이번에는 영화에 대해 이야기해봅시다. 영화의 영향력은 굳이 설명할 필요가 없을 정도로 큽니다. 〈울지마 톤즈〉에서 이태석 신부님의 형은 이런 얘기를 들려줍니다. 하와이에서 한센인들을 위해 헌신하다가 결국 자신도 한센병으로 선종한 다미앵(Peter Damiaan) 신부님의 일대기를 다룬 〈몰라카이〉라는 영화를 보고 이태석 신부님이 사제가 되기로 결심했다는 이야기를요. 이처럼 영화는 사람들에게 감동을 주며, 그 감동이 클 경우 심지어 한 개인의 인생을 바꿔놓기도 합니다. 감동적인 영화는 수많은 경험을 집적한 것 이상의 영향력을 우리의 삶에 행사할 수 있죠. 이러한 말에 어느 정도 일리가 있다면 우리가 의도적으로 나눔을 실천하는 데 도움이 될 수 있는 영화를 가려 봄으로써 자신의 삶을 반성하고 실천 의지를 다져볼 수 있을 것입니다. 〈패치 아담스〉라는 영화 이야기를 해보죠.

〈패치 아담스〉는 얼마 전 자살한 로빈 윌리엄스(Robin Williams)가 주연한 영화로, 육체의 상처뿐만 아니라 환자들의 상처입은 영혼을 달래주는 데에도 관심을 가졌던 의사에 관한 영화입니다. 이 영화는 실존 인물인 내과 의사 헌터 캠벨 아담스의 이야기를 바탕으로 만들어졌습니다. 아담스는 자신의 소신대로 1만 5천 명 이상의 환자를 돌보았으며, 그 결과는 매우 성공적이었다고 합니다. 이러한 사실은 영화의 감동을 더해주었죠. 영화에서 아담스는 자살을 하려다 실패하고 정신병원에서 감금 생활을 하게 됩니다. 그렇게 생활을 하던 중 아담스는 다른 환자를 도우려다 문득 자신을 괴롭히던 문제를 해결할 수 있다는 영감을 얻으면서 의사가 되기로 결심합니다. 그가 여느 의사와 달랐던 점은 몸보다 마음에 치료의 초점을 두어야 한다고 생각하는 점이었는데, 그 방안으로 그는 산 위에 친구들과 가난한 사람들을 위한 무료 진료소를 만들어 놓고 평소 자신의 소신에 따라 환자들을 진료합니다. 그곳에서 아담스는 칸트식으로 이야기하자면 환자들을 목적 자체로 대하면서 다양한 이벤트 등을 통해 환자들을 기쁘게 하기 위해 최선을 다합니다. 그 결과 환자들은 치유가 이루어지게 되죠.

영화가 내게 주었던 교훈은 아픔을 가진 사람에게는 형식적인 만남이 아니라 배려가 가득 담긴, 봉사라기보다는 그저 '저녁을 먹고 나면 한 잔 커피를 마시고 싶다고 이야기할 수 있는 친구'가 되어주는 것이 중요하다는 점이었습니다. 사람을 만나는 실천으로서의 나눔은 이 점이 매우 중요하다는 것을 영화는 덤덤하게 들려주고 있었는데, 저는 새삼 봉사자로서 봉사 수혜자를 만날 때 유의해야 할 점을 느낄 수 있었습니다. 봉사자가 불쌍하다는 이유 때문에, 또는 그저 봉사 시간을 채우기 위해 자신을 만나러 온다면 수혜자는 자신이 매우 비참하다는 생각을 할 것입니다.

〈패치 아담스〉를 통해 저는 이러한 부분에 대해 반성했고, 사람을 만나는 나눔 활동을 할 때에는 심지어 '봉사', '활동' 등의 표현도 쓰면 안 되겠다는 생각을 했습니다. 실제로 관계가 오랫동안 이어지면 상대는 봉사의 대상이 아닌, 그저 친한 사람이 되어 버리는데, 이 단계에 이르러야 비로소 나눔 활동이 본궤도에 올랐다고 할 수 있을 겁니다. 〈패치 아담스〉는 뜻하지 않게 내게 나눔에 대한 반성의 계기를 마련해주었는데, 만약 영화가 별다른 감동을 주지 않았다면 아마도 생각의 변화는 훨씬 늦게, 아니 아예 찾아오지 않았을지도 모릅니다.

책을 통한 나눔 훈련

마지막으로 책에 대한 이야기를 해보도록 하죠. 제가 여기서 말하는 책이란 딱딱한 논리적 설명만으로 이루어진 것이 아닌 감성을 자극하는 소설, 수필 등을 말합니다. 철학책 등 이론서들을 통해 나눔의 근본적인 의미를 따져보는 것은 매우 중요하며, 논리적인 측면에서 왜 나눔을 실천해야 하는지에 대한 심도 있는 고찰은 반드시 이루어져야 합니다. 그래야만 자신의 나눔을 이끌어가는 확고한 지침을 마련할 수 있기 때문이죠. 하지만 대체로 이러한 서적들이 우리의 감성을 요동치게 하는 것은 아닙니다. 이러한 역할을 하는 책들은 아무래도 아름다운 문체, 감동을 주는 서사가 담긴 소설이나 수필 등일 것입니다. 이러한 책들은 영화와 유사한 감동을 우리에게 선사합니다. 이태석 신부님이 쓴 『친구가 되어 주실래요』는 그 예라 할 수 있죠.

제가 읽고서 나눔에의 의지를 다지게 되었던 된 소설 중의 하나는 『상록수』입니다. 일제강점기에 농촌계몽 운동에 앞장섰던 최용신의 실화를 바탕으로 한 심훈의 『상록수』는 우리의 실천 의지를 북돋우는 소설입니다. 지식인들의 농촌계몽 운동을 담고 있는 이 소설은 시대가 흘러 우리의 농촌이 변하고, 사회가 변했음에도 여전히 감동을 줍니다. 온갖 고난을 무릅쓰고 농촌을 계몽하여 우리 사회를 개혁하려고 분투하는 모습은 그것이 '함께 하는 삶'이 아닌 무지몽매한 누군가를 깨우치려 한다는 한계를 드러낸다는 비판과는 무관하게 시사하는 바가 큽니다. 우리는 이 책을 통해 잘못 돌아가는 세상을 외면한 채 자신의 안위만을 고민하며 살아가는 모습을 반성하게 되고, 말로만 정의나 올바름이 무엇인지를 떠들어대는 지식인의 허위적인 태도까지도 되돌아보게 됩니다. 또한 이 소설을 통해 이 세상의 고통이 발생하는 이유가 무엇이며, 이를 근본적으로 퇴치하기 위해 해야 할 일이 무엇인지 등을 생각해보게 되죠. 이는 감동이 주는 부수적인 효과라 할 것입니다.

이처럼 나눔을 예찬하고 나눔의 필요성을 역설하는 소설이나 수

필은 아니지만, 이 세상 누군가의 고통을 드러내고, 그 이유가 무엇인지를 가볍지도 무겁지도 않게 서술함으로써 우리의 정서를 자극하는 책도 있습니다. 예를 들어 『세계에서 빈곤을 없애는 30가지 방법』, 『왜 세상의 절반은 굶주리는가?』 등의 책들이 그렇습니다. 이 책들을 읽으면 모두 함께 살아가는 지구촌의 변방에서 극심한 고통 속에 살아가는 사람들의 처지를 알게 되고, 그것이 정의롭지 못한 세계질서로 인한 것임을 깨닫게 됨으로써 무엇인가를 해야 한다는 생각을 갖게 됩니다.

우리가 받는 감동의 크기나 깊이는 우리가 얼마만큼 감동을 느끼려는 의지가 있는가에 좌우됩니다. 나눔에의 의지가 충만한 사람에게는 접하는 자료들이 많은 것들을 생각하고, 응용하는 데에 크게 도움이 될 것입니다. 반면 나눔에 별다른 관심이 없는 사람들에게 이러한 자료들은 그저 자신을 귀찮게 하는 잔소리 같겠죠. 그런데 나눔은 우리가 하고 싶으면 하고, 하기 싫으면 하지 않아도 되는 무엇이 아닙니다. 우리가 하고 싶건, 하기 싫건 마땅히 해야 하는 무엇이죠. 때문에 설령 나눔 활동을 하기 싫고, 귀찮다고 하더라도 우리는 '나눔이'가 되어야 합니다. 그리고 이처럼 나눔 활동이 우리가 마땅히 해야 하는 무엇이라면 우리는 이왕이면 잘할 수 있도록, 그리고 비교적 편한 마음으로 할 수 있도록 자신을 다독거릴 필요가 있습니다. 다양한 자료를 보고, 듣고, 읽는 등의 방법으로 좀 더 잘 나누기 위해 애써보면 어떨까요?

10

나눔을 통해
참된 힐링과 행복을……

사람의 덕이란 그 자신의 행위에 의해서라기보다도 이웃에게 전해지는 그 울림에 의해서 자라기도 하고 줄어들기도 할 것 같다. 덧없는 세상을 살아가는 우리는 언젠가 자신의 임종 앞에 설 때가 반드시 온다. 그 임종 앞에서 삶의 대차대조표가 훤하게 드러날 것이다. 그때는 누군가에게 주고 싶어도 줄 수가 없다. 그때는 이미 내 것이 없기 때문이다.

– 법정, 『아름다운 마무리』(문학의숲, 2008), 215쪽.

아침에 일어나 세수를 하기 전, 거울로 부스스한 얼굴을 들여다봅니다. 젊은 시절의 모습은 모두 어디로 갔는지, 최근 들어 부쩍 늘어난 새치, 아이크림을 발라도 효과가 없을 듯 자글자글해진 눈가, 한참이 지나도 선명하게 남아 있는, 다리미질을 해도 쉽게 지워지지 않을 듯한 자다가 생긴 자국들. 이 모든 것들이 괜한 짜증을 불러일으킵니다. '나도 어디 가서 힐링을 받아봐?'

힐링 열풍

힐링은 '치료한다'를 뜻하는 단어인 heal에 ing를 붙인 조어로, 대략 '마음을 치료한다.'를 뜻합니다. 최근 우리 사회는 힐링이 큰 화두입니다. 많은 사람들이 힐링을 원하고 있고, 이에 부응해서 힐링을 해준다는 문구를 주변에서 쉽게 찾아볼 수 있습니다. 이처럼 힐링이란 말이 유행하는 이유는 우리 사회의 성원들이 처해 있는 상황과 무관하지 않습니다. 우리 사회의 사람들은 일상에 찌들어 여유라고는 찾아볼 수 없는 삶을 살고 있습니다. 가진 자들이건 못 가진 자들이건 각자 나름의 이유로 힘든 하루하루를 상당한 스트레스를 받으면서 살아가고 있죠. 이는 사회 안전망이 제대로 갖추어지지 않은 상황에서 언제, 어떻게 될지 알 수 없기에 어쩌면 당연한 것인지도 모릅니다. 생존이 확보되지 않는데, 어떻게 사람들이 편한 마음으로 일상을 살아갈 수 있겠습니까! 그런데 이런 상황에서 누군가가 힐링이라는 말을 했던 것이고, 사람들이 목마르게 찾던 것이다 보니, 어느 순간 너나할 것 없이 힐링을 이야기하게 된 것이죠. 사람들은 지쳐 쇠잔해 있는 몸과 마음을 추슬러, 살아남기 위한 싸움을 벌이기 위한 전쟁터로 다시 향하기 위해서라도 간절히 힐링을 원하고 있습니다.

힐링을 위한 방법으로는 여러 가지가 제시되고 있습니다. 그중 대표적인 것은 누군가에게 마음속 깊이 숨겨두었던 이야기를 속 시원히 털어놓는 것입니다. 상담 심리의 한 기법으로 알려진 이 치유법은 커다란 정신적 충격이 마음속 깊이 스며들어 있어, 이로 인해 끊임없이 괴로워하는 사람들에게 도움이 되는 것으로 알려져 있습니다. 가톨릭 신자들은 고해성사를 통해 이런 힐링 효과를 얻습니다. 고해성사를 하면서 누구에게도 말하기 힘들었던 마음속의 응어리를 훌훌 털어버리고 하느님으로부터 죄를 용서받기까지 하기 때문입니다.

친구, 자연을 통한 힐링

이와 같은 유형의 힐링은 마음을 짓누르고 있는 무엇인가를 해소하는 방법으로서의 힐링입니다. 그런데 이보다 훨씬 가벼운, 그저 평상시에 가지고 있던 스트레스를 해소한다는 차원에서의 힐링도 있을 수 있습니다. 이렇게 힐링을 생각할 경우, 여기에는 우리를 기쁘게 하는 모든 것들이 포함될 것입니다. 예를 들어 악의 없이 남의 얘기를 주고받고 나서도 말이 날까 걱정되지 않을 지란지교(芝蘭之交)와 차 한 잔 마시며 이런저런 이야기를 나누는 것도 일종의 힐링입니다. 사회생활을 하다 보면 불가피하게 많은 사람들과 만나야 하는데, 이것 자체가 스트레스가 될 수 있습니다. 내성적이라서, 사기를 당할까 봐, 나를 어떻게 볼지 두려워서, 실수를 하지 않을까, 마음이 맞지 않아서 등 다양한 이유로 우리는 사람을 만나 스트레스를 받습니다. 그런데 이와 같은 인간관계에서 벗어나 어떤 이야기를 어떻게 해도 좋을, 그래서 전혀 상대가 나를 어떻게 생각할지를 걱정하지 않아도 되는 친구를 만나서 공허한 마음을 보일 수 있다면 그것 자체가 큰 기쁨일 것입니다.

분주한 일상에서 벗어나 자연 속에서 시간을 보내는 것도 힐링이 될 수 있습니다. 바람이 지나가는 소리, 맑은 시냇물이 흐르는 소리, 이름도 모르는 새의 지저귐, 풀벌레와 개구리들의 합창, 쏟아질 듯 박혀 있는 별들. 이러한 소리와 모습을 듣고 보고 있노라면 마음도 맑고 청아해집니다. 이처럼 직접 자연과의 교분을 나눌 수 없다고 해도 자연을 마주할 때의 느낌을 주는 책들을 읽어보는 것도 힐링의 한 방법입니다. 법정 스님의 『버리고 떠나기』를 조금만 인용해볼까요?

> 작년 4월 하순부터 나는 거처를 강원도의 한 두메산골 오두막으로 옮겨 왔다. 날마다 새롭게 태어나고 싶어서 묵은 둥지에서 떠나온 것이다. 조금은 불편하지만 문 두드리는 사람이 없어 지낼 만하다. 내 오두막의 둘레는 요즘 하얀 눈이 자가 넘게 쌓여 있고, 청냉한 공기 속에 들리는 소리라고는 처마 끝에 달아놓은 풍경이 이따금 지나가는 바람과 더불어 이야기하는 소리뿐이다. 몇 걸음 걸어 개울가에 이르면 두껍게 얼어붙은 얼음장 밑으로 개울물 흐르는 소리가 내 뼛속에까지 스며든다. 나는 얼음장 밑으로 흐르는 이 개울물 소리가 참 좋다. 그래서 하루에도 몇 차례씩 나가서 귀를 기울인다.[6]

이런 글을 읽고 있노라면 방 안에서도, 전철 안에서도 버리고 떠난 느낌을 받지 않을까요? 이와 유사한 느낌을 주는 책으로는 헨리 데이비드 소로(Henry David Thoreau)의 『월든(Walden)』을 들 수 있습니다. 소로는 "삶은 그토록 소중한 것이기에 나는 삶이 아닌 것은 살고

---

6 법정, 『버리고 떠나기』(샘터, 1993), 7쪽.

싶지 않았다."라고 말하며 문명과 이기의 세계를 떠나 자연에 묻혀 진정한 자신을 찾아갑니다. 만약 이와 같은 삶을 통해 '참된 나'를 찾고 '참된 삶'이 무엇인지를 깨달을 수 있다면, 그리고 그것을 통해 진정한 행복을 느낄 수 있다면 그 사람은 힐(heal)에 과거형 'ed'를 붙인 삶을 살게 될 것입니다.

영화 〈이키루〉를 통해 본 참된 삶과 힐링

이처럼 우리는 참된 삶을 살고 있거나 살았다는 느낌을 통해서도 힐링의 느낌을 얻을 수 있습니다. '무엇을 위해 사는 것이 참된 삶인가?'에 대해 절실히 생각해보는 순간은 아마도 죽음을 앞둔 시점일 것입니다. 많은 사람들은 이 시점에서 자신의 삶을 되돌아보면서 후회를 합니다. 만족스럽지 못한 삶을 살았기 때문이겠죠. 그렇다면 어떤 삶을 살아야 우리가 후회하지 않을까요? 어떻게 해야 참된 삶을 살았다고 말할 수 있을까요?

구로자와 아키라의 오래된 영화 〈이키루〉는 은연중 이에 대한 답을 줍니다. 영화 속의 주인공 와타나베는 평생을 공무원으로 살아온 인물입니다. 그는 새로운 것은 거의 해보지 않고 평생 반복되는 하루하루를 살아갑니다. 그렇게 살아가던 어느 날, 와타나베는 자신이 위암에 걸린 사실을 알고, 살아온 삶을 돌이켜보면서 깊이 후회를 합니다. 오직 자식만을 위해 재혼도 하지 않고 희생하며 살아온 와타나베. 하지만 아들 부부는 아버지의 희생에는 관심이 없고, 퇴직연금에만 눈독을 들이고, 주변에 남아 있는 것은 아무것도 없습니다. 그에게 남아 있는 것이라고는 30년 근속표창장뿐이죠. 삶을 마감할 날이 얼마 남지 않은 상황에서 돌아본 자신의 삶은 한심하기 짝이 없습니다. 그리고 자신에게 남은 반년이나마 참된 삶을 살아보겠다는 일념으로 와타나베는 분주하게 이런저런 것들을 경험해보려 하는데……

만약 이러한 상황에 놓인다면 여러분들은 남은 생을 어떻게 보내겠습니까? 영화에서는 술과 여자, 춤 그 어떤 것도 와타나베의 공허한 마음을 채워주지 못합니다. 이처럼 참된 삶을 찾아나선 여정은 결국 실패로 돌아갈 위기에 몰리죠. 그런데 어떤 것으로 인생을 채웠어도 결국 특별한 차이가 없을 것 같다고 판단하게 될 바로 그 순간, 와타나베는 문득 공원을 조성해달라는 가난한 마을 주민들의 진정을 기억해내고, 그 민원을 들어주기 위해 분투합니다. 삶이 얼마 남지 않았음을 몰랐을 때에는 다른 대부분의 공무원들처럼 그 또한 이런저런 핑계로 이러한 민원에 관심을 갖지 않았었는데, 이 세상에서의 삶이 얼마 남지 않은 순간, 그는 공원 조성에 대한 빈민들의 민원이 떠올랐던 것입니다. 와타나베는 몸을 사리지 않고 힘을 써서 결국 민원을 들어주는 데 성공하고, 눈 오는 날 자신의 노력으로 세워진 공원 그네에 앉아 삶을 마감합니다.

물론 우리가 삶의 마감을 앞 둔 시점에서 와타나베와 비슷하게 생각하고 행동할 것이라고 말할 수는 없습니다. 참된 삶에 대한 판단은 각자에게 달려 있으며, 심지어 죽기 바로 전에 참된 삶에 대한 고민을 굳이 해야 하는지에 대해 의문을 제기하는 사람들도 있을 것입니다. 이 밖에 공원을 만들어 어렵게 살아가는 사람들을 행복하게 함으로써 와타나베가 참된 삶을 알게 되었다고 보장할 수도 없고, 설령 알았다고 해도 죽음 앞에서 그것이 무슨 소용이냐고 되묻는 사람들도 있을 것입니다. 하지만 영화를 본 제 입장에서는 찰라의 쾌락이나 자식만을 챙기다 이 세상을 떠난 것보다는 어려운 이웃들을 위해 공원을 만들고 죽음을 맞이한 와타나베의 선택이 훨씬 훌륭했다고 생각합니다. 그것이 와타나베 자신에게 어떤 의미가 되었건, 나아가 아무런 의미가 되지 않고 결국 무엇을 해도 공허하다는 판단에 이르게 되었다고 하더라도, 그러한 결정은 윤리적으로 보았을 때 고귀하고 숭고한 것이었기 때문입니다. 저는 와타나베가 그와 같은 선택을 함으로써 인생의 마지막 순간에 분명 힐링의 기회를 얻었다고 생각합니다.

사람들은 진정한 삶, 제대로 된 삶이 무엇인지를 평상시에 좀처럼 생각해보지 않습니다. 사람들은 자신의 재물에 대한 욕구 등을 충족시킨 데 그저 만족하며 살아갑니다. 하지만 일차원적인 측면에서가 아니라 좀 더 삶을 근원에서 돌이켜보고, 참된 삶을 찾으려는 시도를 해볼 경우, 우리는 와타나베가 도달했던 그러한 결론에 도달하게 될 가능성이 큽니다. 나눔의 실천이야말로 다른 무엇보다 아름답고 숭고하다는 것을 깨달을 수 있기 때문입니다. 숭고한 무엇인가를 행했음에도 만족과 힐링이 이루어지지 않는 것은 충동 등에 가려 참된 행복이 무엇인지를 파악하지 못하기 때문입니다. 만약 사유 능력을 동원해 참된 삶이 어떤 것인지를 따져보고, 거기에서 내린 결론을 실천에 옮김으로써 자신의 삶을 참된 것으로 바꾸어놓을 경우 그 사람은 진정한 행복을 느낄 것입니다. 그리고 참된 힐링은 바로 이와 같은 사유의 전환, 그리고 이를 바탕으로 한 나눔의 실천을 통해 이루어질 것입니다.

나눔을 통한 힐링은 가능한가?

위의 이야기가 공연히 하는 말 아니냐고요? 그렇지 않습니다. 실제로 우리는 나눔 활동을 통해 힐링의 느낌을 받을 수 있습니다. 이렇게 말하는 이유는 우리가 공감 능력을 가지고 있고, 또한 나눔 활동을 통해 도덕적 성취감을 느낄 수 있기 때문인데요. 찰스 다윈(Charles Darwin)은 이와 같은 공감 능력이 우리에게 실재함을 보이고자 한 인물입니다. 그는 자연선택을 통해 이러한 감정이 우리를 포함한 일부 사회적 동물들에게 주어졌으며, 그 바탕에는 사회적 본능이 깔려 있다고 주장합니다.

사회적 본능은 매우 복잡하다. 그리고 동물의 경우에는 이러한 본능이 어떤 특정한 행동을 하도록 하는 특별한 성향을 부여한다. 하지만 이보다 더욱 중요한 요소는 사랑이며, 공감 또는 동정이라는 독특한 정서이다. 사회적 본능을 부여받은 동물들은 서로 동료가 됨으로써, 다른 동료들에게 위험을 경고해줌으로써, 다양한 방식으로 서로를 지키고 도와줌으로써 행복을 느낀다 [……] 이러한 본능은 그 종에게 매우 유익하며, 이에 따라 자연선택을 통해 획득되었을 가능성이 매우 크다.[7]

---

7 찰스 다윈·김관선 옮김, 『인간의 유래』(한길사, 2006), 571쪽.

그는 동물과 인간의 행동을 면밀히 비교·분석하는 방법을 통해 이러한 공감 능력이 실재함을 보이고자 했는데, 오늘날의 신경 과학 연구는 그의 생각을 뒷받침해주고 있습니다. 이러한 연구에 따르면 우리는 다른 사람들의 마음을 미루어 짐작할 수 있고, 타인들과 공감을 형성할 수 있는데, 이는 미러 뉴런(mirror neuron) 덕분입니다. 예를 들어 다른 사람이 기뻐하는 모습을 보면 이를 보는 사람 또한 기쁨과 관련된 뇌 속의 특정 부위가 활성화되어 기쁨을 느끼게 되는데, 이는 우리가 미러 뉴런을 가지고 있기 때문에 가능하다는 것이죠. 이러한 신경세포로 인해 우리는 나눔을 실천하면서 상대방의 정서 상태에 대응하는 정서를 경험하게 됩니다. 나는 힘들게 살아가는 사람들을 보고 함께 아파할 수 있으며, 이로 인해 그러한 아픔을 제거할 수 있는 행동을 하고자 하게 됩니다. 그리고 이러한 욕구가 행동으로 이어져서 나눔 수혜자가 기뻐하게 될 경우 나 또한 덩달아 기쁨을 느끼며, 이로 인해 나도 힐링을 받습니다.

공감으로 인한 기쁨과는 별개로 우리는 나눔 활동을 함으로써 얻게 되는 도덕적 성취감 때문에 힐링을 받을 수도 있습니다. 우리는 살아가면서 교육 등을 통해 다른 사람을 돕는 것이 도덕적으로 올바른 행동임을 알게 됩니다. 그런데 이와 같은 행동을 한 사람이 다른 사람이 아니라 자신일 경우 우리는 칭찬받아야 할 도덕 행위의 주체가 자신이라는 사실 때문에 뿌듯함을 느끼며, 이것이 힐링으로 연결될 수 있습니다. 이처럼 나눔 활동을 통해 느끼는 만족감은 우리에게 "도둑질을 하지 말라."와 같은 규범을 지켰을 때와는 또 다른 느낌을 줍니다. 이렇게 말하는 이유는 "도둑질을 하지 말라."는 규범을 지켰다고 해서 누군가가 기뻐하는 모습을 볼 수 있는 것은 아님에 반해, 나눔 활동은 많은 경우 수혜자가 기뻐하고 즐거워하는 모습을 보게 되어 나 또한 공감 능력이 발동하여 기쁨을 느낄 수 있기 때문입니다. 이는 도덕적 성취감을 한층 더 강화할 것인데, 이처럼 자신이 무엇인가 올바른 일을 해냈다는 성취감을 느낌으로써 우리는 다른 사람을 도우면서 즐거워질 수 있고, 이러한 일들이 반복되면 생활 속에서 힐링의 느낌을 받으며 살아갈 수 있게 될 것이며, 궁극적으로 참된 삶을 살게 될 것입니다.

11

기도보다는
나눔을······

네가 완전한 사람이 되려거든 가서 너의 재산을 다 팔아 가난한 사람들에게 나누어
주어라. 그러면 하늘에서 보화를 얻게 될 것이다. 그러니 내가 시키는 대로 하고 나서
나를 따라 오너라.

– 마태복음 19장 21절

이번에는 종교에 귀의함으로써 얻게 되는 마음의 위안을 생각해
봅시다. 많은 종교인들은 위안을 얻기 위해 종교를 갖는 것을 바람직
하지 않게 생각합니다. 신이 목적이어야지 자신의 목적을 위한 수단
으로 종교를 갖는 것은 안 된다는 거죠. 그럼에도 종교를 가질 경우
자신도 모르게 부수적으로 위안을 얻는 것은 분명 사실입니다. 신에
게 귀의하고, 그 뜻에 따르겠다는 마음가짐은 사람들을 평안하게 만
듭니다. 종교인들이 말하는 것처럼 우리를 괴롭히는 모든 것들이 신
의 존재를 통해 녹아 없어진다면 어찌 위안을 받지 않을 수 있을까
요? 종교인들이 포교에 열을 올리는 것은 이런 이유와도 무관하지 않
을 겁니다. 실제로 종교는 단지 며칠 동안의 마음의 평화를 주는 데에

머물지 않고, 평안한 마음으로 삶을 살아갈 수 있는 힘을 줍니다.

그런데 절대자를 진심으로 믿고 의지하고 따른다면 저는 종교인들이 단지 현세 구복적인 기도를 하거나 믿음을 갖는 것 이상으로, 혹은 교회나 성당, 그리고 절 등에 열심히 나가는 것 이상으로 나눔에 대해 관심을 가져야 한다고 생각합니다. 참다운 종교인이 되는 방법은 여러 가지일 수 있습니다. 끊임없는 기도로 신에게 헌신하거나 참선(參禪)을 통해 깨달음을 얻고자 용맹정진(勇猛精進)을 해 훌륭한 종교인으로 살아갈 수도 있습니다. 하지만 이와 같은 방법이 아니라 예수님이 말하는 사랑, 부처님이 말하는 자비를 실천함으로써 참다운 종교인이 될 수도 있을 텐데, 저는 타인을 배려하려는 태도를 견지하면서, 특히 어려운 처지에 놓여 있는 사람들을 위해 분투하는 것이야말로 참다운 종교인으로서의 삶을 영위하는 것이라 생각합니다. 과거로부터 현재에 이르기까지 종교인들은 어려운 이웃에게 많은 관심을 가져왔습니다. 하지만 저는 종교인들의 나눔에 대한 관심이 지금보다 훨씬 커지길 바라며, 실제로 강조점이 나눔 쪽에 맞추어질 경우 천당이나 극락이 우리가 죽어서야 이르게 되는 멀리 떨어진 곳이 아니라 바로 이 세상이 천당이나 극락이 될 수 있을 것입니다. 이 장에서는 종교인의 나눔에 초점을 맞추어 이야기를 나누어보도록 하죠.

불교의 깨달음과 나눔

최근 힐링에 대한 관심이 커지면서 템플 스테이 바람이 불고 있습

니다. 템플 스테이란 조용한 산사에 며칠 동안 머물면서 명상이나 참
선 등을 통해 참된 나를 찾는 관조의 여행을 떠나는 프로그램입니다.
이러한 자기 성찰에 별다른 관심이 없다고 하더라도 차 소리, 기계 소
리 등 도시의 소음과 나를 피곤하게 하는 사람들로부터 벗어나 자연
이 넌지시 들려주는 물소리, 새소리, 바람소리, 그리고 살포시 땡그렁
거리는 풍경소리를 듣고 있노라면 도시에서 느꼈던 염증에서 해방되
는 느낌을 갖게 될 것입니다. 일종의 힐링이 이루어지는 것이죠.

  깨달음을 얻고자 하는 선사(禪師)들은 아예 속세를 버리고 떠나 참
된 자신, 참된 세상의 이치를 찾는 데에 일생을 바칩니다. 템플 스테
이를 통한 힐링의 유효 기간이 비교적 짧다면 이들의 버리고 떠나기
는 평생 동안의 힐링을 도모하는 것입니다. 대체로 이들은 신에게 헌
신하기도 하지만 그 이상으로 공(空)의 제대로 된 의미를 파악하기 위
해 분투하고, 이를 위해 범인(凡人)들이 감히 범접할 수 없을 정도의
각고의 노력을 쏟아붓습니다. 하지만 이러한 노력의 흠은 자기 외의
다른 사람들에게는 신경 쓸 겨를이 없다는 점인데, 지장(地藏) 보살에
대한 이야기는 이런 한계를 넘어 중생을 구원하는 데에 적극적으로
관심을 기울여야 한다는 대자대비 정신의 중요성을 보여줍니다.

  지장은 부처가 아닌 보살입니다. 지장은 충분히 부처가 될 수 있었
고, 가장 먼저 극락의 문을 열고 들어갈 수 있었지만 이를 포기했습
니다. 그 이유는 이 세상에서 너무나도 많은 사람들이 고통 속에 신
음하고 있기 때문인데, 지장은 차마 이를 외면하고 혼자 성불(成佛)할
수가 없었던 것입니다. 이처럼 자신이 이를 수 있는 최고의 경지에
오르길 포기하고 지장은 "이 세상의 모든 중생을 구제하기 전까지

나는 절대로 성불하지 않겠다."라는 서원(誓願)을 하고 부처가 되지 않고 보살로 남습니다. 이 서원은 자신의 깨달음에만 초점을 맞추지 않고, 더 나아가 모든 중생을 구하겠다는 대승(大乘)의 견지를 표현한 것으로, 불교의 자비 정신을 잘 보여줍니다.

지장보살이 한번은 어떤 사람들은 일생 동안, 또 어떤 사람들은 십생 동안, 또 다른 사람들은 그 이상의 기간에 걸쳐 복을 받는 이유를 부처님께 여쭈어보았습니다. 그랬더니 부처님은 "커다란 자비의 마음으로 가장 빈궁한 사람이나 장애인 등 사회 약자에게 직간접적으로 보시를 하면, 또한 이때 미소를 지으며 부드러운 언사로 이들을 위로하려 한다면 그것이 곧 부처님께 보시하는 것과 같으며, 이러한 행동의 차이로 인해 복을 받는 기간의 차이가 생겨나는 것이다."라고 답했습니다. 이는 가장 고통받고 힘없는 사람들에게 베푸는 것이야말로 부처님께 행하는 것이며, 이를 통해 지복을 누릴 수 있음을 드러낸 말입니다.

저는 평범한 사람들이 일상을 살아가면서 깨달음을 얻을 만큼 치열하게 자신을 되돌아보기는 어렵다고 생각합니다. 그리고 설령 치열한 노력 끝에 깨달음을 얻었다 하더라도 그것이 널리 중생들에게 자비를 베풀기 위한 방편으로 활용되지 않는다면 그 깨달음은 공허할 수밖에 없을 것 같습니다. 제대로 된 깨달음이 구체적으로 무엇인지 범부인 저로서는 헤아릴 수 없습니다. 그럼에도 저는 깨달음을 얻기 위해 속세를 떠나 수도자로 살아가는 사람이 아니라면, 다시 말해 평범한 불교 신자의 입장에서는 불교의 기본 정신인 자비를 바탕으로 살아가기 위해 노력하는 것이 매우 중요하다고 생각합니다. 『방등경』에 나오는 앞의 내용은 나눔을 실천하는 것이야말로 부처님의 뜻을 따르는 것임과 동시에 부처님에게 귀의하는 것임을 잘 보여주고 있습니다. 이를 기억하고서 나눔을 실천할 경우 불교도들은 부처님의 뜻에 따라, 참다운 불교인으로서의 삶을 살아가게 될 것입니다.

기독교 혹은 천주교의 나눔

매우 흥미롭게도 위의 이야기는 예수님이 『마태오 복음서』 25장 40절에서 하신 말씀인 "내가 진실로 너희에게 말한다. 너희가 여기 있는 형제 중 가장 보잘것없는 사람에게 해준 것이 바로 나에게 해준 것이다."와 매우 유사합니다. 주지하다시피 기독교와 천주교는 사랑을 이념으로 삼는 종교인데, 예수님의 이러한 말씀은 그러한 사랑의 모습이 구체적으로 어떠해야 하는지를 잘 보여줍니다. 기독교와 천주교에서는 믿음을 통해 절대자에게 헌신하는 자세를 강조합니다. 하지만 이러한 믿음이 절대자의 뜻에 순종하는 것이라면 신자들은 교회나 성당에 열심히 다니는 데에서 한 걸음 더 나아가 성경의 말씀대로 사랑을 실천해야 하며, 특히 가장 보잘것없는 사람들에게 적극적으로 관심을 가져야 합니다. 실제로 신앙인들 중에는 이와 같은 입장을 견지하면서 살아가는 사람들을 간혹 찾아볼 수 있는데, 이들은 많은 사람들에게 큰 영감을 줍니다. 제가 직접 뵀던 분들 중에 정일우 신부님은 그 예에 해당하는 분입니다.

선종하신 지 얼마 되지 않은 '빈민 사목의 대부'로 잘 알려진 정일우 신부님은 우리나라 사람이 아닌 미국 신부님입니다. 25세에 처음으로 한국을 방문했던 정 신부님은 3년 동안 서강대에서 철학을 가르치시다가 미국으로 돌아가 사제 서품을 받고 한국으로 돌아오셨고, 그 후로 평생을 빈민과 농민의 벗으로 살았습니다. 말보다 실천을 늘 강조하셨던 신부님은 1973년 청계천 판자촌에서의 삶을 시작한 이래 양평동, 복음자리, 상계동의 빈민들과 함께 불의에 항거했고, 참된 공동체 설립을 꿈꾸면서 사제의 모습이 아닌 그저 친구와 이웃 같은 모습으로 평생을 살았으며, 마지막으로 있었던 충북 괴산에서는 솔뫼 공동체를 설립하여 그곳에서 '농부와 다를 바 없는 모습'이 아닌 '그냥 농부'로 그곳 사람들과 어울려 살았습니다.

제가 신부님을 직접 뵌 것은 신부님이 괴산에서 농부로 살아가고 있을 때였습니다. 그 지역에서 '소년예수의 작은 집'을 맡아 운영하던 배 루시아 수녀님을 따라 인사를 드리러 갔을 때 신부님의 모습은 그야말로 충격이었습니다. 아무리 농사를 짓는다고 해도 그래도 사제인데 웬걸? 단지 생김새만 외국인이었지 고무신과 일하기 편한 차림의, 말 그대로 그냥 농부였습니다. 더욱 충격적이었던 것은 신부님의 우리말 실력과 신부님이 살던 방이었습니다. 정확하게 기억은 나지 않지만 신부님은 만나자마자 제게 농담을 하셨고, 그 농담은 외국인이 아닌 우리나라 사람이 하는 것과 전혀 다르지 않았습니다. 이어지는 대화에서도 신부님은 사제가 아닌, 장난과 농담을 매우 좋아하는 그냥 유쾌한 동네 할아버지였는데, 이처럼 놀라움이 이어지는 속에서 저는 신부님의 거처를 보고 정말 놀라움을 금할 수가 없었습니다. 그곳은 웬만한 사람들에게 살라고 해도 살지 않을 것 같은, 소 우리보다 조금 큰 정도의, 쾌쾌한 담배 냄새가 잔뜩 밴 마당쇠의 방이었습니다. 신부님이 덮고 주무시는 이불도 담뱃불 구멍이 송송 나 있는 거적에 가까운 이불이었는데, '소년예수의 작은 집'으로 돌아오면서 수녀님께 주변 분들이 신부님의 이불을 바꾸어드리려 하지 않느냐고 여쭈어보았더니, 신부님께서 손사래를 치면서 새 이불이 필요 없다고 말씀하신다고 하셨습니다. 새 이불을 덮어봤자 어차피 담배를 피우기 때문에 곧 헌 이불이 된다고 하신다는 것입니다. 평상시에는 본인이 사제임을 기억하지 못하시다가 미사 때가 되어 사제복을 입을 때에야 자신이 신부임을 알게 된다고 말씀하시던 신부님. 비록 짧은 만남이었지만 저는 인생을 살면서 이런저런 경험을 통해 느꼈던 것보다 훨씬 많은 것들을 느꼈고, 알량한 농촌활동을 포함한 봉사활동을 조금 하는 것으로 내가 할 일을 하면서 살아가는 것처럼 생각했던 제 자신이 너무나도 부끄러웠던 기억이 생생합니다.

신부님은 사제로서 윗사람이 아랫사람들에게 무엇인가를 베풀려 했던 것도 아니었고, 거꾸로 아랫사람이 윗사람을 모시는 자세로 살려고 했던 것도 아니었습니다. 시혜를 베푸는 것도, 봉사를 한다는 의식도 없이, 신부님은 가난한 사람들의 이웃이자 친구라는 말도 거추장스러운, 신부가 아닌 그저 가난한 사람으로 살아가고 있었던 것입니다. 저는 이러한 모습이야말로 불교에서 말하는, 주는 것도 받는 것도 의식하지 못하는 최고의 경지라고 생각합니다. 아예 자기 자신이 가장 보잘것없는 사람이 되어 살아가는 모습이 역설적으로 이상적인 성인(聖人)의 모습이었던 것입니다.

과거에 정일우 신부님과 함께 복음자리에서 살았고, 괴산에서 '소년예수의 작은 집'을 운영하시던 배 루시아 수녀님도 제게는 정 신부님과 유사한 분이며, 개인적으로는 제게 더 커다란 영향을 미친 분이십니다. 평생을 나눔에 헌신을 했고, 현재 일흔이 훌쩍 넘은 연세임에도 은퇴하신 노 수녀님들의 뒷바라지 소임을 받아 하루하루를 분주하게 보내면서도 즐겁고 행복하다고 말씀하시며 활짝 웃으시는 수녀님. 제가 젊은 시절부터 현재에 이르기까지 작으나마 계속 나눔에 대해 관심을 갖고 살 수 있는 것도 결국은 수녀님 덕입니다.

이처럼 살아가면서 주변에서 이 세상의 빛과 소금으로 살아가는 훌륭한 종교인들을 만나 뵐 수 있었던 것은 저로서는 큰 행운입니다. 이들의 이웃에 대한 헌신적인 사랑은 어떻게 사는 것이 참된 종교인으로서 살아가는 것인지를 묵묵히, 하지만 강렬하게 보여주고 있습니다. 저는 열심히 기도하고 귀의를 다짐하는 모습보다는 신의 말씀에 따라 이처럼 적극적으로 나눔을 실천하는 것이야말로 더욱 신에게 헌신하는 것이 아닐까라는 생각을 해봅니다. 기도를 하는 것과 신의 말씀에 따라 나눔을 실천하는 것은 신앙인으로서 모두 매우 중요합니다. 하지만 어느 쪽에 초점을 맞추느냐는 다소 차이가 있을 수 있는데, 저는 둘 중에서 굳이 하나를 선택해야 한다면 가장 보잘것없는 사람들에게 관심을 갖고, 그들을 위해 무엇인가를 하려는 것이 더 나은 선택이라고 생각합니다. 왜냐하면 기도는 기도를 하는 사람에게는 구원이 될 수 있겠지만 그 외의 다른 사람, 특히 가장 보잘것없는 사람들에게는 별다른 도움이 되지 못할 수도 있기 때문입니다. 반면 신을 사랑하는 것과 다를 바 없는, 이웃 사랑을 실천하는 것은 그 자체로 이웃들에게 힘이 될 수 있습니다. 이렇게 보았을 때 만약 두 방법 모두가 구원에 이르는 길이 된다면 저는 이왕이면 나눔을 실천하는 데에 관심을 기울이는 편이 더 좋다는 생각을 해봅니다.

저는 종교인이 아닙니다. 그럼에도 저는 대체로 천주교에서 운영하는 시설에서 나눔 활동을 해왔고, 그러한 환경 속에서 훌륭하게 살아가는 많은 분들을 만났습니다. 그래서인지 저는 천주교가 매우 가깝게 느껴집니다. 이는 선교 활동에도 시사하는 바가 있는 듯합니다. 직접적으로 종교를 가지라고 권유함으로써 사람들을 자신의 종교로 이끌 수도 있습니다. 하지만 마음속 깊이, 제대로 된 종교인으로 이끌기 위해서는 그보다는 소리 없이, 살아가는 모습을 통해서 사람들에게 감동과 감화를 주는 것이 더욱 효과적일 수 있습니다. 나를 봐달라고 자신이 의식하고 화려한 몸짓을 하는 것도 아니면서, 사실상 눈이 부셔 감히 보지 못할 정도로 화려함을 간직한 아름다운 삶의 모습은 단지 혜택을 직접적으로 받는 사람들뿐만이 아니라 그러한 모습을 보는 사람들의 마음까지 움직입니다. 정 신부님은 주변 사람들에게 천주교인이 되라고 한 적이 없었다고 하고, 배 수녀님 또한 마음으로는 간절히 바라시겠지만 제게 신앙을 강요한 적이 단 한 번도 없습니다. 하지만 이분들이 사시는 모습은 제겐 간접적이긴 해도 사실상 선교 활동이나 다를 바가 없었습니다. 훌륭한 모습으로 나눔을 실천하는 사람들은 나눔의 대상에게 도움을, 이를 보는 사람들에게 큰 영감을, 나아가 이 모든 사람들을 자신들의 종교로 이끌 수도 있는 것입니다. 지금부터라도 주말에 교회, 성당, 절에 나가서 기도하는 데에만 그치지 말고, 종교의 가르침에 따라 나눔에 적극적으로 관심을 가져보면 어떨까요?

12

더 많은 사람들과
더 많이 나누자

아빠는 구호단체의 방침에 동의해. 구호단체는 극단적인 조건에서 활동하고, 갖가지
모순들과 싸워야해. 그러나 어떤 대가도 한 아이의 생명에 비할 수는 없단다. 단 한 명
의 아이라도 더 살릴 수 있다면 그 모든 손해를 보상받게 되는 것이지.
- 장 지글러·유영미 옮김, 『왜 세계의 절반은 굶주리는가』(갈라파고스, 2007), 93쪽.

〈쉰들러 리스트〉와 최대 다수의 최대 행복

〈쉰들러 리스트〉는 실화를 바탕으로 만들어진 영화입니다. 주인공 쉰들러는 독일인으로, 2차 세계대전 당시 나치 당원이 되는 등 수단과 방법을 가리지 않고 돈벌이를 합니다. 그러다가 쉰들러는 유대인 회계사인 스턴과의 만남을 계기로 유대인들의 참혹한 생활에 관심을 갖게 되고, 급기야 강제 수용소에서 죽음을 맞이하게 될 유대인을 구해낼 방안을 강구합니다. 그 방법이란 유대인 1명당 금액을 정하고, 그 금액에 맞추어 강제 수용소의 독일 장교에게 뇌물을 주는 것이었는데, 이런 식으로 그는 1,100명이나 되는 유대인의 목숨을 구해

냅니다. 이처럼 적지 않은 수의 유대인을 구해냈음에도 쉰들러는 더 많은 유대인을 구해내지 못한 것에 대한 죄책감과 회한에 사로잡힙니다.

비록 〈쉰들러 리스트〉를 본 지 꽤 오랜 시간이 흘렀지만 영화의 감흥은 아직도 제 마음 한구석에 자리 잡고 있습니다. 무엇보다도 그가 돈보다 인간의 목숨이 훨씬 귀하다는 것을 깨닫고, 자신이 할 수 있는 범위 내에서, 기꺼이 자신의 재산을 다 쓰면서까지 한 명의 목숨이라도 더 구하기 위해 분투하는 모습은 지금까지도 제게 강렬한 인상으로 남아 있습니다.

제대로 된 나눔이 무엇인지 생각해볼 때 저는 쉰들러를 떠올리곤 합니다. 한 사람의 목숨이라도 더 살리려고 노력하는 쉰들러의 모습은 한 사람의 고통이라도 더 줄이고, 한 사람의 행복이라도 더 늘리려는 공리주의의 '최대 다수의 최대 행복'의 정신과 맞닿아 있습니다. 저는 제대로 나눔을 실천하겠다는 생각을 가지고 있는 사람이라면 주어진 한계 내에서 '최대 다수의 최대 행복'을 도모할 필요가 있다고 생각합니다. 명실상부하게 이에 부합되는 삶을 살아가는 것은 아니기에 말하기가 조심스럽지만, 저는 이를 나눔의 이상(理想) 내지 지침으로 생각하면서 따르고자 할 경우 매우 훌륭한 나눔이 이루어지리라 믿습니다.

더 많은 사람들에게 활동의 기회를

그렇다면 최대 다수의 최대 행복을 도모하기 위해서는 무엇을, 어떻게 하는 것이 좋을까요? 만약 내가 고통 속에 살아가는 사람들에게 직접적으로 무엇인가를 할 수 있는 충분한 능력을 갖추고 있다면 한 사람보다는 두 사람, 두 사람보다는 열 사람, 열 사람보다는 백 사람에게 도움을 주는 것이 좋을 것입니다. 여기서 유의해야 할 것은 단지 도움을 주는 사람의 수만 늘리는 것은 큰 의미가 없다는 것인데요. 예를 들어 내가 '더 많은 사람들'을 의식하여 여기저기 돌아다니기만 하다가 그 어떤 사람에게도 사실상 별다른 도움을 주지 못했다면 이는 '한 사람'을 제대로 도와주는 경우보다도 못합니다. 전자와 같은 경우는 '다수'라는 조건을 충족했지만 '최대 행복'은커녕 그 어떤 사람에게도 행복을 주지 못한 것이죠. 이처럼 오지랖만 넓어서 많은 곳에 관심을 가질 경우 자신은 많은 일을 한다고 생각하며 뿌듯해할지 모르지만 막상 그 어떤 대상에게도 힘이 되지 못할 수가 있습니다. 반면 후자의 경우는 비록 '최대 다수'라는 조건을 충족하지는 못했지만 제대로 행복을 느끼게 했다는 점에서 전자에 비해 긍정적으로 평가할 수 있습니다.

최선의 활동은 당연히 '최대 다수'를 '진정으로' 행복하게 하는 것입니다. 하지만 방금 살펴본 바와 같이 '최대 다수'에 초점을 맞출 경우 자칫 그 어떤 사람에게도 도움이 안 될 수 있습니다. 제대로 힘이 되려면 가급적 적은 수의 사람들에게 집중적인 관심을 기울이는 것이 현명합니다. 그렇다면 '최대 다수'와 '최대 행복'은 양립 불가능한 것일까요?

저는 그렇게 생각하지 않습니다. 많은 경우 개인의 힘은 분명 한계가 있습니다. 관심을 갖고자 하는 사람들이 늘어나면 그만큼 특정한 개인에게 쏟는 관심은 줄어들 수밖에 없죠. 그런데 내가 직접적인 '나눔의 대상'이 아니라 '나눔에 관심을 갖는 사람들의 수'를 늘리려 하는 경우에는 문제가 달라집니다. 만약 내가 나눔에 관심을 갖는 사람의 수를 한 사람 늘리고, 그 사람이 고통 속의 누군가에게 정성을 다한다면 그는 제대로 고통에서 벗어날 수 있게 됩니다. 그리고 내가 나눔에 관심을 갖는 사람의 수를 두 명, 세 명, 그 이상으로 늘리면 그만큼 고통에서 벗어날 사람이 늘어나겠죠. 이와 같은 방법으로 나눔에 대해 관심을 갖는 사람들의 수를 늘리고, 이 사람들이 제대로 나눔을 실천할 경우 '최대 다수'와 '최대 행복'은 어느 정도 양립이 가능할 것입니다.

저는 이처럼 우리가 조금이라도 더 많은 사람들의 나눔을 도모할 경우 이 세상의 고통을 더 많이 경감시킬 수 있으리라 생각합니다. 한 사람보다는 두 사람, 두 사람보다는 열 사람, 열 사람보다는 백 사람을 나눔에 관심을 갖게 한다면 그것이 혼자 나눔을 실천하는 경우에 비해 사회 약자들에게 훨씬 많은 도움이 될 수 있다는 것이죠. 이는 도움을 주려 하는 사람들이 아주 작은 나눔을 실천하는 데에 그친다고 하더라도 마찬가지입니다. 아무리 작은 활동이라도 전혀 활동을 하지 않는 것보다는 의미가 있고, 그러한 활동을 모아보면 그 총량은 결코 적지 않을 것입니다.

실제로 작은 활동이라도 이들이 모이게 될 경우 티끌이 모여 태산이 되지 말라는 법은 없습니다. 제가 보았던 한 다큐멘터리에서는 지하철 역 플랫폼과 전동차 사이에 다리가 끼인 한 남성을 구해내기 위해 사람들이 전동차 밖으로 나와 전동차를 미는 장면이 나옵니다. 그렇게 사람들이 힘을 합쳐 밀었더니 전동차가 정말 움직였고, 부상자를 구해낼 수 있었습니다. 이처럼 작은 힘도 어떤 임계점을 넘어서면 그 힘들이 결집되어 커다란 힘을 낼 수 있는데, 우리가 사람들을 나눔의 광장으로 이끌어 작은 변화를 만들어갈 경우 생각지도 못했던 커다란 변화가 일어날 수도 있습니다.

만약 이와 같은 긍정적인 결과를 가져올 수 있다면 우리는 '왼손이 하는 일을 오른손이 모르게' 하기보다는 '왼손이 하는 일을 오른손이 알게' 해야 하고, 그것도 단순히 '알게' 하는 데에만 그치지 않고 오른손도 '하도록' 만들어야 합니다. 동기라는 측면에서 본다면 왼손이 하는 일을 오른손이 모르게 하는 것이 옳겠죠. 자기과시를 위해 나눔을 실천하는 것은 결코 바람직하지 않으니까요. 하지만 남이 모르게 나눔을 실천할 경우 나눔을 확산하는 데에는 별다른 도움이 되지 않을 수 있습니다. 그 결과는 이 세상에 더 많은 고통이 남는 것인데요. 저는 왼손이 하는 일을 오른손이 알게 할 경우 생길 수 있는 동기의 문제를 경계해야 하는 것은 맞지만, 그럼에도 결과를 의식하면서 더 많은 사람들을 나눔의 장으로 나오게 만드는 것이 더욱 중요하다고 생각합니다. 그렇다면 이와 같은 일들에는 무엇이 있을까요? 이 장에서는 두 가지만 말씀드려볼게요. 제가 중요하게 생각하는 기부와 홍보는 별도로 이야기하도록 하겠습니다.

봉사 모임의 확산

먼저 저는 봉사 모임을 조직해보면 좋을 것이라 생각하는데요. 뜻이 맞는 사람들과 조직을 만들어 봉사활동을 함께 할 경우 세상의 고통을 더 많이 줄이리라 생각합니다. 만약 더 많은 사람들을 봉사로 끌어들이고자 한다면 단지 주변 사람들로 한정하지 않는, 어느 정도 규모의 모임을 만들어보는 것도 좋습니다. 제 경우 꽤 오래전부터 수업을 들었던 학생들과 '사유와 실천'이라는 소모임을 만들어 이런저런 나눔 활동을 해왔는데, 비교적 최근까지 그냥 모임을 유지하는 수준에 머물러 있었습니다. 그런데 어느 순간 문득 '최대 다수의 최대 행복'이 떠올라 수업을 들었던 학생들만으로 회원 자격을 한정하지 않고, 봉사를 원하는 모든 학생들에게 기회를 주는 모임으로 규모를 확대했습니다. 나눔 활동 또한 특정 영역으로 제한하지 않고 홀몸 어르신 방문, 시설 설거지부터 유기견 봉사에 이르기까지 비교적 부담을 느끼지 않으면서도 삼삼오오 짝을 지어 할 수 있는 여러 분야로 확장했죠.

이 모임은 현재 한 학기에 대략 100명에 가까운 학생들이 활동을 하는, 지금까지 거쳐 간 회원 수만도 천 명에 가까운 적지 않은 모임이 되었습니다. 다소 아쉬운 것은 활동을 했던 회원들이 계속적으로 어떤 방식이든 나눔에 관심을 갖게 하는 데 성공하지 못했다는 것인데요. 만약 지금까지 가입해서 활동했던 회원들을 잘 엮어서 지속적으로 나눔에 관심을 갖게 하는 방안이 마련된다면 이는 적어도 혼자서, 남 모르게 하는 활동보다는 훨씬 큰 나눔을 실천한 격이 될 겁니다. 아니, 설령 이에 성공하지 못했다고 하더라도 많은 사람들이 나눔 활동을 할 수 있는 장을 마련해주었다는 것만으로도 어느 정도 의미를 찾을 수 있을 겁니다.

저는 이러한 모임을 하나 만들어 운영하면서 뿌듯해하기보다는 이왕이면 여럿 만들어보라고 말씀드리고 싶습니다. 너무 무리하게 욕심 부리는 것이 아니냐고요? 그럴 수도 있습니다. 하지만 '내'가 모든 운영을 도맡아 해야 한다면 그 말이 맞지만 내가 아는 책임감 있고, 성실한 누군가에게 그런 모임을 만들게 한다면, 그래서 그가 그 모임을 운영해나간다면 내가 특별히 부담 져야 할 것은 별로 없습니다. 그러면서도 더욱 많은 사람들을 나눔 활동에 끌어들일 수 있죠. 이러한 시도를 통해 나눔 모임이 더 많이 만들어지면 그럴수록 나눔 활동에 참여하는 사람들은 그만큼 늘어날 것이고, 세상의 고통도 그만큼 줄어들 것입니다.

농활의 확산

이번에는 책의 후반부에서 언급할 농활 이야기를 미리 해보죠. '최대 다수의 최대 행복'을 지향하는 또 다른 나눔 활동 확대 방안은 대학을 포함해 이 사회에 농촌활동 모임을 확산하는 것입니다. 저는 우리 모두가 우리 농촌에 적극적으로 관심을 기울여야 한다고 생각하는데요. 이는 단지 현재 우리 농촌이 노령화 문제 등 각종 어려움에 시달리고 있기 때문만은 아닙니다. 이는 우리 모두의 안위가 걸려 있기 때문이기도 한 겁니다. 만약 농촌 사회가 붕괴되어 우리나라에서 농사짓는 사람이 없어져버린다면 농산물 가격 결정권이 외국으로 넘어가게 되는데, 이 때 우리 국민에게 무엇이 기다리고 있을까요? 공산품은 없어도 불편을 감수하면서 그럭저럭 살아갈 수 있습니다. 하지만 먹을거리는 다릅니다. 이를 확보하지 못하면 생존이 불가능해지죠. 이 경우 우리는 먹을거리를 확보하기 위해 외국의 어떤 압력에도 굴복할 수밖에 없게 됩니다. 이러한 점을 고려해 보았을 때, 우리는 의식적으로라도 우리 농촌에 관심을 가져야 합니다. 그리고 구체적으로 무엇을 해야 우리 농촌에 도움이 될지를 생각해 봐야 하죠. 저는 그 한 가지 방법으로 단기 농활을 제안해 봅니다.

사람들은 농활이라 하면 꽤 오래전의 농활을 생각하는 편이고, 이에 따라 7박 8일, 길게는 14박 15일까지 갔다 오는 것을 흔히 떠올립니다. 이 때문인지 농활이라는 이야기를 들으면 많은 사람들이 고개를 절레절레 흔듭니다. 그렇게 길게 갔다 오기 힘들다는 뜻이겠죠. 하지만 농번기를 이용해 무박 내지 1박 2일 정도로 다녀오는 농활이 있을 수 있는데, 저는 대규모의 사람들이 일종의 행사로 할 수 있는 나눔 활동으로 농활만한 것이 없다고 생각합니다. 뒤에서 재차 언급하겠지만 이는 봉사자건 봉사 수혜자건 모두에게 긍정적일 수 있는, 장점이 매우 많은 활동입니다. 만약 짧게 갔다 오는 단기 농활에 대해 알게 된다면, 그리고 실제로 다녀와 보면 제가 하는 말에 대해 어느 정도 고개를 끄덕이게 될 것입니다.

저는 나눔에 뜻이 있는 사람들이 단순히 활동 대원으로서가 아니라 주변 사람들을 이끌고 농번기에 맞춰 정기적으로 농활을 가면 좋겠고, 이왕이면 봉사 모임을 만드는 경우와 마찬가지로 농활을 이끌어갈 만한 많은 사람들에게 농활의 의미를 알려 그 사람들이 여러 사람들을 이끌고 농활을 가게 하면 더더욱 좋겠습니다. 내가 조금의 노력을 기울여 이러한 모임들이 여럿 만들어졌다고 가정해봅시다. 이 경우 더 많은 사람들이 의미 있는 나눔 활동을 하게 되지 않겠어요? 저는 이것이 곧 최대 다수의 최대 행복을 도모하는 한 방법이고, 왼손이 하는 일을 오른손이 알고, 또한 하게 하는 방법이라 생각합니다.

혹시 제가 이야기한 것들이 너무 많나요? 아직 해야 할 일들이 더 남아 있는데…… 지레짐작으로 힘들다고 생각하지 말고 일단 실천을 해보세요. 그러면 생각보다 많은 요구가 아님을 알 수 있을 겁니다. 실제로 실천해보면 자신의 일에 충실하면서도 큰 불편 없이 나누는 일을 해나갈 수 있다는 것을 알게 될 겁니다. 왜냐하면 앞에서 언급했던 것처럼 이러한 활동을 도모하는 주체로서의 나는 모임 탄생의 산파 역할을 할 뿐 모든 것들에 일일이 관여할 필요는 없거든요. 그러니 일단 도전해봅시다. 나의 나눔이 얼마나 많은 사람들의 나눔을 유발했고, 이로 인해 얼마나 많은 사람들이 고통을 조금이나마 덜게 될지를 생각하면 이는 충분히 도전해볼 만합니다. 저는 우리 모두가 '최대 다수의 최대 행복'을 나눔의 지표로 삼아 나눔을 실천했으면 합니다.

신념을 가진 한 사람은 이익만 좇는 10만 명의 힘에 맞먹는다.

존 스튜어트 밀(J. S. Mill)의 말입니다. 저는 더 많은 사람들과, 더 많은 나눔을 실천할 수 있는 방안을 고민하고, 이에 따르고자 하는 사람의 힘이 이와 같을 수 있다고 생각하는데요. 우리 모두 10만 명의 힘에 맞먹는 힘을 발휘해보자고요!

13

지금 당장 시작하자

사람들은 겁이 많아요. 어떤 변화에 대해서, 그리고 어떤 문제에 대해서 포기를 하는 거죠. 그리고 자기 자신한테 져요.

– 영화 〈아름다운 세상을 위하여〉 중에서

"오늘 할 일을 내일로 미루지 말라."는 말은 웬만한 사람들은 거의 들어보았을 경구입니다. "Never put off till tomorrow what you can do today."라는 영어 경구도 있는 것을 보면 이 말이 많은 사람들이 귀담아 들어야 하는 말임은 분명해 보입니다. 제가 이 경구를 의식하고 살아가는 것은 아니지만 문득 이 어구가 떠오를 때가 있습니다. 특히 하고 싶지 않거나 부담되는 일을 억지로 해야 할 때가 그러한데, 안타깝게도 이 경우 제 자신을 이렇게 저렇게 달래봐도 쉽게 행동으로 이어지지 않습니다. 과거에는 지금보다 더 심했는데, 중고등학교 시절 제가 싫어하는 과목 시험 공부를 할 때 유독 그랬습니다. 아무리 공부를 해야 한다고 생각해도 자꾸만 뒤로 미루다 결국 시험을 망치기 일쑤였죠. 이처럼 내게 손해가 될 것을 뻔히 알면서도 오늘 할 일을 내일로 미루는데, 나에게 별로 손해가 되지 않는 경우는 오죽할까요! 지금도 저는 청소나 목욕, 검진 등 하지 않아도 당장 특별히 문제가 되지 않는 것들은 뒤로 미루는 편입니다. "세 살 버릇 여든까지 간다."는 속담이 틀리진 않은 모양입니다. 그런데 이 말이 맞다면 우리는 마땅히 해야 할 일들을 나중으로 미루지 말고 지금 당장 시작해서 이를 습관으로 만들 필요가 있습니다.

영화 〈엠퍼러스 클럽〉과 시작의 중요성

〈엠퍼러스 클럽〉은 시작과 습관의 중요성을 잘 보여주는 영화입니다. 영화 속의 주인공 세즈윅 벨은 학교 공부는 안중에도 없는 상원의원의 아들입니다. 벨이 지향하는 바는 오직 사회적 지위와 명예를 얻는 것이고, 그는 이러한 목표를 위해 거짓과 위선쯤은 아랑곳하지 않습니다. 이러한 태도는 20여 년이 흐른 후에도 변하지 않습니다. 그는 상원의원이 되어 모든 사람들이 부러워하는 지위에 오르는 것만을 염두에 둘 뿐, 그러한 지위에 올라서 무엇을, 어떻게 해야 하는가에 대한 진솔한 고민과 실천에의 의지는 어딘가에 던져버리고, 그저 그럴듯하게 언행을 꾸미는 데에만 정신이 팔려 있죠. 그에게는 올바르게 사는 데 진정으로 필요한 인격, 양심, 사회에 대한 공헌 등은 전혀 고려의 대상이 아닙니다.

벨의 이러한 모습은 교장 선생님이 입학식에서 신입생에게 들려주었던 교훈(校訓)인 "결과는 시작에 의해 결정된다."라는 말을 떠올리게 합니다. 출발점에서 무엇을, 어떻게 습득하려 했는지에 따라 나중의 모습이 현저하게 달라진다는 것이죠. 그런데 벨은 시작을 제대로 하지 못했습니다. 그리고 그 결과는 중년의 그의 모습에 그대로 드러납니다. 만약 그가 어린 시절에 영화 속의 참 스승 헌더트 선생님의 말씀처럼 "산다는 것이 중요한 것이 아니라 어떻게 사는가가 중요"하다는 것을 절실히 깨닫고, 삶을 개선하려 했다면 나중의 모습은 훨씬 진실되었을 것입니다.

이러한 이야기가 주는 교훈을 나눔의 문제에 적용해본다면 우리는 나눔 활동의 필요성을 의식하고, 지금 당장 실천해야 하며, 이를 꾸준히 해나가기 위해 노력해야 할 것입니다. 특히 일단 시작하는 것이 중요합니다. 계기를 만들어야 삶이 달라질 가능성이 열리는 것이지 이런저런 핑계로 시작을 미루다 보면 결국 아무것도 하지 못할 것입니다.

나눔은 우리가 좋으면 하고, 싫으면 안 해도 되는 그런 것이 아닙니다. 간혹 "저 봉사활동 신청할게요. 저 봉사 좋아하거든요."라고 말하는 사람들이 있는데, 이는 재고해봐야 할 발언입니다. 예를 들어 내가 거짓말을 좋아한다고 해서 해도 되는 것은 아닙니다. 이는 우리가 좋아하건 싫어하건 그와 관계없이 하지 말아야 하는 것입니다. 마찬가지로 나눔 또한 마땅하고 옳은 일이기에 설령 싫어도 해야 하는 것입니다.

이처럼 나눔이 선호가 아닌 일종의 옳고 그름의 문제라면 우리는 나눔을 나중으로 미루기보다는 지금 당장 시작해야 합니다. 지금 미룬다고 나중에 나눔을 실천하리라는 보장은 없습니다. 미루다 보면 결국 평생 아무것도 못하게 될 수 있죠. 일단 시작을 해야 지속하게 되고, 습관이 되는 것입니다. "시작이 반"이라는 말을 믿고 일단 시작해보자고요.

쉽지 않지만 시작해보세요

이렇게 제가 나눔을 시작해야 한다고 주장하고 있지만 어떤 사람들, 아니 많은 사람들에게 나눔 활동을 시작하는 것은 쉬운 일이 아닙니다. 충분히 이해합니다. 단지 우리가 경쟁 사회에서 살아가야 하는 것만이 이유는 아닙니다. 성격 탓에, 주말에는 쉬고 싶은 탓에 나눔을 시작하기 어려울 수 있죠.

제 경우를 봐도 시작은 결코 만만하지 않았습니다. 소개팅 파트너의 제안을 받고 저는 정말 많이 고민했고, 활동을 시작한다고 가정했을 경우의 부담이 저를 짓눌렀습니다. 집과 학교에서 가깝지 않은 시설을 정기적으로 방문해야 하는 중압감, 그 당시까지는 직접적으로 접해보지 못했던 지적 장애인 분들과의 만남, 잘 모르는 사람들과의 낯선 분위기. 이뿐만이 아니었습니다. 무엇보다도 제가 살아왔던 울타리 안으로 새로운 일을 들이는 것이 쉬운 일이 아니었고, 제가 준비하려 했던 공부와 장애인 시설 교사로서의 활동을 조화시키는 것도 만만하게 느껴지지 않았습니다. 하지만 이 모든 것들보다 중요한 것은 소개팅 파트너의 마음에 드는 것이었고, 결국 엉겁결에, 그리고 마지못해 활동을 시작했습니다.

그런데 이렇게 미천한 동기로 출발했던 '더불어 살아가기'가 시간이 흘러가면서 제 일상이 되어버렸는데, 이 과정에서 저는 훌륭한 동기로 출발하지 않았어도 그 동기가 달라질 수 있고, 이로 인해 행동이, 그리고 삶이 달라질 수 있음을 느낄 수 있었습니다. 가끔 저는 그때 나눔 활동을 시작하지 않았다면 제 삶이 어땠을까 생각해봅니다. 어쩌면 지금보다 물질적으로 윤택한 삶을 살고 있을지 모릅니다. 하지만 누군가가 제게 그런 삶과 나누는 삶 중에 어느 쪽을 선택할 것이냐고 묻는다면 저는 스스럼없이 나누는 삶을 선택할 것입니다. 물론 제가 완전한 나눔의 삶을 살고 있는 것은 전혀 아닙니다. 이는 이상(理想)이고, 저는 가능태로서 단지 이러한 이상을 아주 작게나마 따르고 있는, 아니 그저 따라야겠다고 생각하며 살아가는 사람일 따름입니다. 하지만 그 당시의 작은 사건이 내 삶을 크게 바꾸어놓은 것에 대해 저는 하늘이 도왔다고 생각하며, 그저 감사할 뿐입니다.

아는 사람과 함께 시작해보세요

저는 나눔 출발선에 서기 힘든 사람들에게 주변에 이미 열심히 활동을 하고 있거나 하고자 하는 친지가 있다면 그와 함께 나눔 활동을 시작해보길 권합니다. 이처럼 아는 사람과 함께 활동을 시작할 경우 적어도 새로운 환경이나 만남에 대한 어색함을 줄일 수 있고, 나눔에 대한 정보를 얻는 데에도 도움이 됩니다. 봉사활동을 시작해서 본격적인 궤도에 접어들기에 앞서 겪어야 할 어느 정도의 불편함은 있을 수밖에 없습니다. 이는 어떤 일을 해도 마찬가지죠. 그런데 활동에 최대한 빨리 적응해서 재미를 붙이는 데에는 자신을 인도해줄 수 있는, 의지가 굳은 친지가 중요한 역할을 합니다. 저도 만약 소개팅 파트너가 계속 함께 활동을 했다면 정말 기꺼운 마음으로 훨씬 잘 적응해 열심히 활동했을 것입니다. 하지만 동력이 없어진 상태에서, 가뜩이나 소심하고 내성적인 저로서는 활동을 이어가기가 여간 어렵지 않았고, 한동안 어떻게 하면 그만둘 수 있을지에 대해서만 골몰했었죠. 만약 내가 마음에 들어 하는 이성이 아니라 친구들과 함께 활동을 했더라도 적어도 어색함이 주는 불편함은 줄일 수 있었을 겁니다.

이처럼 아는 사람과 함께 하는 활동은 마음을 다져 먹는 데에도 도움이 됩니다. 혼자 활동을 할 경우 특별히 누군가를 의식하지 않아도 되기 때문에 조금만 하기 싫어져도 쉽게 포기하게 됩니다. 하지만 다른 사람과 함께 활동을 할 경우는 적어도 눈치를 보게 되기 때문에 의지가 약한 사람에게는 상당히 도움이 됩니다. 저는 많은 경우 연구실보다는 열람실에서 공부를 합니다. 그 이유는 제가 의지가 박약하기 때문인데요. 열람실에서는 주변에 앉아 있는 사람들에게 눈치가 보여서라도 쉽게 자리를 뜨지 못하며, 인터넷 서핑만 하고 있을 수도 없습니다. 반면 연구실에서는 내 마음대로 해도 되기 때문에 금세 풀어지고 집중을 못하기 일쑤죠. 이처럼 저는 남의 시선을 의식적으로 이용해 집중을 하려 합니다. 어떤 사람도 제게 관심은 없지만 그럼에도 계속 왔다 갔다 하거나 딴짓을 하면 주변 사람들이 짜증스러울 것 같아 열람실 밖으로 두 번, 세 번 나갈 것을 한 번만 나가게 되죠.

실제로 타인의 시선, 말이나 행동 등은 한 개인의 결정에 적지 않은 영향력을 행사한다고 합니다. 이를 확인하기 위한 솔로몬 애쉬(Solomon Asch)의 동조 실험은 매우 시사적입니다. 애쉬의 실험에서 피실험자들 중 상당수는 동일한 길이의 두 막대기를 골라낼 수 있었음에도 의도적으로 달리 답변을 하는 다른 실험 보조원들의 대답에 현혹되어 명백하게 길이의 차이가 있는 두 막대기를 동일한 길이의 막대기라고 대답합니다. 이는 얼마만큼 개인의 결정에 주변 사람들이 영향을 미치는지를 잘 보여주는 실험이죠.

이러한 사실로 미루어보았을 때 친지들과 함께 활동을 시작하는 것은 단지 적응 차원에서뿐만 아니라 지속적으로 활동을 하는 데에도 도움이 됩니다. 함께 시작한 친지들을 의식해서라도 활동을 그만두기가 어려울 것이기 때문이죠. 단 여기에도 조건은 있습니다. 만약 친지들이 의지가 박약하여 활동을 쉽게 포기한다면 나 또한 이의 영향을 받아 같이 포기하게 될 수 있습니다. 따라서 그저 친하다는 이유 때문에 함께 활동을 하기보다는 이왕이면 의지가 굳고, 나눔에 관심이 많은 친지와 함께 활동을 시작해야 합니다. 또 한 가지 지적하자면 이처럼 같이 활동을 할 경우 간혹 주객이 전도될 수 있는데, 다시 말해 봉사 수혜자는 뒷전이고, 자기들끼리의 친목 도모에만 관심을 기울일 수 있는데, 이런 점만 유의한다면 저는 친지와 함께 활동을 시작해볼 것을 적극 권합니다.

작은 등이라도……

　만약 직접 시설에서 활동을 하는 것에 부담을 많이 느낀다면 이러한 부담을 최소화하면서도 실질적으로 수혜자에게 도움이 될 수 있는 작은 활동부터 시작해보세요. 기부나 홍보 활동 등이 이에 해당하는데, 이를 통해 다소 힘이 실리고 자신감이 생기면 시설에서의 활동 등을 시도해보는 것도 좋습니다. 처음부터 자신이 책임질 수 없을 만큼 과도한 부담을 안게 되면 이내 포기하게 됩니다. 자신이 책임질 수 있는 시간과 자신의 성향 등을 종합적으로 고려해 많은 부담이 가지 않는 범위 내에서, 비교적 편한 마음으로 할 수 있는 활동부터 시작해보세요. 이를 통해 작으나마 보람을 느낀다면 그 활동은 지속될 가능성이 크고, 어느새 활동을 하지 않으면 뭔가가 허전해지는 걸 느낄 것입니다. 이렇게 나눔 활동이 이어지고, 그것이 평생 유지된다면 그 삶은 제법 괜찮은 삶이 될 것입니다.

　영화 〈프리덤 라이터스〉에서 그루웰 선생님은 문제아들의 삶을 근본적으로 바꾸어놓기 위해 헌신합니다. 어느 날 그루웰 선생님의 학급에 안네 프랭크 가족을 숨겨준 할머니가 초청되어 자신의 이야기를 들려줍니다. 할머니는 자신이 영웅이 아닌 지극히 평범한 사람임을 강조하며 다음과 같이 말합니다.

　전 그게 옳은 일이라고 생각했기 때문에 그렇게 한 것뿐이에요. 그게 다예요. 여러분도 알다시피 우리 모두는 평범한 사람들이에요. 하지만 평범한 비서, 주부, 청소년들이라고 해도 각자의 길에서 작은 등을 켤 수 있어요.

　해가 쨍쨍한 밝은 낮에는 작은 등이 별다른 역할을 하지 못합니다. 사람들은 작은 등이 있는지 없는지에 대해서도 관심을 갖지 않습니다. 하지만 캄캄한 어둠 속에서 길을 잃고 헤매는 사람에게 작은 등은 너무나도 고맙고 소중합니다. 누구나 이처럼 소중한 작은 등이 될 수 있음을 외면하지 말고 지금이라도 당장 작은 등이 되어보려 해야 하지 않을까요? 사람들이 또다시 낮이 되어 작은 등의 고마움을 잊고 말면 어떻습니까? 그저 작은 등이 되는 것이 옳기 때문에 작은 등이 되었고, 그것으로 인해 갈 길 잃은 행인이 조금이나마 도움을 받았으면 그것만으로도 족하죠. 저는 평범한 사람들의 작지만 결코 작지 않은 등이 모이면 그것이 세상을 밝히는 위대함이 된다고 생각합니다. 온 세상을 환히 밝히는 해가 되지 못한다고 불만을 갖지 말고, 그저 묵묵히, 자신이 처해 있는 상황에서 할 수 있는 만큼의 나눔을 지금 당장 시작해봅시다.

14

이기적인 동기를
극복하자

성찰적이고 윤리적인 삶을 살아가는 비교적 소수의 사람들이 이기심의 본질에 대한
대중들의 통념을 바꾸고 자기 이익과 윤리의 관계를 새로 정립하리라 기대하는 것은
순진한 생각일지도 모릅니다. 하지만 세상이 얼마나 엉망진창인지 두 눈으로 확인했
다면 지푸라기라도 붙잡고 싶지 않을까요?
　　　　　　　　　－ 피터 싱어·노승영 옮김, 『이렇게 살아가도 괜찮은가』(시대의창, 2014), 10쪽.

　　인간이 어떤 존재인가에 대한 견해는 시대나 장소 그리고 입장
에 따라 다를 수 있지만, 우리가 가장 많이 들어온 일반적이면서도
고전적인 명제를 꼽으라면 단연 '인간은 이성적 동물'이라는 말일 것
입니다. 합리적·이성적 인간관을 옹호하는 사람들에 의하면 인간은
본성적으로 충동적이기보다는 이성적이고 합리적인 존재입니다. 이
와 같은 입장을 옹호했던 대표적인 사상가로는 소크라테스(Socrates)
와 플라톤(Platon) 등 사유 능력의 중요성을 강조한 모든 사상가들을
들 수 있습니다. 하지만 모든 사람들이 이러한 입장에 동의했던 것
은 아닙니다. 이와 대극에 서 있는 사람들은 인간을 충동적·이기적
본성을 가진 존재로 파악했습니다. 고대 그리스 시대는 물론, 이성주

의가 지배했던 근세에도 인간성의 이기적·충동적 측면을 강조한 사상이 있었고, 현대에 이르러서는 이와 같은 입장이 더욱 힘을 얻고 있는 추세입니다. 고대의 에피쿠로스(Epicurus), 근대의 홉스(Thomas Hobbes), 현대의 니체(Friedrich Nietzsche)와 프로이트(Gigmund Freud) 등은 인간의 이기적 측면에 초점을 맞추었던 사상가들입니다.

군이 사상가들이 아니라고 할지라도 오늘날을 살아가는 사람들 중에는 이기심에 충실한 사람들이 적지 않습니다. 물론 그들이 충동적·이기적인 존재로서의 인간에 대해 익히 알고 있거나 그러한 입장을 옹호하는 사상가들을 알고 있기 때문에 그런 것은 아닙니다. 그럼에도 사람들은 자연스레 자기 이익을 추구하며, 특히 치열한 경쟁에서의 생존이 강조되는 사회에서는 더욱 그렇습니다. 대한민국은 전형적으로 그런 사회인데, 이러한 상황 때문인지 이기적인 경향은 많은 국민들에게 점차 깊이 뿌리를 내려가고 있습니다. 이러한 태도는 심지어 유행가 가사 속에서도 살펴볼 수 있습니다.

내가 바람 펴도 너는 절대 피지 마 Baby
나는 너를 잊어도 넌 나를 잊지 마 Lady
가끔 내가 연락이 없고 술을 마셔도
혹시 내가 다른 어떤 여자와
잠시 눈을 맞춰도 넌 나만 바라봐

내가 이기적이란 걸 난 너무 잘 알아
난 매일 무의미한 시간 속에

이렇게 더럽혀지지만 Baby

너만은 언제나 순수하게 남길 바래

이게 내 진심인 걸 널 향한 믿음인 걸

죽어도 날 떠나지마

- 빅뱅의 〈날 떠나지마〉

이러한 이기주의는 심지어 남을 위한다는 명목으로 행해지는 사회봉사에서도 그 영향이 감지됩니다. 섬김을 실천하기 위해서가 아니라 스펙을 쌓기 위해, 학점을 따기 위해, 취업을 위해, 재미로, 좋은 학교에 가기 위해 봉사활동을 하는 경우가 적지 않습니다. 문제는 이것을 당연히 여기는 경향이 점차 늘고 있는 것인데, 이는 사회봉사를 제도화하는 취지를 무색케 하고 있습니다. 이러한 이유 때문인지 수많은 봉사활동이 이루어지지만 막상 제대로 된 봉사활동은 찾아보기가 쉽지 않습니다. 〈중앙일보〉 자원봉사 전문가 워크숍 보고서의 토의 결과에서 지적된 청소년 자원봉사활동의 문제점은 이러한 현실을 여실히 보여주고 있는데요.[8] 이러한 문제점이 나타나는 것은 대학생의 봉사활동에서도 크게 다를 바 없습니다. 아르바이트 전문 포털 사이트인 알바몬이 1,267명의 대학생을 대상으로 2010년 2월 실시한 e-mail 설문조사[9]에 따르면 설문에 응한 대학생들 중 봉사활동을 한 적이 있다고 응답한 대학생이 74%였는데, 이 중에서 단체 활동, 학점, 취업 등에 필요해서 활동을 했다고 한 학생들이 응답자의

---

8 김영호 등, 『자원봉사의 이론과 실제』(학지사, 2003), 8쪽.

9 www.newswire.co.kr/newsRead.php?no=457740

67%를 넘었습니다. 이러한 결과는 대학생들 중 상당수가 봉사에 대한 진정한 관심에서가 아니라 개인적인 필요에 의해 봉사활동을 했음을 보여줍니다.

물론 이러한 태도가 윤리적으로 옳지 않다고 생각하는 사람들이 여전히 다수일 것입니다. 하지만 최근 자기중심적인 태도가 큰 문제가 없으며, 심지어 윤리적으로 정당하다고까지 여기는 사람들도 간혹 눈에 띕니다. 이러한 태도가 봉사활동에도 적용된다면 봉사자는 적절한 봉사 의식을 갖추고 활동을 하지 않을 가능성이 높고, 이로 인한 폐해 또한 적지 않을 것입니다. 제대로 된 봉사 의식을 갖추는 것은 봉사자를 위해서나 수혜자를 위해서나 중요하며, 이러한 의식이 제대로 갖추어지지 않은 상태에서의 봉사활동은 봉사자의 단기 이익에는 도움이 될 수 있을지 몰라도 수혜자에게는 별다른 도움이 안 됩니다. 때문에 우리는 봉사활동을 하면서 자기 이익을 도모하는 동기가 잘못되었고, 이를 바꾸겠다는 의지를 가져야 합니다. 명실상부한 봉사활동을 하기 위해서는 말이죠.

이기적인 동기를 바꾸는 것은 그리 쉬운 일이 아닙니다. 아무리 다양한 방법을 강구한다고 하더라도 사회의 분위기 등 여러 조건이 바뀌지 않는 이상 그러한 방법들이 사람들의 동기를 바꾸는 데에 실질적인 도움이 될지는 의문입니다. 하지만 설령 근본적인 변화가 힘들다고 하더라도 이기적 태도를 바꾸려는 노력이 무의미한 것만은 아닙니다. 우리 모두가 자신의 동기를 반성하면서 더 나은 방향으로 바꾸려 노력하고, 이러한 노력이 결집되어 사회 환경마저도 이러한 생각에 우호적으로 변해나간다면, 아니 그 계기만이라도 마련할 수 있다면 그러한 노력은 충분히 가치가 있습니다. 이 장에서는 왜 이기주의자로 살아가는 것이 정당하지 못한지, 왜 이기적인 동기에서 봉사활동을 하는 것이 잘못인지에 대해 살펴봅시다.

이기주의란 무엇이며 어떤 것들이 있는가?

이기주의 이론은 다음과 같이 몇 가지 유형으로 분류됩니다.

1) 심리적 이기주의(psychological egoism) ─사실에 관한 이론

2) 윤리적 이기주의(ethical egoism) ───옳고 그름에 관한 이론
① 보편적 윤리적 이기주의(universal ethical egoism)
② 개인적 윤리적 이기주의(individual ethical egoism)
③ 고립적 윤리적 이기주의(personal ethical egoism)

윤리학적 지식이 없는 사람들은 이 중에서 심리적 이기주의와 윤리적 이기주의를 구분하지 못하는 편인데, 이들은 완전히 다른 이론입니다. 먼저 심리적 이기주의부터 설명해보도록 하죠.

1) 심리적 이기주의

우리는 간혹 "사람들은 타인의 이익에 개의치 않고 오직 자기 이익

만을 위해 행동한다.” 내지 “모든 사람들은 이기주의자들이다. 왜냐하면 모든 사람들은 항상 자신이 원하는 바를 하기 때문이다.”와 같은 말들을 합니다. 이러한 말은 요컨대 “비싼 화장품이나 옷을 구입함으로써 얻는 만족이건, 어려운 사람들을 도움으로써 얻는 만족이건 결국 자신의 만족을 위한 것이기 때문에 마찬가지”라는 생각을 담고 있습니다. 그런데 과연 그럴까요?

심리적 이기주의는 우리의 ‘동기에 관한 사실적 이론’으로, 우리의 동기가 어떠하다는 것을 말하고 있는 이론입니다. 이러한 입장에 따르면 우리의 심리는 어떤 경우에도 이기적인 경향을 벗어날 수 없으며, 심지어 이타적인 것처럼 보이는 행위마저도 그 배후에는 자기 이익을 추구하려는 동기가 숨어 있습니다. 예컨대 인간의 불행을 덜기 위해 어렵고 괴로운 일을 수행하는 사람들, 정의 실현을 위해 자기의 삶을 내건 사람들도 막상 동기를 살펴보면 자신의 이익을 도모하고 있다는 것이죠. “내가 바람 펴도 너는 절대 피지 마 Baby 나는 너를 잊어도 넌 나를 잊지 마 Lady”와 같은 태도를 취하는 것은 말할 것도 없고요. 이처럼 심리적 이기주의자들은 ‘이기적’이라는 단어를 우리의 ‘모든’ 심리 상태에 적용하여, 우리가 어떤 마음을 먹을 때 그것이 이기적이지 않은 경우가 없다고 주장합니다. 한마디로 자신의 이익을 추구하는 것이 우리 심리의 본질적 특징이라는 것이죠.

그런데 이와 같이 ‘이기적’이라는 단어를 사용할 경우 사람들이 이기적으로 행동하기 마련이라는 주장은 반박하기가 어려워집니다. 왜냐하면 어떤 경우에도 사람들이 이기적이지 않을 수가 없으니까요. 그런데 이 경우 ‘이기적’이라는 단어는 유용한 기능을 발휘하지 못하는 단어로 전락하고 맙니다. 어떤 행위가 "내가 바람 펴도 너는 절대 피지 마"처럼 '일상적 의미'로 이기적일 수 있고, 타인이 괴로워하는 것을 돕는다는 '특별한 의미'로도 이기적일 수 있다고 생각해봅시다. 이때 우리는 두 가지 경우 모두를 '이기적' 행위라고 하지 않고 오직 전자의 경우에만 '이기적'이라는 표현을 사용함으로써 단어 쓰임의 명료성을 획득할 수 있을 것입니다.

2) 윤리적 이기주의

심리적 이기주의가 우리 동기의 본질적 특징을 보여주려는 '심리' 이론이라고 한다면 윤리적 이기주의는 우리가 자기 이익을 추구하는 것이 '도덕적으로 옳다'는 '윤리' 이론입니다. 이러한 입장은 우리가 어떤 경우에도 자신의 이익을 '추구한다'고 이야기하는 것이 아니라 마땅히 자신의 이익을 '추구해야 한다'고 주장합니다. 빅뱅의 〈날 떠나지마〉를 다시 인용해봅시다.

> 가끔 내가 연락이 없고 술을 마셔도
> 혹시 내가 다른 어떤 여자와
> 잠시 눈을 맞춰도 넌 나만 바라봐

일반적으로 사람들은 이러한 태도를 잘못이라고 평가합니다. 그런데 이러한 태도가 어쩔 수 없는 것이고, 더 나아가 이것이 도덕적으로 옳다고까지 생각할 경우, 다시 말해 '나는 다른 여자와 눈을 맞춰도 되고, 그것은 옳아. 하지만 넌 안 돼. 그것은 잘못이니까.'라고 생각할 경우, 그는 윤리적 이기주의자가 됩니다. 이러한 이론에 따르면 우리가 자신의 이익을 추구하지 않고 순전히 타인의 이익에만 관심을 나타내는 것은 도덕적으로 그른 태도입니다.

윤리적 이기주의는 크게 보편적, 개인적, 고립적 윤리적 이기주의라는 세 가지 유형이 있다고 알려져 있습니다. 각각의 이기주의를 간단하게 설명해보겠습니다.

(1) 보편적 윤리적 이기주의

모든 개인은 각자의 이익을 위해 노력해야 하며, 이것이 도덕적으로 옳다는 입장입니다. 이왕 빅뱅 노래를 인용했으니 계속 빅뱅을 예로 들어 설명해보죠(물론 빅뱅의 성원들이 실제로 이기주의자들은 아닐 겁니다.). 만약 세계가 G-DRAGON, T.O.P, 태양, 대성, 승리 다섯 사람으로 구성되어 있다고 한다면 G-DRAGON은 G-DRAGON의 이익을, T.O.P는 T.O.P의 이익을, 태양, 대성, 그리고 승리 모두가 각자 자신의 이익을 도모하는 것이 도덕적으로 옳다는 입장을 취하는 것이 보편적 윤리적 이기주의입니다.

(2) 개인적 윤리적 이기주의

이러한 입장에 따르면 모든 개인은 '나'의 개인적 이익을 위해 노력해야 하며, 이것이 도덕적으로 옳은 것입니다. 예컨대 나(GD)뿐만 아니라 T.O.P, 태양, 대성, 승리 모두 나(GD)의 이익을 증진시키는 것이 옳다는 생각입니다.

(3) 고립적 윤리적 이기주의

나는 오직 나의 개인적 이익을 위해 노력해야 하며, 이것이 도덕적으로 옳다는 입장입니다. 예를 들어 GD가 고립적 윤리적 이기주의의 입장을 취한다면 GD는 자기 자신의 이익만을 생각해야 하며, 이것이 옳은 것입니다. 하지만 나머지 구성원들인 T.O.P, 태양, 대성, 승리가 무엇을, 어떻게 하건 그것에 대해서는 전혀 관심을 갖지 않습니다.

이러한 이론들에 대해서는 각각 다음과 같은 비판이 제기될 수 있습니다.

(1) 보편적 윤리적 이기주의에 대한 비판

보편적 윤리적 이기주의에 대해 가장 흔히 제기되는 비판은 그것이 내적 모순을 갖는다는 것입니다. 보편적 윤리적 이기주의자는 사람들 각자가 자기 이익을 증진시켜야 한다고 말합니다. 우리의 예에서는 G-DRAGON, T.O.P, 태양, 대성, 승리 모두가 각자 자신의 이익을 추구하는 것이 도덕적으로 옳다는 것이죠. 그러나 이기주의자인 '나'(예컨대 GD)와 이기주의자인 다른 멤버 T.O.P, 태양, 대성, 승리 사이에는 이익의 충돌이 일어날 수 있는 상황이 비일비재합니다. 만약 '나'인 GD뿐만 아니라 다른 구성원들, 즉 T.O.P, 태양, 대성, 승리 또한 각자 자신들의 목적을 추구한다면 이기주의자인 '나'(GD)는 다른 성원들로 인해 나의 이익을 추구하는 데에 방해를 받거나 억제당할 수 있고, 다른 구성원들도 마찬가지입니다. 이때 보편적 윤리적 이기주의는 자기모순을 범하게 됩니다. 왜냐하면 이러한 이기주의는 나머지 구성원들인 T.O.P, 태양, 대성, 승리가 어떤 행동을 해야 한다(그 것이 그들 자신에게 이익을 주기 때문에)는 것도 뜻하고, 동시에 그들이 그 러한 행동을 하지 말아야 한다(그것이 이기주의자인 내(GD)가 이익을 추구하 는 데에 방해가 되기 때문에)는 것도 뜻하기 때문입니다.

(2) 개인적 윤리적 이기주의에 대한 비판

개인적 윤리적 이기주의에 대해서는 다음과 같이 간단히 의문을 제기할 수 있습니다: "왜 당신의 이익이 다른 사람의 이익보다 더 중 요시되어야 하는가?" 만약 특정한 개인이 특별한 취급을 받을 자격 이 있음을 보여줄 수 없다면, 왜 그러한 개인이 타인들에게 져야 하 지 않는 의무를 타인들이 그러한 개인에게 져야 하는지 말할 수 없게 됩니다. 예를 들어 승리가 개인적 윤리적 이기주의자라면 승리는 자 신의 이익이 어떤 경우에도 다른 사람의 이익보다 중요하다는 것을 보여줄 수 있어야 합니다. 그런데 과연 그것이 가능할까요? 다른 성 원들이 가만히 있을까요?

(3) 고립적 윤리적 이기주의에 대한 비판

고립적 윤리적 이기주의는 세계 안에 있는 오직 한 사람에 대해서 그가 무엇을 해야 하고, 또 하지 말아야 하는지를 말할 뿐입니다. 즉 이러한 입장은 나 외의 나머지 모든 사람들의 행동에 대해서는 완전 히 침묵합니다. 예를 들어 태양이 고립적 윤리적 이기주의자라면 이 는 태양 자신이 무엇을 해야 하고, 또 하지 말아야 하는지를 말할 뿐 다른 구성원들의 행동에 대해서는 아무런 이야기를 하지 않습니다.

그런데 이러한 입장은 어떤 사람이 채택하는 '개인의 행동 방침'일 뿐 그 외에 다른 무엇도 아닙니다. 결과적으로 고립적 윤리적 이기주의는 사회 구성원 일반에 대해 무엇인가를 요구하지 않고, 오직 특정한 사람에게만 무엇을 요구하기 때문에 도덕 원리로서의 자격을 갖출 수 없습니다.

이기주의에 대한 경계

우리가 제대로 봉사활동을 하고자 한다면 우리는 자신의 이익을 추구하려는 태도를 당연하게 생각해서는 안 되며, 그것이 옳다고 생각해서는 더더욱 안 됩니다. 다시 말해 설령 이기적인 동기로 봉사활동을 하고 있다고 해도 그것이 옳은 것은 아니며, 이에 따라 자신의 동기를 개선하기 위해 노력해야 한다는 것입니다. 이러한 노력 없이 '좋은 것이 좋은 것'이라는 식의 활동이 이루어질 경우 이는 그 누구에게도 도움이 되지 않을 수 있습니다.

물론 나눔을 실천하다 보면 동기가 긍정적인 방향으로 바뀔 수도 있습니다. 하지만 이러한 전환은 열심히 반성하고, 의지를 통해 개선하려는 마음이 없을 경우에는 좀처럼 이루어지지 않습니다. 좀 더 확고하게, 제대로 마음을 바꿀 생각이 있다면 우리는 적극적으로 노력해야 합니다. 전환의 길은 무엇이 잘못되었는지를 알고, 이를 개선하려는 의지를 가져야 비로소 열리게 됩니다. 위에서 살펴본 바와 같이 이기주의는 동기에 대한 사실적 이론뿐만 아니라 우리가 채택할 윤리 이론으로도 부적합합니다. 만약 이기주의 비판에 수긍한다면 우리는 이기주의를 지향해야 할 목표로 삼는 것이 잘못임을 분명히 파악하고, 자신의 태도를 바꾸려고 노력해야 할 것입니다.

15

입장 바꿔 생각해보자

개인에 따라 실천 방법은 다를지라도 인류의 스승들은 한입으로 하나를 이야기한다. 상대의 입장이 되어보아야 한다고. 그래야 우리의 상상력이 출신과 관계없이 다른 사람을 배려할 조건을 마련할 것이다. 실제로 상대의 입장이 될 수 있는 사람은 상대가 어떤 집단인지 묻지 않는다.

– 슈테판 클레인·장혜경 옮김,『이타주의자가 지배한다』(웅진씽크빅, 2011), 252쪽.

역지사지의 중요성

"모든 것에서 남이 네게 그렇게 하기를 바라는 대로 남에게 행하라. 그것이 율법이고 선지니라."

이는 예수의 황금률로 알려진 경구로, 우리가 일관성 있고 공평한 태도를 취하고자 한다면 자신이 싫어하는 바를 남에게 행하지 말고, 자신이 원하는 바를 남에게 행해야 함을 알려주는 말입니다. 예를 들어 내가 두드려 맞는 것을 싫어한다면 다른 사람을 때려서는 안 되며, 내가 불필요하게 욕먹는 것이 싫다면 다른 사람에게도 불필요한

욕을 해서는 안 된다는 것이죠. 거꾸로 내가 곤경에 처했을 때 도움받길 원한다면 다른 사람이 곤경에 처했을 때 도와야 한다는 것이며, 내가 존중받길 원한다면 다른 사람들을 마땅히 존중해야 한다는 것입니다. 이처럼 입장을 바꾸어 생각해보는 역지사지(易地思之)의 태도는 우리가 나눔을 포함해 올바른 도덕적 실천을 지향할 때 염두에 두어야 할 간단하면서도 매우 중요한 지침입니다. 다른 모든 것을 차치하고 만약 사람들이 이와 같은 지침만을 기억하고 실천하기만 해도 이 세상은 훨씬 정이 넘치고 아름다운 세상이 될 것입니다.

그런데 우리 사회는 어떤가요? 안타깝게도 역지사지하면서 살아가는 사람은 그리 많지 않습니다. 심하게 표현하면 우리 사회는 역지사지하려는 태도가 결여되었다고 할 정도로 상대방의 입장에서 생각하지 않는 것이 만연해 있습니다. 위로는 사회 지도층으로부터 서민, 청소년, 아이들에 이르기까지 상대의 입장에서 상대를 배려하려는 태도는 보기 드뭅니다. 학교 폭력, 갑을 관계는 물론, 심지어 연인, 가족과 같은 친근한 사이에서도 상대방의 입장에 서보려는 의지는 박약하죠.

타인의 입장에 서서 타인을 고려하려 하지 않는 태도는 특히 자신이 상대에 비해 우월한 위치에 있는 경우, 상대방에게 함부로 해도 자신이 특별히 손해를 볼 게 없을 경우 더 심해집니다. 많은 경우 사람들은 자신이 칼자루를 쥐고 있으면 칼을 함부로 휘두르면서 상대로부터 많은 것들을 얻어내려 할 뿐 결코 칼자루를 상대방에게 넘겨주지 않습니다. 직장 상사이건, 사장이건, 하청을 주는 입장이건 상대의 입장을 생각해보는 경우는 많지 않죠. 한동안 사회 이슈였던,

지금도 문제가 완전히 해결된 것은 아닌 해외 이주 노동자들에 대한 고용주의 태도는 이의 전형적인 예입니다. 해외 이주 노동자들은 고향에서 멀리 떨어진 이역만리에서 생활하고 있다는 것만으로도 힘든 분들입니다. 이처럼 가족과 고향을 떠나와서 살아가는 것만으로도 힘겹고 서러운데, 열악한 주거와 노동 환경, 이에 더해 자신들을 대하는 사람들의 태도마저 경멸적이고 냉소적이라면 그 분들의 마음이 도대체 어떻겠습니까? 우리가 그와 같은 입장이 된다고 생각해 보세요. 만약 고용주들이 최소한 이러한 사실만이라도 헤아리고 이해하고자 한다면 아마도 그 분들의 고통은 크게 줄어들 것입니다.

좀 더 심층적인 이해가 전제된 역지사지를……

역지사지에 관해 덧붙이고 싶은 것은 입장을 바꾸어 생각할 때 상대의 입장이 금방 이해되는 경우도 있지만 그렇지 않은 경우도 많은데, 이때 우리가 포기해버릴 것이 아니라 더 깊게 상대를 이해하려고 노력해야 한다는 것입니다. 예를 들어 여성과 남성 사이에는 심리 차이가 있을 수 있습니다. 그런데 이러한 차이를 의식하지 않고 자신의 입장에서 상대를 파악하려다 보면 서로에게 불만이 생기기 일쑤일 겁니다. 생텍쥐페리(Antoine de Saint-Exupéry)의 소설 『어린왕자(Le Petit Prince)』에서 어린왕자와 장미의 이야기는 이를 잘 보여주는 한 사례입니다. 어린왕자는 자신의 별에 살고 있는 장미꽃의 투정과 자존심 때문에 마음이 상하고, 급기야 별을 떠나게 됩니다. 어린왕자의 입장에서는 아무리 이해하려 해도 장미꽃의 말과 태도를 납득할 수가 없었죠. 그런데 어린왕자는 뒤늦게 장미꽃이 왜 그랬는지를 이해하고 후회를 합니다.

> 사실 나는 아무것도 이해할 줄 몰랐어. 꽃이 하는 말이 아니라 행동으로 판단했어야 했는데. 꽃은 나에게 향기를 뿜어주었고 눈부신 아름다움을 보여주었는데. …… 그 불쌍한 말 뒤엔 따뜻한 마음이 숨어 있는 걸 눈치챘어야 했는데……

언뜻 보기에 이해할 수 없는 장미의 태도는 사실상 자신에게 관심을 갖고 배려를 해달라는 다른 표현이었는데, 어린왕자는 그 보이지 않는 의미를 파악하지 못하고 행성을 떠나버렸습니다. 만약 어린왕자가 좀 더 깊게 상대를 파악했다면 행성에서 장미꽃과 행복한 나날을 보냈을지도 모르죠.

제가 여기서 하려는 말은 아는 만큼 더 많이 보인다는 것입니다. 인간에 대해, 사회에 대해, 세상에 대해 알면 알수록 이해의 폭은 넓어집니다. 예컨대 고집불통이고 속물같이 느껴지는 사람의 언행은 그냥 봤을 때에는 욕밖에 나오지 않을 수 있습니다. 하지만 그 사람이 살아왔던 과거와 환경 등을 종합적으로 고려할 경우, 설령 그 사람을 완전히 이해할 수는 없더라도 어느 정도는 이해하게 되고, 그 사람에 대한 분노도 조금은 줄어들 겁니다. 이처럼 심층적인 이해가 동반된 역지사지가 이루어질 경우 상대에 대한 태도가 조금은 부드러워지면서 조금이라도 상대를 배려하게 되겠죠. 우리는 올바른 삶을 살기 위해서라도 이해의 지평을 최대한 넓혀야 합니다. 그리고 이를 바탕으로 역지사지를 한다면 우리 모두가 살맛나는 세상을 가꾸어나가는 데 일조할 수 있게 될 겁니다.

롤스의 『정의론』으로 생각해본 나눔의 정당성

이제 나눔 활동에서의 역지사지에 대해 이야기를 해보도록 하겠습니다. 오늘날 대한민국에서 살아가는 사람들 중에 역지사지를 하자는 말에 귀를 기울이는 사람은 많지 않습니다. 그들은 역지사지보다는 자신의 이익을 최우선으로 생각해야 한다고 말하죠. 그들은 이를 권리라고 주장하면서 자신의 이익 추구에 정당성까지 부여합니다. 이러한 입장에 따르면 우리는 이기주의자로, 이러한 이기적 성향을 따르는 것이 마땅하고 옳은 일입니다. 나누지 않고 살아가는 것은 전혀 문제가 없는 정당한 삶이라는 것이죠. "내가 내 돈 가지고 내 마음대로 하는데 왜 다른 사람들이 왈가왈부하지?", "다른 사람들이 어떻게 살아가고 있건 그게 나하고 무슨 상관이야? 나는 내가 원하는 것을 하면서 살아갈 권리가 있다고!", "내가 가난한 자들에게 도움을 주는 것은 공멸로 가는 길이야. 모두가 같이 망하게 된다고!"

권리를 이야기하는 사람들에게 해주고 싶은 말은 '개인'이 자신의 권리를 이야기할 경우, 그 권리라는 말이 사실상 자신의 이익 추구를 정당화하는 구실로 쓰이는 경우가 많다는 것입니다. 권리는 다른 사람들이 피해를 보지 않는 범위 내에서 자신의 이익을 추구하는 경우에 한해 그 정당성이 인정됩니다. 그렇지 않은 경우에도 권리를 이야기하는 것은 사실상 권리라는 이름으로 다른 사람에게 피해를 주면서 자신의 이익을 추구하는 것입니다. 이는 '도덕적으로 정당하다'는 의미가 담겨 있는 단어인 권리를 이용해 자신의 이익 추구를 미화하는 것이죠. 예를 들어 어렵게 살아가는 서민의 구멍가게 바로 옆에 부자가 편의점을 차린다면, 그 사람은 권리를 행사하는 것이기보다는 이기적이라고 말해야 합니다.

그렇다면 수많은 사람들이 고통에 신음하고 있는 세상에서, 이들을 외면하고 자신만을 위해 살아가는 것은 어떻게 생각해야 할까요? 어떻게 보면 이는 권리이고, 때문에 그렇게 살아가는 것이 잘못이라 할 수 없을지 모릅니다.

하지만 이런 것을 생각해보세요. 만약 내가 사회 약자의 처지에 놓여 있다고 해도 과연 그렇게 이야기할 수 있을까요? 물론 그럴 수도 있습니다. 그렇지만 대부분의 사람들은 약자를 도와야 한다고 생각할 것입니다. 이는 조금만 입장을 바꿔 약자의 처지에서 생각해보면 쉽게 동의할 수 있을 겁니다. 현대의 윤리학자 존 롤스(John Rawls)는 '무지의 베일(veil of ignorance)'을 상정하여 사회 약자에 대한 이와 같은 역지사지의 태도를 세련된 방식으로 설명하고 있습니다.

『정의론(A Theory of Justice)』의 저자로 잘 알려진 롤스는 이 책에서 우리가 공평무사한 태도를 견지할 때 어떤 규범을 이끌어내려 하는지를 고찰해보고자 합니다. 이를 위해 그는 합리적 이기주의자들이 사회를 이끌어가는 규범을 만들어내고자 한자리에 모여 앉아 있는 상황을 상정합니다. 이때 합리적 이기주의자들이 알고 있는 사실이라고는 자신들이 자신의 이익을 추구하려는 존재라는 것 외에 아무것도 없습니다. 그들은 자신이 여성인지 남성인지, 부자인지 가난한 사람인지, 수단 사람인지 대한민국 사람인지, 총명한지 백치인지, 장애를 가졌는지 그렇지 않은지 등에 대해 아는 것이 아무것도 없습니다.

이러한 상황을 가정하는 이유는 최대한 공평무사한 입장에서 판단을 내리게 하기 위함인데요. 이처럼 자신이 처해 있는 입장을 전혀 모르는 상황에서의 판단을 롤스는 '무지의 베일(veil of ignorance)' 뒤에서의 판단이라고 말합니다. 그런데 이처럼 자신의 상황을 전혀 모르는 경우 사람들은 아마도 사회에서 가장 어려운 처지에 있는 사람들에게 관심을 가져야 하며, 그들에게 혜택을 주어야 한다는 규범을 제정하는 데 합의할 것입니다. 그 이유는 자신이 운이 좋아 최선의 조건을 가지고 태어난다면 다행이겠지만, 태어나 보니 주위에는 온통 기아에 허덕이는 사람들뿐이고, 부모도 어디 갔는지 없고, 덧셈 뺄셈을 해보려 해도 안 되고, 무엇인가를 집으려 했더니 팔이 없는 등 최악의 조건으로 태어나 겪을 고난이 두려워서라도 안전장치를 마련하리라는 것입니다. 이처럼 우리는 자신이 처해 있는 상황을 전혀 알지 못할 경우, 오히려 이기적이기 때문에 자신의 이익을 고려해서 열악한 상황에 놓여 있는 사람을 배려하자고 할 것입니다.

그런데 자신이 처해 있는 상황을 알고 있다고 해서 이처럼 사유 실험을 통해서는 수긍할 바에 대해 태도를 바꾸는 것은 기회주의적인 입장을 취하는 것입니다. 만약 사유 실험 결과가 설득력이 있다고 생각하면 이에 맞추어서 살아야지, 사유를 통해 수긍한 바와 행동이 별개가 되면 곤란하죠. 우리는 사유를 통해 옳다고 생각하는 바에 따라 살아가기 위해 노력해야 합니다. 그리고 만약 롤스의 입장에 어느 정도 동의하고, 이것이 옳다고 여겨진다면 우리 모두 이런저런 방법으로 나눔을 실천해보자고요!

16

책임감을 가지고
나눔 활동을 하자

사람들은 대부분 자신이 윤리적이고 책임감 있는 사람이라고 생각한다. 자신이 무책
임하다는 것을 인정하는 사람은 극소수에 불과할 것이다. 많은 이들이 자신의 무책
임한 행동을 해명하려고 갖가지 이유와 핑계를 댄다.
－ 토머스 플랜트·서덕희 옮김, 『바르게 산다는 것의 의미』(아인북스, 2006), 130쪽.

제가 학생들과 함께 가는 농활은 한 번 갈 때마다 참여 인원이
100~150명 정도에 이릅니다. 저 혼자 준비에서 마무리까지 모든 것
들을 감당해야 함을 감안하면, 그것도 한 번이 아니라 여러 번 그렇
게 해야 한다면 상당히 벅찬 수준이죠. 그런데 막상 저를 힘들게 하
는 것은 농촌에 가서 하는 노동이 아닙니다. 육체적으로 힘든 경우도
없지 않지만 그래도 이는 대체로 즐겁고 유쾌합니다. 저를 힘들게 하
는 것은 학생들의 식언(食言)인데, 농활 가는 당일 새벽에 문자로 못
간다고 통보를 하는 것은 그래도 괜찮은 편입니다. 신청해놓고 일방
적으로 약속 장소에 나오지 않거나 전화를 해도 받지 않을 때는 안
타까움을 금할 수 없습니다. 농활 신청을 받으면서 약속을 어길 경우

예산 부족으로 인한 금전적 불이익을 내가 떠안아야 하니 꼭 참석해 달라고 당부하지만, 이에 아랑곳하지 않고 자신의 말에 책임을 지지 않는 젊은이들의 모습은 저를 씁쓸하고 슬프게 합니다. 우리 사회의 미래를 책임질 젊은이들이 그 정도의 간단한 배려도 하지 않는다는 것이 그들에게 우리의 미래를 맡기게 될 기성세대 입장에서 염려가 되지 않을 수 없는 것이죠.

제 수업을 듣는 학생들 중에 농활을 가면서 식언을 하는 학생들은 거의 없습니다. 반면 자유 게시판 등을 통해 모집한, 면식이 없는 학생들 중에는 이러한 학생들이 꽤 됩니다. 농활 참여 학생 모집 방법은 제가 풀어야 할 숙제입니다. 농활 가기 전에 참가비를 입금해달라고 할 경우 참가하겠다는 학생들의 수는 크게 줄어들 것입니다. 저를 잘 알지 못하는데, 어떻게 저를 믿고 참가비를 입금하겠습니까? 그렇다고 농활 가는 당일 아침에 참가비를 걷자니 학생들의 임의 불참으로 버스비가 펑크 날 확률이 매우 커집니다. 이를 대비해서 정원을 초과해 참가 신청을 받을 수 있겠으나, 이 또한 대안은 아닙니다. 만에 하나 신청한 학생들이 모두 참여할 경우 차에 다 태울 수 없는 난감한 상황이 벌어지기 때문이죠. 상황이 이렇다 보니 저는 학생들을 믿고 회비를 농활 가는 당일 아침에 걷을 수밖에 없는데, 안타깝게도 이러한 신뢰가 참된 신뢰로 이어진 적은 별로 없습니다.

그런데 약속을 어기는 경우는 농활뿐 아니라 다른 봉사활동을 할 때에도 비일비재합니다. 봉사활동을 가기로 약속해놓고 당일이나 그 전날 갑자기 급한 일이 생겼다며 불참을 통보하는 경우는 심지어 이러한 일이 전혀 일어나지 않으면 이상할 정도로 흔합니다. 그런데 왜 하필이면 봉사활동을 하기로 약속한 날 유달리 무슨 일이 많이 생길까요?

책임감을 갖지 않게 되는 몇 가지 상황

이와 같은 경우가 종종 일어나다 보니 저는 그 이유를 한 번 생각해보게 되었습니다. 먼저 외부에서 참가 신청을 받을 경우 농활은 ①다수의 인원이 참여하고, ②익명성이 보장되며, ③참여자가 책임자를 개인적으로 알지 못하는 경우에 해당하는데, 이러한 조건에 놓일 경우 사람들은 약속을 쉽게 어기는 듯합니다.

먼저 인원이 다수일 경우 사람들에게는 책임 불감증이 생기는 듯합니다. 어릴 적 야구를 하다가 공이 수풀 속에 들어가버렸을 때의 일입니다. 대체로 여러 명이 동시에 공을 찾으러 가는 경우에 비해 혼자서 찾는 경우가 공을 빨리 찾아냈는데요. 당시 저는 이러한 현상이 나의 착각인지 실제로 그러한지가 궁금했습니다. 사람들이 많이 동원되면 눈이 많아지기 때문에 공을 더 빨리 찾아야 하는데 결과는 그 반대라는 사실이 이상했죠. 지금 와서 생각해보면 이는 사람들이 많아지면서 책임감이 줄어들었기 때문에 나타난 현상이었던 것 같습니다. 혼자 찾을 경우에는 자신이 찾아야 된다는 생각에 집중해서 열심히 수풀 속을 뒤지지만, 여러 명이 찾을 경우에는 다른 사람들이 찾겠지 하는 막연한 기대감에 각자가 건성으로 찾다 보니 공을 빨리 찾지 못했다는 것이죠. 이와 유사하게 많은 사람들 속에서의 약속은 사람들에게 '나 하나쯤이야.'라는 생각을 갖게 하고, 이러한 사람들이 꽤 되다 보니 결과적으로 많은 학생들이 약속을 어기게 되는 것 같습니다.

하지만 사람이 많아도 약속을 한 각각의 사람들이 누구인지가 드러날 경우에는 약속을 어기는 경우가 상대적으로 적습니다. 약속을 어기는 경향은 익명성이 보장될 경우에 심해집니다. 실제로 익명성이 확보될 경우 상대가 어떤 상황에 처하게 될지 아랑곳하지 않고 자기 위주로 생각하고 행동하는 경향이 있습니다. 인터넷상에서 인간의 탈을 쓰고 어떻게 저렇게 심한 이야기를 할 수 있을까라는 생각이 들 정도로 잔인한 말을 서슴지 않는 악플러들, 얼굴이 잘 드러나지 않는 도로상에서 자기 멋대로 운전을 하는 운전자들은 모두 익명성이 보장됨으로써 그와 같은 행동을 할 수 있는 것처럼 보입니다.

이러한 태도는 모르는 사람들 사이에서는 더욱 심해지는 경향이 있습니다. 사람들은 아는 사람들, 특히 혈연이나 호혜 관계에 놓인 사람들은 적극적으로 배려를 하려 하지만 모르는 사람들에게는 그렇게 하지 않습니다. 에드워드 윌슨(Edward Wilson)에 따르면 사람들은 타인들을 외집단과 내집단의 사람으로 나누어 내집단의 사람들에 대해서는 신뢰와 관심을, 외집단의 사람들에 대해서는 경계와 무관심을 나타냅니다. 실제로 사람들은 자신과 이해관계가 없는 사람들에게는 상대의 입장에 서보려 하기보다는 자신의 이익부터 챙기려 하죠.

이는 상대를 직접 대면하지 않을 경우 한층 더 강화됩니다. 아마도 이는 사람 얼굴을 보지 않을 경우 그에게 공감을 느끼지 않게 되고, 이에 따라 상대를 배려하려는 생각이 줄어들기 때문에 나타나는 현상일 것입니다. 폭탄 투하로 수많은 사람들의 목숨을 앗아가는 파일 럿은 비교적 죄책감을 느끼지 않는다고 하는데, 만약 얼굴을 보면서 그처럼 많은 사람들의 목숨을 빼앗는다면 아마도 파일럿은 정신병 자가 되어버리고 말 것입니다. 이처럼 우리는 직접 얼굴을 마주하지 않는, 모르는 사람들에 대해서는 배려를 하지 않는 경향이 있습니다. 때문에 우리는 주변이 아닌 오지에서 고통 속에서 살아가고 있는 아이들을 구하겠다는 생각을 갖지 않으며, 힘들게 청소를 하는 사람들에 대한 면식이 없기 때문에 아무 곳에나 쓰레기를 버리는 것입니다.

이처럼 사람들은 익명성이 보장되는 상황에서, 모르는 사람들을 대상으로 무엇인가를 할 경우 함부로 행동하며, 자신의 말과 행동에 책임을 지려는 경향이 줄어듭니다. 농활에 임의로 불참한 학생들은 바로 이런 상황에서 제게 피해를 주었던 것이죠.

수혜자와의 약속을 쉽게 생각하는 이유

그런데 이와 같은 경우가 아님에도, 다시 말해 익명성 등이 보장되지 않음에도 봉사활동을 하러 갈 때에는 유독 사람들에게 다른 일들이 많이 생깁니다. 아마도 많은 사람들에게 봉사활동 약속은 후순위로 밀리는 경우가 많은 듯합니다. 그 이유는 무엇일까요?

먼저 사람들이 봉사와 관련한 약속을 잘 지키지 않거나 이에 태만한 이유는 봉사와 시혜를 구분하지 못하기 때문이 아닐까 싶습니다. 봉사(奉仕)란 아랫사람이 윗사람을 받들어 모시는 것을 말합니다. 이는 윗사람으로서 아랫사람에게 베푸는 시혜(施惠)와는 엄연히 다른 개념이죠. 시혜는 베풀었을 경우 수혜자가 감사해야 하지만 베풀지 않았다고 불만을 가질 수 없습니다. 반면 봉사는 그렇지 않습니다. 이는 상대를 극진히 모시는 것으로, 상대에게 최선을 다하는 것을 말하죠. 그런데 사람들 중에는 봉사를 시혜라고 착각하는 사람들이 꽤 있는 것 같습니다. 때문에 자신이 활동에 나서면 상대방이 고마워해야 하고, 안 해도 그만이라고 생각하는 것이죠. 자신이 봉사활동을 하러 가는데 왜 참가비를 내야 하는지, 왜 밥을 싸 가야 하는지에 대해 불만을 갖거나, 다른 일이 생기면 쉽게 봉사 약속을 어기는 것은 모두 봉사를 시혜로 착각하기 때문입니다.

다음으로 사람들은 자신에게 돌아올 피해가 없거나 적을 경우 약속을 소홀히 여기는데, 봉사활동이 이에 해당합니다. 엄청난 이익이 걸린 약속일 경우 이를 파기하는 사람은 드물고 어떻게든 약속을 지키려 합니다. 약자 또는 아랫사람의 입장에서 약속을 할 경우도 웬만해서는 그 약속을 파기하지 않습니다. 거꾸로 우리가 강자 또는 윗사람인 경우에는 상대적으로 약속을 쉽게 생각하죠. 그런데 나눔의 대상들은 대체로 약속을 어긴다고 해도 별다른 피해를 줄 수 없는 사회 약자들입니다. 그들은 봉사자와의 관계에서 많은 경우 혜택을 주기보다는 받는 입장에 있고(실제로 그런지와는 별개로), 봉사자가 약속을 어긴다고 해서 어떻게 할 수도 없습니다. 이에 따라 봉사자들은 상대적으로 그들과의 약속을 가볍게 여기는 듯합니다.

세 번째로 봉사활동은 놀이기구를 타거나 영화를 관람하듯이 말초적인 재미를 주지 않습니다. 대체로 사람들은 봉사를 좋아서 하기보다는 의무로 하는 편입니다. 설령 좋아서 하더라도 여기에 의무감이 조금이라도 포함되는 것은 어쩔 수 없습니다. 그런데 만약 이것이 사실이라면 사람들이 의무와 재미 중에서 어느 쪽에 끌릴까요? 후자일 것입니다. 그래서 다른 재밋거리가 있을 때 사람들은 봉사활동을 쉽게 포기해버리죠. 그런데 이처럼 양자택일의 경우가 아니더라도 봉사활동에 어느 정도 심적 부담이 생기는 것이 불가피하다면 사람들은 다른 핑곗거리를 만들어 봉사활동에 참여하지 않으려 할 것입니다.

마지막으로 최근의 봉사자들은 봉사활동을 하면서 상대방에게 줄 수 있는 도움보다는 자신에게 돌아오는 반대급부에 초점을 맞추는 편입니다. 예컨대 봉사 시간, 봉사 인증, 스펙 등의 이유로 봉사활동을 하는 경우가 많죠. 이 경우 봉사자는 재보다 잿밥에 관심이 있기 때문에 영혼 없는 활동을 하기 쉽고, 반대급부를 얻는 데 도움이 되지 않거나 이미 소기의 목적을 달성했을 경우 이런저런 핑계로 활동을 미루거나 그만둘 것입니다.

자신의 말에 책임을 지려는 모습에서 인품이 드러난다

이처럼 이유들을 따져보면 봉사활동에서의 책임감 부족은 어느 정도 이해가 갑니다. 하지만 이해할 수 있다고 해서 이를 옳다고 할 수 있는 것은 아닙니다. 만약 책임을 다하지 않는 것이 잘못이라면 우리는 마땅히 이를 고치려고 노력해야 하죠. 자신의 말에 책임을 다하고자 노력하는 것은 일종의 의무입니다. 약속을 지키지 않는 것은 다른 사람에게 피해를 주는 행위입니다. 상황에 따라 약속을 지키기도 하고, 그렇지 않기도 하는 것은 기회주의적인 태도로, 이는 당연히 잘못된 것입니다.

우리는 상대가 누구인지와 무관하게 자신의 말에 책임을 져야 하며, 특히 상대가 약자일 경우에는 더욱 책임을 다해야 합니다. 이런 모습 속에서 그 사람의 됨됨이가 드러납니다. 김상봉이 말하고 있는 것처럼 "사람들이 큰 염려 없이 안락한 삶을 사는 곳에서는 모두가 비슷하게 친절하고 선량해"[10] 보이기 때문에 됨됨이가 제대로 드러나지 않습니다. 하지만 약자가 아닌 강자의 입장에 있을 때 사람들을 대하는 태도에서 됨됨이는 적나라하게 드러나죠. 기회주의자는 자신의 처지에 따라 사람을 대하는 태도를 달리 할 것입니다. 반면 훌륭한 인품의 소유자는 누구를 만나도 공평무사하게 대할 것이며, 특히 약자를 대할 때에는 더 배려하는 모습을 보일 것입니다.

설령 현재의 내가 이러한 모습과 거리가 멀다고 하더라도 이를 당연하고 어쩔 수 없다고 생각해서는 안 됩니다. 우리는 자신의 태도를 반성하고 마땅히 이상(理想)에 가까이 가기 위해 노력해야 합니다. 상대를 모르거나 상대가 나를 모른다고, 상대가 약자라고, 내게 돌아올 피해가 별로 없다고 해서, 또 다른 유혹이 있다고 해서 자신의 말과 행동에 책임을 지지 않는 것이 과연 올바른 태도인지 잘 생각해보세요. 이러한 상황에서 책임감이 줄어드는 경향이 있을 수는 있습니다. 하지만 그렇다고 책임을 지지 않아도 되는 것은 전혀 아니죠. 우리는

---

10 김상봉, 『호모에티쿠스』(한길사, 1999), 8쪽.

결코 사회 약자와의 약속을 쉽게 생각해서는 안 되며, 말 그대로 받들어 모신다는 '봉사'라는 단어의 뜻에 충실해야 할 것입니다.

17

나눔 습관을 들이자

> 맷돌이나 숫돌이 깎이는 것은 보이지 않지만, 어느 땐가 다 닳아 없어지고, 나무를 심
> 으면 자라는 것이 보이지 않지만 어느새 크게 자란다.
>
> — 선림보훈

한 연구에 따르면 대한민국의 학생들이 봉사활동에 참여하면서
가장 어려웠던 점은 봉사활동을 할 곳을 찾는 것이었으며, 그 다음으
로는 하고 싶은 봉사활동을 찾지 못해 다른 봉사활동을 한 것이었습
니다.[11] 왜 이런 현상이 나타나는 것일까요?

한번 우리가 봉사 수혜자의 입장이 되어 생각해봅시다. 무턱대고
찾아와서 그냥 시간만 때우다가 가는 사람, 와서 자신의 활동 사진만
찍어대는 사람, 몇 번 방문하다가 발길을 끊어버리는 사람…… 이런
사람들이 소위 봉사활동을 하겠다고 왔을 때 여러분들이 수혜자의

---

11 정규석, 「학생 봉사활동 제도에 대한 평가와 활성화 방안」, 『사회과학연구』 제18권,
2002, 78쪽.

입장이라면 어떤 생각이 들까요? 그렇습니다. 봉사 수요처에서는 최우선적으로 고려해야 할 것이 수혜자들을 보호하는 것인데, 자격이 제대로 갖추어지지 않은 봉사자들을 받을 경우 이로 인한 피해가 발생할 수 있습니다. 때문에 봉사 수요처 입장에서는 지속적으로 활동을 하지 않고, 책임감도 없는 봉사자들을 무턱대고 받을 수가 없죠. 따라서 막상 봉사활동을 하고 싶어도 할 수 없는 사람들이 생기게 되는 것입니다. 많은 경우 봉사 수요처는 봉사자가 책임감을 가지고 지속적으로 활동하길 원하는데 반해, 봉사자는 자신이 할 수 있는 범위 내에서, 자신이 원할 때 하고 싶어 하죠. 이러한 불균형으로 인해 봉사를 하고자 하는 학생들이 봉사활동을 할 곳을 구하기가 어려운 것입니다.

한편 김수현에 따르면 자원봉사활동의 가장 큰 문제점으로 지적되고 있는 것은 자원봉사자들의 빈번한 조기 중단 문제입니다.[12] 이처럼 봉사활동이 지속적으로 이루어지지 않을 경우 "대상자의 욕구충족과 문제해결에도 지장을 초래할 뿐만 아니라, 자원봉사에 대한 긍정적인 측면을 감소하게 하는 영향을 끼치게" 됩니다. "또한 이로 말미암아 자원봉사자의 자아 성장과 발전은 말할 것도 없고, 자원봉사 기관의 발달을 저해하고 사회적 공동체 의식을 감소"[13] 시키기도 하죠. 이럴 경우 봉사자에게 봉사 학습 효과가 나타나기 힘들 뿐 아니라 봉사 대상에게도 피해를 줄 가능성이 매우 큽니다. 이러한 이유로

---

12 김수현, 「대학생 자원봉사 활동의 참여 동기와 만족도에 관한 연구」, 동국대학교 사회복지 전공 석사 논문, 2008, 30쪽.
13 현외성, 『자원봉사론 강해』(학지사, 2011), 182쪽.

사람을 직접 만나게 되는 시설 중에서 상당수는 최소한 일주일에 한 번 이상, 지속적인 활동을 요구하고 있는 것입니다.

봉사의 지속성 문제를 해결하고자 보건복지부는 2011년 '대한민국사회봉사단'을 조직하면서 봉사활동에 관한 규정을 만들었습니다. 봉사단은 자원봉사활동의 양적 증가(2002년 대비 25배 증가)에도 불구하고 일회적·단기적 봉사 위주로 이루어지고 있는 한계를 극복하고 봉사 참여자의 책임감과 봉사의 효율성을 높일 수 있도록 활동 시간과 기간(6개월 이상) 등을 규정했습니다.[14] 이러한 규정은 현행 봉사활동의 문제를 제대로 파악하고 개선책을 제시한 것이라 할 수 있습니다. 하지만 이러한 제도적인 변화가 봉사와 관련한 모든 문제들을 해결할 수 있는 것은 아닙니다. 무엇보다도 봉사자가 봉사활동을 열심히, 지속적으로 하려는 의지가 있어야 하죠. 그런데 이와 같은 의지는 어떻게 갖게 할 수 있을까요? 저는 봉사활동이 일종의 습관이 되면 자연스레 이와 같은 의지를 갖게 되리라 생각합니다.

습관의 중요성

봉사 수요자에게 실질적으로 도움을 주기 위해서는, 그래서 명실상부한 봉사활동이 되기 위해서는 봉사활동이 습관화될 필요가 있습니다. 이는 결코 쉬운 일이 아닙니다. 정기적으로, 꾸준히 봉사활

---

14 김덕용, 「기부문화와 행복 고찰」, 『교양논총』 제7권, 2012, 57쪽.

동을 하는 사람들은 소수에 불과하고, 훨씬 많은 사람들은 자기 이익을 위해, 비자발적이면서 단기적으로 활동을 하고 말죠. 하지만 습관화에 이르기까지가 어려워서 그렇지 일단 습관이 되면 거꾸로 이를 벗어나기가 어렵게 될 수 있습니다.

〈쇼생크 탈출〉은 습관의 이와 같은 특징을 잘 보여주는 영화입니다. 영화에서 레드(모간 프리먼 분)는 오랫동안 수감 생활을 하다 보니 자신도 모르게 감옥 생활에 매우 익숙해져 있습니다. 그럼에도 그의 가슴 한구석에는 자유에 대한 갈망이 늘 자리 잡고 있죠. 그렇게 시간이 흐르던 어느 날, 그는 그토록 그리던 출감을 하여 자유를 얻게 됩니다. 40년 만에 가석방으로 풀려나게 된 것이죠. 그런데 이게 웬일일까요? 레드는 생각지도 않게 자유가 부담으로 느껴집니다. 급기야 그는 그렇게 벗어나려고 했던 교도소로 다시 돌아가고 싶어 하고, 자유에 대한 부담은 결국 자살 시도로 이어집니다. 교도소에서 오랫동안 쌓아왔던 습관으로부터 벗어나게 되자 오히려 그것이 극심한 스트레스가 되었고, 레드는 이를 견딜 수가 없었던 것입니다.

이처럼 어떤 것이 습관이 될 경우 그것이 우리의 의지와 행동에 미치는 영향은 실로 막대합니다. 오죽했으면 감옥 생활에 편안함을 느낄까요? 이것이 영화이기 때문에 현실과 다르다고 생각하는 분들은 이 닦는 습관을 생각해보세요. 아마도 많은 사람들에게 어렸을 적 양치는 귀찮은 일이었을 겁니다. 부모가 강제하지 않으면 좀처럼 양치를 하지 않으려 했죠. 하지만 지금은 어떤가요? 양치를 하지 않으면 불편해 견딜 수 없지 않나요?

오늘날의 뇌신경 연구는 습관이 의지와 행동에 어떻게 영향을 미치는지를 설명하고 있습니다. 연구에 따르면 뇌 신경세포는 자극이나 경험에 대한 반응을 통해 그 기능이나 구조가 바뀝니다. 만약 어떤 자극이나 경험을 자주하게 되면 관련 신경세포 사이의 연결이 강화되고 그 반대의 경우는 약화되는데, 이처럼 신경세포는 고정불변한 상태를 계속 유지하는 것이 아니라 가소성을 갖는다고 합니다. 이를 신경가소성(neuroplasticity)이라고 하는데요. 만약 우리가 무엇인가를 꾸준히, 지속적으로 할 경우 관련 신경세포는 이를 쉽게 할 수 있는 방향으로 변하고, 이를 거스를 경우 불편함을 느끼게 됩니다.

이처럼 뇌 신경세포의 변화가 이루어져 우리의 생각과 행동을 바꿀 수 있다면 우리는 나눔이 습관이 될 때까지 노력해볼 필요가 있습니다. 일단 나눔 습관을 갖게 되면 이후로는 나눔이 우리들의 삶 속에 녹아들어 나눔 없는 삶을 생각하기 힘들어지게 될 겁니다. 이때에는 자연스럽게 나눔 활동을 계속하게 되면서 더 이상 민폐를 끼치지 않게 되겠죠. 우리는 몽테뉴(Montaigne)가 자신의 『수상록(Essai)』에서 "습관이 하지 않는 일이나 하지 못할 일은 없다."고 한 말을 염두에 둘 필요가 있습니다.

어떻게 습관을 만들 수 있을까?

그렇다면 어떻게 하면 나눔을 습관으로 만들 수 있을까요? 저는 무엇보다도 일단 시작을 하는 것이 중요하다고 생각합니다. 그리고 일단 시작을 했으면 적어도 언제까지는 꼭 하겠다는 기간을 정해놓고,

자기가 할 수 있는 범위 내에서 꾸준히 하면 좋을 듯합니다. 이렇게 하다 보면 어느 순간 생각의 변화가 일어나면서 서서히 봉사활동이 습관이 되어 갈 것입니다. 단 여기에도 조건이 있습니다. 우리가 나눔을 긍정적으로 생각하도록 노력해야 하는데, 나눔 활동을 하면서 하기 싫은 과제를 하듯 마지못해 한다면 얼마 지나지 않아 활동을 하지 않던 원래의 상태로 되돌아가게 됩니다. 지금 당장 생각이 바뀌지 않아도 조급해하지 마세요. 긍정적으로 변할 가능성을 염두에 두고 꾸준히 나눔을 실천하다 보면 습관으로의 변화는 시간문제입니다.

나눔이 습관이 되기 위해서는 긍정적인 피드백이 계속 이루어져야 합니다. 예를 들어 어렵게 시간을 내 봉사활동을 시작했는데 봉사 대상을 잘못 선정해 보람은커녕 활동 자체가 고역인 경우 금방 지쳐서 포기하게 되겠죠. 달리 말해, 자기가 할 수 있는 범위 내에서, 즐겁게, 보람을 느끼면서 나눔을 실천하는 것이 나눔을 습관화하는 데에 매우 중요하다는 것입니다. 마지못해 하는 경우와 재미있고 즐겁게 하는 경우 중에서 어느 쪽이 더욱 습관화될 수 있는지를 생각해보면 답은 간단합니다. 저는 이러한 점을 의식해 남녀 학생들을 함께 농활에 데려가고, 활동을 마친 후에 반드시 조원들끼리 뒤풀이 자리를 만들어줍니다. 어떤 사람들은 짝을 맞추어주고, 뒤풀이를 하는 것이 무슨 봉사활동이냐고 어이없어 하지만 활동이 즐거워야 나눔 활동을 이어가려는 생각을 갖고, 습관화의 계기를 마련하게 되지 않을까요?

즐거움과 보람에 대해 말씀드리고 싶은 것은 열매가 나무에서 떨어지길 수동적으로 기다리지 말고 적극적으로 찾아나서라는 겁니다. 아무리 봉사활동이 의미 있는 활동이라고 하더라도 우리가 활동을 하면서 반드시 좋은 경험만 한다는 보장은 없습니다. 그런데 일단 활동을 부정적으로 평가해버리면 이때부터 부정적인 방향의 피드백이 시작되어 결국 봉사활동을 그만두기 쉽습니다. 이런 경우를 미연에 방지하려면 부정적인 경험을 했어도 여기에 머물지 말고, 보람과 즐거움을 의도적으로 찾아나서 이를 극복해야 합니다.

마지막으로 이야기하고 싶은 것은 자신에 대해 너무 일찍 단정 짓지 말라는 것입니다. 생각의 변화가 채 일어나기도 전에 서둘러 단정 지어버릴 가능성은 의외로 큽니다. 이렇게 이야기하는 이유는 나눔 활동이 다소 귀찮고 부담스러울 수 있기 때문에 중단을 합리화하기 위해 나와 맞지 않는다고 서둘러 판단을 내릴 수 있기 때문이죠. 이는 핑곗거리를 만드는 것입니다. 자신이 어떻게 변할지는 그 누구도 말할 수 없으며, 얼마든지 달라질 수 있습니다. 고대 그리스의 철학자 아리스토텔레스는 자신의 『니코마코스 윤리학(Ethica Nicomachea)』에서

"한 마리의 제비가 왔다고 해서 봄이 왔다고 할 수는 없다."

라고 갈파했습니다. 저는 봉사활동을 하고 있거나 하려는 사람들이 이 말을 반드시 기억했으면 하는데요. 나눔 활동이 습관이 되기 위해서는 한두 번의 활동에 그쳐서는 안 되고, 이를 꾸준히, 지속적으로 해야 그 가능성이 열리는 것입니다. 이러한 점을 의식하고 참을성 있게, 기쁜 마음을 갖고자 하면서 열심히 봉사활동을 했으면 좋겠습니다.

18
재능기부

재능기부는 새로운 형태의 기부로, 말 그대로 사람들이 가지고 있는 재능을 사회에 기부하는 것을 말합니다. 불과 얼마 전까지만 하더라도 기부라 하면 금전적인 것만을 가리켰는데, 이제는 자신이 가지고 있는 능력과 재능을 사람들을 위해 쓰는 것 또한 기부로 자리 잡았습니다.

어떻게 보면 재능기부는 일종의 봉사활동에 다름 아닙니다. 다만 차이가 있다면 봉사활동은 좀 더 넓은 개념으로, 대체로 어려운 처지에 놓여 있는 사람들의 고통을 덜기 위한 활동 일반을 이야기하는 데 반해, 재능기부는 이러한 활동 중에서도 개개인이 가지고 있는 장기 등을 사회 약자에게 제공하는 것을 이야기합니다. 이와 같은 활동은 분명 일반적으로 말하는 봉사활동에 비해 장점이 있는데, 다시 말해 이는 개인들이 가지고 있는 자신의 재능을 활용하는 것이기 때문에 활동하는 데에 어려움이 상대적으로 적고, 잘하는 것을 이에 대한 수요가 있는 대상에게 제공하는 것이기 때문에 봉사자나 봉사 수요자 모두가 만족할 가능성이 큽니다. 예를 들어 내가 수학을 못하는데 수학을 가르친다고 했을 경우 이는 배우는 사람은 물론 나에게도 상당한 고역일 것입니다. 반면 말하기가 장기인 사람이 말하는 능력을 배우고자 하는 사람에게 이를 가르칠 경우 아마도 배우는 사람이나 가르치는 사람이나 모두 즐거울 것입니다. 이처럼 재능기부는 기부를 하는 사람이 잘할 수 있는 것을 원하는 사람에게 제공하는 것이기 때문에 막연한 봉사활동에 비해 분명 장점이 있습니다.

이렇게 이야기를 하면 어떤 사람들은 다음과 같이 묻습니다. "그럼 재능이 없는 사람은 어떻게 하지요?" 물론 이 세상에는 재능이 있는 사람과 없는 사람이 있고, 재능 또한 여러 가지가 있습니다. 하지만 "굼벵이도 구르는 재주가 있다."는 말처럼 어떤 경우에도 재능이 아예 없는 사람은 없습니다. 그 이유는 재능은 꼭 잘하는 것만을 말하는 것이 아니고, 선천적으로 타고난 능력뿐만 아니라 후천적으로 교육이나 훈련 등에 의해서도 만들어지며, 우리가 설령 백지 상태에서 태어났다고 해도 살아가다 보면 필연적으로 어떤 능력을 갖추게 되기 때문입니다. 이렇게 보았을 때 크고 작음, 무엇인가의 차이는 있어도 우리는 모두 재능을 가지고 있으며, 누구나가 재능기부를 할 수 있습니다. 실제로 재능기부를 할 수 없는 사람은 거의 없다고 해도 과언이 아닙니다. 이 세상에는 다양한 유형의 재능을 갖춘 사람들이 있고, 그들이 재능을 기부할 경우 그러한 재능이 필요한 사람들의 만족을 극대화할 수 있습니다.

전문직, 전문 기술인들의 재능기부

제가 생각하는 이상적인 재능기부 직업군 중의 하나는 의사를 포함한 의료 기술을 갖춘 사람들입니다. 의사들은 특수한 직업군의 사람들로, 진료 활동을 통해 사람들에게 실질적으로 요구되는 서비스를 제공할 수 있습니다. 만약 제대로만 이루어진다면 이들은 누구에게나 실질적인 도움이 될 수 있는데, 특히 의료 혜택을 누리기 힘든 사람들의 입장에서는 의사들의 재능기부처럼 고마운 활동도 흔치 않습니다. 진료를 통해 사람의 목숨까지 살리는 경우가 있음을 감안한다면, 의료인들의 재능기부는 아무리 강조해도 지나치지 않습니다.

전문적인 지식을 활용한 또 다른 재능기부로는 변호사, 회계사 같은 전문직 종사자들의 도움을 들 수 있습니다. 법률 상담이나 회계처리 등은 전문적인 지식이 요구되는, 아무나 할 수 있는 일들이 아닌데, 금전적인 문제로 이러한 서비스를 받을 엄두도 내지 못하는 사람들에게는 그들의 재능기부가 상당한 도움이 될 것입니다.

피아노 등의 악기, 이발이나 미용, 운동, 각종 수리 등의 서비스를 제공하는 것도 자신만의 전문 기술이나 특기를 이용한 재능기부입니다. 이미 오래전, 재능기부라는 표현이 사용되지 않을 당시, 모 은행 탁구 선수와 농구 선수들이 제가 활동하던 시설을 정기적으로 방문해서 운동을 가르쳐주었습니다. 시설의 장애인 분들은 다른 어떤 방문보다 그들을 기다렸는데, 지금 생각해보니 그분들은 이미 그때부터 재능기부를 실천하고 있었던 것입니다. 그분들은 정금종 현 (現) 세종시 지체장애인협회 회장님과의 친분으로 시설을 방문하게 된 것인데, 정금종 회장님은 지금도 정열적이면서 헌신적으로 나눔을 실천하고 있는 장애인 스포츠맨입니다. 정금종 회장님은 1984년 최초로 뉴욕 패럴림픽에 참가한 이래 2008년에 이르기까지 총 일곱 번 장애인 올림픽에 참가했고, 그중 1988년 서울 패럴림픽에서부터 2000년 시드니 대회까지 4연패를 차지하면서 총 금메달 4개, 은메달 1개, 동메달 2개를 획득한 국내 장애인 체육계의 전설로 알려져 있는 인물입니다. 어릴 때 버림을 받아 시설에서 줄곧 생활했음에도 자신은 살면서 너무 많은 것을 받기만 했기 때문에 받은 것을 돌려줘야 한다고 말하는 정금종 회장님. 장애인 체육 진흥을 포함해 각종 재능기부 활동을 펼치고 있는 정 회장님의 모습은 재능기부를 해보고자 하는 사람들이 본받아야 할 모습입니다.

평범한 사람들의 재능기부

이처럼 전문 기술, 전문 직종에 종사하는 사람이 아니어도 재능기부는 얼마든지 할 수 있습니다. 대학생들의 교육 봉사는 이에 해당하는데, 물론 대학 교육을 받은 학생들이 그렇지 않은 경우에 비해 전문적인 지식을 갖췄다고 말할 수 있습니다. 그럼에도 오늘날 대한민국 사회에서는 대학생이 특별히 예외적인 사람들이 아니며, 그들이 제공하는 재능은 자신들이 대학에 오기 전에 습득했던 초·중·고 교육과정의 지식입니다. 이는 어떤 예외적인 소수의 집단이 갖추고 있는 것이 아니라 대학생이라면 누구나가 가지고 있는 일반적인 재능이죠. 이러한 재능기부는 언뜻 보기에 평범하지만, 그럼에도 재능 수혜자의 미래에 중대한 영향을 미칠 수 있는 의미 있는 활동입니다. 특히 교육받을 기회가 거의 없지만 그럼에도 공부를 너무 하고 싶은 사람들에게는 이러한 활동이 마른 대지에 내리는 비 같을 것입니다.

이와 같은 활동의 전형으로 꼽을 수 있는 것은 야학 교사 활동입니다. 지금은 많이 사라진 야학은 비정규 교육기관으로, 제도권 교육의 혜택을 누릴 수 없는 상황에 놓인 청소년을 포함해 정규 교육을 받지 못한, 또는 불가피한 사정으로 이러한 교육을 받을 수 없는 사람들을 대상으로 운영되는 기관입니다. 야학의 시발은 일제강점기로 거슬러 올라가며, 시대에 따라 그 성격에도 차이가 있습니다. 일제강점기의 야학은 사람들, 특히 농민이나 빈민 등 배우지 못했거나 배울 여건이 안 되는 사람들을 계몽하여 궁극적으로 일제로부터 해방될 수 있는 힘을 기르기 위해 이루어졌습니다. 이에 반해 1970년에서 1990년 초중반까지의 야학은 대체로 급격한 경제성장의 뒤안길에서 스러져가는 도시 빈민을 포함한 사회 약자들이 잘 살아갈 수 있는 사회를 만들기 위해 이루어졌습니다. 이 당시의 야학 교사들은 단순히 영어, 수학 등의 지식을 전달하는 데에만 초점을 맞추지 않고, 참교육, 참사랑, 참된 세상 등에 대한 신념을 바탕으로 야학 활동이 학생들에게 미치게 될 결과, 그리고 사회가 가지고 있는 구조적인 문제 등을 염두에 두고 헌신적으로 활동을 했습니다. 이들의 활동은 사실상 자신들의 활동을 뒷받침하는 철학적인 이유, 현상과 원인 등을 아우르는 사실에 대한 지식, 고통받는 사람들에 대한 공감 등이 바탕이 된 명실상부한 재능기부였습니다(물론 이러한 활동을 했던 사람들은 자신들의 활동을 재능기부라고 표현하는 것을 탐탁지 않게 생각할 것입니다).

과거와 같은 야학 활동은 아니더라도 지금도 교육 봉사를 하는 사람들은 적지 않으며, 일부 교육 관련 전공학과에서는 교육 봉사가 의무로 명시되어 있기도 합니다. 이들은 대부분 한 주에 한 번 또는 그 이상의 활동을 하고 있는데, 제가 당부하고 싶은 것은 그냥 좋은 일이기 때문에 교육 봉사를 하기보다는 과거의 야학 교사들처럼 신념을 가지고 활동을 했으면 한다는 것입니다. 아이들과의 약속을 지키기 위해 최선을 다하면서 제대로 된 신념을 갖고 활동할 경우, 이는 봉사자와 수혜자 모두에게 도움이 되는 명실상부한 재능기부가 될 것입니다.

재능을 이용한 금전적 기부

최근에는 자신의 재능을 이용해 금전적 기부를 하는 사람들도 심심치 않게 보게 되는데요. 특히 유명인들 중에 이런 사람들이 눈에 띕니다. 얼마 전 골프 선수 김해림에 관한 기사를 읽은 적이 있는데, 그녀는 매년 받은 상금의 10%를 기부에 사용하고 있다고 합니다. 이는 자신의 재능을 금전적 기부와 연결한 사례인데요. 흥미로운 것은 그녀의 팬들 또한 함께 기부를 하고 있다는 사실입니다. 그녀의 팬들은 그녀가 버디를 할 때마다 천 원씩 기부를 한다고 하는데, 참으로 아름다운 팬클럽 회원들입니다. 이러한 기부를 김해림 선수가 제안한 것인지, 아니면 팬클럽 회원들이 자발적으로 하는 것인지는 모르지만 어찌되었건 이는 선수와 팬들이 함께 하는 매우 이상적인 형태의 기부입니다. 그녀와 팬클럽 회원들은 정기적으로 봉사활동까지 하고 있다고 하는데, 이쯤 되면 이들을 천사들이라고 부르는 것이 전혀 이상한 일이 아니죠.

그런데 중요한 것은 우리가 그녀와 팬클럽 회원들을 칭송하는 데에만 머물러서는 안 되고, 이를 자신의 나눔 활동에 응용해봐야 한다는 것인데요. 그들의 선행은 크게 세 가지로 정리됩니다.

① 자신의 재능을 이용하여 벌어들인 수입의 일부를 기부하는 김해림 선수의 선행
② 이와 같은 기부에 동참하는 팬클럽 회원들
③ 김해림 선수와 팬클럽 회원이 함께 하는 금전적 기부 외의 나눔 활동

이는 자신이 벌어들인 수입 중 일부를 혼자, 일시적으로 기부하는 경우에 비해 훨씬 가치 있게 느껴지는데요. 물론 상당한 금액을 한꺼번에 기부하는 것 또한 분명 의미 있는 일입니다. 하지만 제가 생각하기에 자신뿐만 아니라 다른 사람들과 함께, 지속적으로 기부와 나눔 활동을 병행하는 것은 더욱 이상적인 나눔 활동에 가깝습니다. 이

런 방법으로 나눔 활동을 하는 사람들이 많아질 경우 급격하게 기부와 나눔 활동 인구가 늘어날 것입니다. 특히 압도적으로 많은 팬들을 확보하고 있는 아이돌 등 연예인들이 이러한 활동을 한다면 그 파급력은 엄청날 텐데요. 다시 말해 자신들의 재능을 활용해 얻는 수입의 일부를 기부하고, 팬클럽 회원들 또한 이에 동참하며, 금전적 기부 외에 나눔 활동까지 1년에 한 번이라도 함께 한다면, 그리고 연예인과 팬클럽 회원들의 이름으로 예컨대 동남아의 어려운 지역에 학교를 지어준다면 아마도 그들의 이름은 길이길이 기억될 겁니다. 이는 더 많은 팬들이 생겨나는 데에도 도움이 될 것입니다. 특히 학교가 지어진 그 나라 국민들을 팬으로 만드는 것은 시간문제이지 않을까 싶습니다.

재능을 이용한 이와 같은 금전적 기부는 연예인 등 유명인들만의 전유물이 아닙니다. 평범한 사람들도 이러한 기부를 얼마든지 할 수 있습니다. 일반인들은 팬클럽이 없기 때문에 혼자서 재능을 이용한 금전적 기부를 해야 한다고 생각할 수 있습니다. 하지만 조금만 머리를 굴려보면 뜻을 같이 할 사람들을 모을 수 있을 것이며, 이러한 모임이 기부 외의 봉사활동을 정기적으로 해 나갈 수 있을 것입니다. 만약 우리가 개인의 영달만을 꾀하지 않고 조금만 생각의 방향을 바꿔 재능과 기부를 연결해보면 떠오르는 아이디어가 적지 않을 것입니다. 한번 고민해보세요!

나의 재능기부

공연히 하는 말이 아니라 저는 특별하게 잘하는 것이 없는 지극히 평범한 사람입니다. 제가 생각하기에 저는 별다른 재능이 없습니다. 게다가 남들과 쉽게 어울리지 못하고, 사회생활을 제대로 하기 힘든 내성적인 성격 탓에 설령 재능이 있다고 해도 이를 제대로 활용하기도 쉽지 않죠. 그래서인지 언뜻언뜻 지나가면서 재능기부라는 말을 보고 들으면서 '난 특별한 재능도 없는데, 재능기부는 하지 못하겠네?'라는 생각을 한 적도 있습니다. 하지만 재능이라는 단어를 재주 또는 재능의 탁월함이나 남다름이 아니라, 앞에서 언급했듯이 작더라도 자신이 가지고 있는 재주나 능력이라는 뜻으로 해석할 경우 나 또한 재능기부를 할 수 있겠다 싶어, 제가 할 수 있는 재능기부를 생각해봤습니다. 그랬더니 뜻밖에도 제가 적지 않은 것들을 할 수 있겠다는 생각이 들었는데요. 특히 지금까지의 경험, 제 관심과 직업 등을 적절히 버무리면 훈훈한 재능기부를 할 수 있다는 사실을 깨닫고서는 가슴이 벅차올랐습니다. 무엇보다도 일반인들에 비해 선생으로서 비교적 많은 사람들에게 무엇인가를 전달할 수 있고, 제가 전달한 바를 그들 중에서 비록 소수라도 실천에 옮긴다면, 그리고 그들로 인해 또 다른 나눔이 이어진다면 생각보다 많은 일들을 할 수 있겠다는 생각에 정말 행복해졌습니다.

학생들을 가르치는 입장에 있는 일상인임을 감안한다면 제가 이태석 신부님처럼 오지에 살고 있는 사람들과 함께 살아가기는 불가능합니다. 아니 설령 제가 성직자라고 해도 저는 그런 삶을 살지 못할 것입니다. 그러한 삶을 살아갈 수 있는 사람은 극히 예외적인 분들로, 성인(聖人)이라 불러 마땅합니다. 그런데 설령 그와 같은 삶을 살아가지 못한다고 하더라도 제게는 일상을 유지하면서 할 수 있는 것들이 있는데, 저뿐만 아니라 주변 사람들, 나아가 모르는 사람들까지도 크고 작은 방법으로 나눔을 실천할 수 있도록 도움을 주는 것입니다. 이는 비교적 작은 노력으로 적지 않은 성과를 얻을 수 있는 활동들인데, 다음은 그 목록입니다.

① 기부 농장 만들기
② 대학에서 농활 모임 만들기
③ 일반인들에게도 농활 확산하기
④ 여러 봉사 동아리를 만들고 참여하기
⑤ 봉사활동 알선이나 매개하기
⑥ 공정무역, 동물보호 문제 등 나눔 관련 홍보하기
⑦ 나눔에 관한 책 쓰기
⑧ 나눔 교육 제대로 하기
⑨ 나눔과 동물보호 문제 등에 대한 대중 강연하기
⑩ 이 모든 것들의 필요성 홍보하기, 그리고 홍보의 대상에게 또 다른 홍보를 요청하기

①, ②, ③은 농활의 경험을 바탕으로 생각해낸 것입니다. 이 중에서 ②, ③은 농활이 훌륭한 봉사활동이라는 판단 하에 이를 최대한 사회적으로 확산시키려 계획하고 있는 것이고, ①은 농촌활동과 기

부를 연결해보려는 것으로, 누구나가 쉽게, 소액이라도 기부를 할 수 있어야 하고, 이것이 습관화되어야 하며, 이왕이면 가시적인 성과가 보여야 더 효과적이라는 판단 하에 추진해보려는 것입니다.

④와 ⑤는 함께 어울려 즐거운 마음으로 비교적 부담을 느끼지 않고 할 수 있는, 그러면서도 수혜자에게 도움이 될 수 있는 활동을 도모하기 위해 고안하고 있는 것인데, 제가 지도교수로 있는 '보늬', '사유와 실천'과 '상록수'는 이러한 모임의 예입니다. 저는 이러한 모임을 계속적으로 만들려 하며, 이를 통해 단기간의 활동에만 그치지 않고, 사회인이 되어서도 나눔에 관심을 가지면서 작은 기부라도 하게끔 유도해보고자 합니다.

⑥~⑨는 나눔에 대한 홍보와 교육에 초점을 맞추는 활동으로, 만약 이러한 활동이 실효를 거둔다면 다른 어떤 활동 이상으로 많은 사람들을 나눔에 동참시킬 수 있습니다. 만약 이상에서 언급한 모든 활동들에 직접 참여뿐만 아니라 이의 필요성까지 홍보하는 사람들이 생겨날 경우, 나아가 이와 같은 사람들의 홍보에 설득된 또 다른 사람들이 비슷한 일들을 해나가고, 또 다른 사람들이 이들의 영향으로 활동을 하는 등, 꼬리에 꼬리를 물고 활동이 이어진다면 영화 〈아름다운 세상을 위하여〉에서의 상황이 현실이 되지 말라는 법은 없습니다. 이러한 활동들은 제 경험과 능력을 이용해서 실천해 보려 하는 재능기부인데요. 여러분들도 저와 함께 이러한 재능기부 목록을 만들어서 실천해보지 않으실래요?

19

홍보를 통해 결코 작지 않은
나눔 활동을……

영화 〈아름다운 세상을 위하여〉에서 주인공인 트레버는 갓 중학교에 입학한 평범한 아이입니다. 이 아이가 다니는 학교의 사회 과목 선생님인 시모넷 선생님은 새 학기 첫 수업에서 "세상을 바꿀 아이디어를 내고 실천에 옮길 것"이라고 칠판에 적고, 이것이 1년 동안 해야 할 과제라고 학생들에게 알려줍니다. 모든 면에서 진지하면서도 책임감이 강한 트레버는 이 과제에 대해 고민하다가 세상을 바꾸기 위한 방법으로 '도움주기'를 선택하고, 그 구체적인 방법으로 '도움주기' 다단계를 생각해냅니다. 트레버가 대한민국의 판매 다단계를 보고 이를 응용했는지는 알 길이 없지만 다단계를 나눔에 적용하는 것은 상당히 참신한 발상이었습니다. 트레버는 자신이 세 명에게 도움을 주고, 그 세 명이 또다시 세 명에게…… 이것이 제대로 이어지기만 한다면 이 세상을 바꿀 수 있다고 생각하고, 자신부터 이를 실천해보려 합니다. 만약 그의 생각이 현실이 될 경우 나눔을 실천하는 사람은 3의 제곱, 9의 제곱, 81의 제곱 등 기하급수적으로 늘어나기 때문에 얼마 안 가 실로 많은 사람들이 나눔 활동에 동참하게 될 것입니다.

아주 쉽고 단순하지만 그 누구도 시행해보지 않은 이와 같은 나눔의 방식을 제안한 트레버는 누구를 도움주기 대상으로 삼을지를 결정하고, 이내 시작합니다. 트레버가 선택한 첫 번째 대상은 노숙인이었습니다. 마약에 찌들어 사는 노숙인에게 트레버는 돈과 먹을거리를 제공합니다. 하지만 노숙인은 근본적으로 생활을 바꾸지 못하며, 이 모습을 본 트레버는 자신의 첫 번째 시도가 실패했다고 생각합니다. 트레버가 두 번째로 선택한 대상은 학교의 주먹들에게 괴롭힘을 당하는 친구였습니다. 하지만 그에게는 그저 WWF를 보면서 선수들을 흉내 낼 정도의 싸움 실력밖에 없었기에 그는 친구가 두드려 맞는 모습을 애써 외면할 수밖에 없었습니다. 이에 따라 두 번째 도움주기도 실패로 돌아가고 말죠. 마지막으로 그가 선택한 대상은 자신의 어머니였는데, 그는 자신이 좋아하는 시모넷 선생님을 어머니와 연결해주려 합니다. 하지만 이 또한 쉬운 일이 아니었는데……

트레버는 자신의 시도가 모두 실패했다는 데에 낙담합니다. 하지만 그의 시도는 자신도 모르는 사이에 널리 퍼져 심지어 트레버가 살고 있는 지역에서 멀리 떨어져 있는 LA에서도 그 영향력이 감지됩니다. 그저 과제를 해보겠다고 시작한 평범한 아이의 평범하지만 결코 평범하지 않은 실천이 적지 않은 파장을 불러일으킨 거죠.

트레버 스스로가 실패했다고 생각했던 자신의 도움주기도 결코 실패로 끝난 것이 아니었습니다. 그가 도움을 주려 한 노숙인은 다리에서 강물로 뛰어 내리려는 한 여성의 자살을 막는 것을 계기로 새로운 삶을 살겠다는 의지를 보이고, 자신이 그토록 원했던 어머니와 시모넷 선생님 또한 도움주기에 관한 자신의 방송 인터뷰를 매개로 서로 맺어지게 됩니다. 이처럼 트레버의 최선을 다한 노력은 부지불식간에 여러 방면에서 결실을 맺습니다.

트레버의 도움주기와 아이스 버킷 첼린지

트레버의 도움주기를 한번 복기해보도록 하죠. 먼저 그는 평범한 사람이라도 제대로 된 도움주기를 할 수 있음을 보여주고 있습니다. 물론 트레버가 남다른 추진력이 있고 책임감이 강한 아이임에는 분명합니다. 하지만 그는 성자(聖子)들의 모습에서 풍겨나는 온화함이나 차분함을 지닌 아이가 아니었고, 입을 열 때마다 아름다운 말을 쏟아내고, 행동할 때마다 감탄사가 터져나오는 그런 아이도 아니었습니다. 트레버는 인터뷰를 하면서 "세상이 그리 엿 같지 않다."는 이야기를 서슴지 않고 하고, 프로 레슬러들의 반칙을 흉내 내면서 흥겨워하며, 생일잔치에서 스프레이를 뿌리며 장난을 치는 지극히 평범한 아이입니다. 그런데 이처럼 평범한 아이가 제대로 된 도움주기를 해냅니다.

둘째, 트레버는 작은 실천이지만 집요하다 싶을 정도로 최선을 다해 도움주기에 집중했고, 자신은 실패했다고 생각했지만 그의 도움주기는 결과적으로 엄청난 성공을 거둡니다. 그런데 만약 그가 세 명에 대한 도움주기를 머리에 떠올리기만 하고 실천을 하지 않았다면, 혹은 실천을 했다고 하더라도 적당히 하다가 말았다면 사람들의 태도에 변화를 불러일으킬 수 없었을 것입니다.

셋째, 트레버는 도움을 주면서 그 대상에게 세 명을 상대로 도움을 주어야 한다는 것을 주지시켰는데, 이것이 이어져 결국 그의 도움주기가 널리 영향을 미치게 됩니다. 그의 도움주기가 결정적으로 성공을 거둘 수 있었던 것은 그가 세 명에게 도움주기를 하면서 또 다른 세 명에게 도움을 주라는 이야기를 잊지 않고 했고, 그들 또한 이러한 이야기를 또 다른 세 명에게, 그들이 또다시 세 명에게…… 이렇게 이어졌기 때문이죠.

저는 트레버의 도움주기를 보면서 설령 평범한 사람이라 할지라도 성심성의껏 노력하고, 방법을 적절히 활용하면 자신이 생각하는 것 이상으로 많은 나눔을 이끌어낼 수 있다는 생각이 들었습니다. 특히 자신이 의미 있다고 생각하는 나눔 활동을 이런저런 방법으로 홍보하는 것이야말로 정말 중요한 활동임을 실감했는데요. 만약 트러버가 세 명에게 전심전력으로 도움주기를 하는 데에만 머물렀다면 그는 더 많은 사람들의 나눔을 유도해내지 못했을 것입니다. 그는 도우면서 상대에게 또 다른 세 명에게 도움을 줄 것을 요구했고, 이러한 요구가 계속 이어져 많은 사람들에게 도움을 줄 수 있었던 것이죠.

물론 이러한 트레버의 도움주기가 현실에서도 제대로 이루어지리라는 보장은 없습니다. 그렇지만 이를 영화라서 가능한 얘기라고 치부해버릴 것도 아닙니다. 이와 유사한 도움주기 릴레이가 실제로 현실에서 성공을 거둔 경우가 있는데요. 얼마 전 세인의 관심을 끌었던 아이스 버킷 챌린지(ice bucket challenge)의 성공은 트레버의 도움주기와 유사한 일이 현실에서도 일어날 수 있음을 보여주었습니다.

아이스 버킷 챌린지는 미국 비영리기관인 루게릭병 협회가 루게릭병 환자를 돕는 모금활동의 일환으로 시작되었습니다. 지명된 사람은 얼음물을 뒤집어쓰거나 백 달러를 기부해야 했는데, 이렇게 지목된 사람은 두 가지 중의 하나를 선택하고, 이어서 챌린지에 나설 세 사람을 지목했습니다. 이와 같이 릴레이 방식으로 이어진 이벤트에 참여했던 사람들은 자신들이 얼음물을 뒤집어쓰는 모습을 인터넷에 올렸는데, 여기에 유명 인사가 참여했고, 일부 사람들은 특이한 방식으로 얼음물을 뒤집어씀으로써 아이스 버킷 챌린지는 세인들의 관심을 끌면서 전 세계적으로 유행하게 되었습니다. 이벤트는 분명 성공을 거두었고, 이로 인해 적지 않은 모금이 이루어졌습니다. 2014년 기준으로 시작한 지 한 달여 만에 1억 달러(1천억 원)를 돌파했다고 하니 어느 정도 성과가 있었는지 대략 짐작이 가시겠죠.

아이스 버킷 챌린지의 대성공은 어떻게 하면 '더 많은 사람들과, 더 많은 나눔'을 실천할 수 있는지에 시사하는 바가 적지 않습니다. 무엇보다도 챌린지는 왼손이 하는 일을 오른손이 알게 하는 데에 그치지 않고, 오른손도 하도록 만들었습니다. 행사에 참여한 사람들은 그 과정을 인터넷에 올림으로써 세인들의 이목을 집중시켰고, 세 명의 지인들을 지목하여 행사에 참여하게 함으로써 기부 다단계를 실현했죠. 이 행사에 사람들이 어떤 동기에서 참여했는지는 중요하지 않습니다. 모인 수익금으로 루게릭 환자들에게 큰 도움을 줄 수 있었다는 것이 중요하죠.

나눔 홍보와 실천 방법에의 응용

트레버의 도움주기와 아이스 버킷 첼린지는 일종의 다단계 나눔 활동 내지 나눔 릴레이인데요. 여기서 중요한 것은 자신의 생각과 실천을 다른 사람들에게 전달하여 그들 또한 동일한 생각과 실천을 하게 하는 것입니다. 만약 우리가 이를 제대로 활용한다면 우리 또한 자신의 나눔에 대한 생각과 실천을 많은 사람들과 공유하게 될 겁니다. 여기에 흥미를 끌 수 있는 요소까지 가미한다면 훨씬 확실하게 소기의 목적을 달성할 수 있겠죠. 이것이 한 단계를 넘어 두 단계, 세 단계…… 계속 이어진다면 말 그대로 나눔 대박이 날 것입니다. 실제로 우리가 작게는 주변 사람, 이보다 조금 많게는 주변 사람들의 아는 사람들, 더 많게는 모르는 사람들까지도 홍보를 통해 끌어들일 방법을 강구한다면, 설령 아이스 버킷 첼린지만큼은 아니라고 하더라도 '더 많은 사람들과, 더 많은 나눔'을 실천할 수 있을 것입니다.

두 가지 예를 들어볼게요. 먼저 내가 봉사 모임을 최대한 많이 결성하고자 한다면 나는 첫 단계로 다음과 같은 작업을 할 수 있을 겁니다.

① '내'가 주변 사람을 이끌어 봉사 모임을 결성한다.

② '주변 사람'들이 또 다른 주변 사람들을 이끌어 봉사 모임을 결성하게 한다.

③ '모르는 사람'들이 주변 사람들을 이끌어 봉사 모임을 결성하게 한다.

그런데 내가 여기에서 멈추지 않고 이처럼 나눔 모임들을 만들면서 ①, ②, ③의 필요성을 사람들에게 홍보하게 하고, 홍보의 대상이 된 사람들 또한 동일한 방식으로 나눔 모임을 만듦과 동시에 ①, ②, ③의 필요성을 홍보한다면, 그리고 이것이 계속 이어진다면 나눔 모임의 숫자는 순식간에 불어날 겁니다. 물론 이렇게 되기 위해서는 관여하는 사람들에게 트레버와 같은 열정이 필요한 것은 말할 것도 없겠죠.

이번에는 농활의 확산이 중요하다고 생각하는 경우에 이루어질 수 있는 다단계를 생각해보죠. 이 또한 나눔 모임과 동일한 방식으로 확산을 위해 노력할 수 있을 텐데요. 그리하여

① '내'가 주변 사람을 이끌어 농활을 간다.

② '주변 사람'들이 또 다른 주변 사람을 이끌어 농활을 가게 한다.

③ 모르는 사람들이 주변 사람을 이끌어 농활을 가게 한다.

에서 출발할 수 있습니다. 다음 단계로 내가 소속된 모임과 나를 매개로 만들어진 모임들의 회원들이 모두 ①, ②, ③에 나서고, 이 세 가

지에 대한 홍보에까지 나선다면, 그리고 이것이 릴레이로 이어진다면 과연 농활은 확산될 것입니다. 이는 기부 등 어떤 나눔 활동에도 응용해볼 수 있는데요. 한 개인은 심지어 한 가지가 아닌 여러 활동에 대한 실천과 홍보를 동시에 시도할 수도 있습니다.

저는 누군가가 의도적으로 이와 같은 활동을 도모할 경우 그것이 어떤 측면에서는 유대인들을 구하기 위한 쉰들러의 노력 이상의 성과를 거둘 수 있다고 생각합니다. 이렇게 말하는 이유는 쉰들러가 유대인을 구하기 위해 분투한 것은 어찌되었건 혼자만의 활동이었기 때문입니다. 그런데 위에서의 제안은 혼자만의 활동이 아니라 수많은 사람들의 활동까지도 유도해내는 일입니다. 상황이 허락지 않았겠지만 만약 쉰들러가 자신만이 아니라 더 많은 사람들이 자신의 생각과 행동에 뜻을 같이하게 했더라면 목숨을 구한 유대인의 수는 그만큼 늘어났을 겁니다. 아마도 쉰들러가 살아 있을 당시에는 판매 다단계가 극성을 부리지 않아 그 활용 방법이나 효능을 잘 몰랐을지도 모르죠. 이러한 활동이 '제대로'만 이루어진다면 나눔 다단계는 심지어 트레버의 도움주기와 아이스 버킷 첼린지를 능가할 수도 있습니다. 왜냐하면 이들의 릴레이가 비교적 단선적으로 이루어졌음에 반해, 제가 말씀드리는 릴레이는 사람들의 인맥과 SNS 등을 이용해서 다차원적으로, 한꺼번에 많은 사람들을 대상으로 이루어질 수 있기 때문입니다.

저는 이러한 생각을 헛된 망상이라 여기지 않고, 또한 실패를 거듭한다고 해도 끝까지 포기하지 않고 시도해볼 것입니다. 설령 다단계 나눔 활동이 단 한 단계도 넘어가지 못하더라도 이와 같은 시도가 전혀 의미가 없지는 않을 것입니다. 실제로 제가 시도했던 농활 홍보를 통해 2015년 한 해 동안 학교 내에서 여섯 개의 팀이 농활을 개별적으로 갔다 왔으니 성과가 전혀 없었다고 할 수는 없을 겁니다.

SNS 등을 통한 나눔 홍보의 중요성

저는 설령 직접 나눔 활동을 하지 않는다고 하더라도 특정 활동을 널리 홍보하는 것 자체가 매우 의미 있는 나눔 활동이라고 생각합니다. 특히 이는 직접 활동을 할 만큼 시간적인 여유가 없고, 사람을 만나서 무엇을 하기가 힘든 사람들에게 적절한 활동인데요. 이는 투입되는 노력에 비해 파급 효과가 큰 활동입니다.

최근 자신의 뜻을 전달하고 공유할 수 있는, 과거에는 생각지도 못했던 방법이 탄생했는데, SNS를 이용하는 방법이 그것입니다. 예를 들어 페이스북을 이용할 경우 자신이 친구로 삼고 있는 수백 수천 명과 뜻을 나누게 됩니다. 그런데 우리가 단순히 홍보를 하는 데 머물지 않고 트레버, 혹은 아이스 버킷 챌린지의 경우처럼 홍보를 한 대상들에게 또다시 홍보를 부탁하고, 그렇게 부탁받은 사람들이 또다시 홍보를 하는 등 홍보를 이어갈 경우 순식간에 엄청난 사람들이 생각을 공유하게 됩니다. 예컨대 '팀을 결성해 농활을 가야 한다'는 말을 SNS상에서 자신의 수백 명의 친구들에게 전달한다면, 그리고 이것이 또 다른 수백 명에게 전달되어 적절한 실천을 유발해 낸다면 그 파급 효과는 어마어마할 것이라는 거죠. 나눔과 관련해 SNS상에서 이러한 홍보를 할 수 있는 것들은 많습니다. 만약 육식이 정당하지 못하다는 생각을 가지고 있다면 이의 부당성, 그리고 이와 관련된 실천 방안 등을 널리 알려보세요. 공정무역이 이루어져야 한다고 생각한다면 공정무역 제품, 음식 등이 무엇인지, 그것을 어떻게 살 수 있는지에 관한 정보와 공정무역을 도모할 수 있는 방법 등을 확산시키기 위해 노력해보세요. 그리고 여기에 머물지 않고 홍보 대상에게 자신과 동일한 방식의 홍보를 부탁한다면 공정무역을 촉구하는 여론 몰이에 유리한 상황이 만들어질 수 있으며, 이것이 시민단체 등의 활동과 결합할 경우 작은 노력을 통해 생각지도 못한 커다란 결과, 다시 말해 작은 노력으로 수많은 아프리카나 동남아 사람들에게 도움을 줄 수 있게 될 것입니다.

많은 사람들이 습관적으로 휴대전화를 들여다본다는 점을 감안한다면 SNS를 통해 홍보하는 것은 어려운 일이 아니면서도 파급 효과가 큰 활동입니다. 물론 SNS를 통한 홍보가 직접 대면해서 이야기하는 것에 비해 효과가 떨어지기는 하겠지만, 직접적인 나눔 활동이 부담이 된다면 적어도 홍보에 대해서라도 관심을 가져봅시다. 굳이 SNS가 아니라도 좋습니다. 적게는 주변 사람이나 만나는 사람에게라도 시도해볼 수 있지 않을까요? 주변에 나눔에 관심이 있는 사람들은 있기 마련이고, 그런 한두 명에게 뜻을 함께 하자고 이야기하는 것은 그리 어렵지 않습니다. 시작해보세요. 뜻밖의 엄청난 변화가 일어날 수도 있으니까요.

20

매우 중요한 나눔 활동,
기부

나는 독자 여러분께 바란다. 1,800만 명의 생명이 매년 죽어가는 세계, 충분히 살릴
수 있는 생명이 덧없이 꺼져가는 이 세계에서, 과연 어떻게 살아야 올바르게 사는 것
인지 한번쯤 생각해보시기를! 제2차 세계대전 동안 죽어간 사람보다 훨씬 많은 수의
사람들이 절대 빈곤으로 죽어가고 있다. [……] 이 무서운 현실을 되돌리기 위해 뭔
가 할 수 없을까?

– 피터 싱어·함규진 옮김, 『물에 빠진 아이 구하기』(산책자, 2014), 17~18쪽.

만약 봉사자가 아닌 나눔의 대상에게 초점을 맞춘다면 아마도 가
장 효과적이고도 실질적인 나눔의 방법은 기부일 것입니다. 실제로
수혜자에 국한해본다면 기부만큼 실익이 되는 활동은 그리 많지 않
을 것입니다. 기부가 적절히 이루어질 경우 수혜를 받는 측에서는 적
재적소에 기부금을 활용할 수 있기 때문에 직접적인 봉사활동 못지
않은 혹은 그 이상의 도움을 받게 됩니다. 예를 들어 유니세프의 기부
광고를 보면 "월 3만 원을 후원하시면 어린이 29명에게 영양실조 치
료식을 전달할 수 있습니다."라는 문구가 나오는데, 이는 커피 몇 잔
사 마실 돈으로 여러 아이들을 살릴 수 있다는 이야기입니다. 이처럼
그다지 큰 노력이 아님에도 적재적소에 기부가 이루어지기만 한다면

그 효익은 큰데요. 바로 이와 같은 이유로 나눔에 관심을 갖는 사람이라면 적극적으로 기부에 관심을 기울일 필요가 있습니다.

국내의 기부 현황

기부가 매우 의미 있는 나눔의 방법임에도 우리나라는 아직 기부 문화가 제대로 정착되지 못했습니다. 과거에 비해 기부를 하는 사람들이 늘어나긴 했어도 아직까지 보완되어야 할 점들이 많죠. 이와 관련해 예종석은 다음과 같이 주장합니다.

> 우리들의 베풂은 다분히 일회적이고 즉흥적이며 감상적이다. 우리나라에서 어려운 이웃을 돕기 위한 모금의 70%가 연말연시에 이루어진다는 사실이 그러한 사실을 웅변으로 말해주고 있다. 아직도 우리의 기부는 개인(30%)보다는 기업(70%) 중심이며, 정기적 기부자(18%)보다는 비정기적 기부자(82%)가 더 많다. 선진국의 기부는 우리와는 반대로 소액의 개인 기부가 중심이며 그것도 일회성이 아니라 꾸준히 기부하는 정기 기부가 대종을 이룬다. 선진국 시민들에 있어 기부는 일상적인 일이다. 소액기부라 하지만 미국인들은 연평균 140만원을 기부하는 데 반해 우리나라 사람들은 5만 7,900원을 기부하는 데 그치고 있다. 미국과 우리나라의 소득 격차를 감안하더라도 이는 크게 차이가 나는 액수다.[15]

정리하자면 우리 사회의 기부는 ①개인 중심이 아닌 기업 중심이고, ②정기적 기부보다 비정기적 기부가 훨씬 많다는 문제점을 안고 있다는 것입니다.

개인적으로 저는 더 많은 사람들이 나눔의 중요성을 인식하고, 어떤 방식으로든 기부를 하기만 한다면 그것이 개인이건 기업이건, 또는 정기적이건 비정기적이건 문제가 되지 않는다고 생각합니다. 만약 지금보다 많은 기부가 이루어져 그것이 누군가에게 실질적인 도움이 될 수만 있다면 그것만으로도 충분하다는 것이죠. 제가 관심을 갖는 것은 어떻게 하면 우리 사회에 기부 문화를 정착시킬 수 있는가라는 문제입니다. 예종석은 이 문제에도 관심을 기울이고 있는데, 그가 제안하는 방법은 크게 다섯 가지입니다.[16]

① 가진 자들의 모범적 기부가 많아져야 한다.
② 기부에 대한 교육이 가정과 학교 및 직장에서 상시 이루어져야 한다.
③ 기부를 장려할 수 있는 여건과 제도가 마련되어야 한다.
④ 기부의 대상이 되는 비영리 조직들의 투명성과 신뢰성 그리고 기부금을 보다 효율적으로 관리할 수 있는 역량이 강화되어야 한다.
⑤ 일반 시민들의 기부에 대한 적극적 참여를 유도할 수 있는 다양하고 혁신적인 프로그램들이 개발되어야 한다.

이러한 지적들에 유념하면서 동시다발적이면서 다차원적으로 기

---

15 예종석 지음, 『노블레스 오블리주-세상을 바꾸는 기부의 역사』(살림, 2006), 21~22쪽.
16 같은 책, 91~93쪽.

부에 대한 관심을 유도해내기 위해 합심해서 노력할 경우 우리 사회의 기부 문화는 제대로 뿌리 내리게 될 것입니다. 이하의 내용들은 더 많은 사람들을 기부의 길로 인도할 수 있는 방법에 대한 개인적인 생각을 적어본 것입니다. 제가 개인들의 기부와 관련해 말씀드리고 싶은 것은 크게 세 가지입니다.

①사람들을 최대한 기부에 끌어들여 최대한 많은 사람들을 돕자.
②이왕이면 가장 도움이 될 수 있는 기부를 하자.
③기부가 이루어지는 대상에게 적극적으로 관심을 갖자.

사람들을 최대한 기부에 끌어들이자

저는 기부할 때 혼자 남몰래 하기보다는 주변 사람들을 끌어 모아 함께 해보라고 말하고 싶습니다. 그것이 더 많은 사람들을 나눔에 동참시키는 방법이기 때문입니다. 이러한 방법으로 먼저 집에서는 식구들이 함께 기부를 해보기를 권합니다. 이는 자녀들에 대한 나눔 교육의 차원에서도 필요한데요. 부모가 기부를 하고 아이들 또한 용돈을 모아 적은 돈이라도 기부를 한다면 이것이 기부의 일상화, 나눔의 습관화로 이어질 것입니다.

가정을 넘어 우리는 학교나 직장에서 주변 사람들에게 함께 기부를 하자고 제안해 볼 수 있습니다. 이러한 기부는 여러 측면에서 긍정적입니다. 예를 들어 기부금을 많이 내기 힘든 사람들끼리는 적은 금액을 합쳐 기부를 할 수 있을 것인데, 이처럼 십시일반을 할 경우 혼자 할 때와는 달리 각자가 기부에 대해 어느 정도 의무감을 갖게 되며, 비정기적인 기부가 아닌 정기적인 기부를 할 수도 있을 겁니다.

이와는 별개로 우리는 가정, 직장, 학교 등에서 함께 하는 기부로 저금통 등을 이용한 소액의 공동 기부도 생각해볼 수 있습니다. 잔돈 등을 저금통에 모아 기부를 할 경우 언뜻 보기에는 적은 금액일지 몰라도, 이러한 기부를 하는 모임이 많아지면 결코 적지 않은 금액이 될 것입니다. 현재 이와 유사한 기부는 편의점 등에서 잔돈 기부통을 이용해 이루어지고 있기도 한데, 만약 이를 다른 장소에서도 적절히 활용한다면 티끌 모아 태산형의 기부가 될 것입니다.

그런데 이와 같은 기부가 이왕이면 어느 특정 집단에서만 이루어지는 데 머물지 않고, 확산된다면 더 좋지 않을까요? 그리고 '내'가 그 역할을 할 수 있지 않을까요? 기부 확산 주체로서의 나는 현재 속해 있는 이런저런 모임이나 집단의 사람들을 규합하여 기부 모임을 여럿 만들 수 있을 겁니다. 이럴 경우 기부에 참여하는 사람들의 수는 나를 매개로 늘어나게 되겠죠. 저는 이러한 기부 모임을 이용해 정기적으로 다른 봉사활동까지도 해봤으면 좋겠고, 거꾸로 봉사활동을 하는 모임이나 동아리의 경우 직접적인 방문 활동에만 초점을 맞추지 말고 성원들끼리 소액이라도 모아 기부를 해보면 좋겠습니다. 만약 봉사 모임이나 동아리가 지향해야 하는 바에 대해 조금만이라도 고민해본다면 기부까지 함께 하는 것이 좋다고 생각할 수밖에 없을 겁니다. 모이는 금액이 얼마나 될 것인지는 그다지 중요하지 않습니다. 사람들이 기부 습관을 들이고, 함께 한다는 것 자체가 중요한 것이죠.

　이것으로 끝이 아닙니다. 우리는 앞 장에서 이야기했던 다단계를 응용하여 더 많은 사람들의 기부를 이끌어내기 위해 노력해볼 수 있을 겁니다. 저는 아이들의 목숨을 살리는 기부를 가장 가치 있는 기부 중의 하나라고 생각하는데요. 기부 홍보물을 살펴보면 2~3만 원이면 한 달 동안 아프리카 아이에게 먹을거리를 제공할 수 있다는 이야기가 나옵니다. 이것이 사실이라면 우리가 커피를 사 마실 돈을 조금만 아낄 경우 아이들의 목숨을 살리는 기부를 할 수 있게 됩니다. 커피 한잔을 3천원이라고 한다면 열흘이면 3만원, 한 달이면 9만원. 커피 마실 돈을 아껴서 아이들을 위해 기부를 한다면 혼자서 세 명의 아이들의 목숨을 살릴 수 있는 겁니다. 결코 적지 않은 목숨이죠. 그런데 내가 혼자가 아니라 능력이 되는 범위 내에서 최대한 많은 사람들의 이와 같은 기부를 유도해냈다고 가정해봅시다. 그리하여 내가 가령 100명으로부터 2~3만원의 기부를 이끌어냈다고 생각해봅시다. 이 경우 나는 무려 100명의 목숨을 살린 격이 될 것입니다. 무려 100명의 목숨을! 이것은 결코 작은 일이라고 할 수 없습니다. 세월호 사건 때를 떠올려보세요. 수많은 학생들이 목숨을 잃은 것에 대해 우리는 너무나도 가슴 아파했습니다. 더욱 안타까웠던 것은 우리가 그 학생들의 목숨을 살릴 방법이 없었다는 것인데요. 때문에 우리는 마음 아파하면서 그저 상황을 지켜 볼 수밖에 없었습니다. 아마도 우리에게 아이들을 살려낼 수 있는 능력이 있다면 말할 것도 없이 우리는 아이들을 구하는 데 기꺼이 힘을 보탰을 겁니다.

　그런데 흥미롭게도 우리는 어떤 다른 상황에서는 좀처럼 이러한 의지를 가지려 하지 않습니다. 조금의 노력으로 생사의 갈림길에서 살아가고 있는 아이들의 목숨을 구할 수 있음에도, 만약 의지를 갖고 열심히 노력하면 적지 않은 아이들의 목숨을 살릴 수 있음에도 우리는 이에는 둔감한 편입니다. 왜 세월호 사건에 대해서는 그토록 안타까워했으면서, 막상 충분히 목숨을 살릴 수 있는 방법이 있고, 그 방법이 그리 어렵지 않은데 이를 외면하는 걸까요? 그들이 내가 모르는 아프리카의 아이들이기 때문인가요?

하지만 아이들의 목숨을 충분히 살릴 수 있음에도 우리나라 아이들이 아니라는 이유로, 그리고 내 책임이 아니라고 해서 수수방관을 한다면 이는 잘못이라 하지 않을 수 없습니다. 예를 들어 호숫가를 걷다가 호수 안을 들여다보니 수많은 아이들이 빠져서 허위적 거리고 있습니다. 내가 아이들을 물에 빠뜨린 것도 아니요, 내가 아는 아이들도 아닙니다. 하지만 이러한 상황에서 내가 모른 척 하는 것을 전혀 문제가 없다고 말할 수 있을까요? 내가 아이를 구할 수 있는 능력이 있음에도 나 몰라라 하는 것은 분명 잘못일 것입니다. 심지어 이는 내가 어느 정도의 불편함을 감수해야 한다고 해도 마찬가지입니다. 나는 많은 사람들의 기부를 이끌어 아이들을 최대한 구하기 위해 최대한 노력해야 할 것입니다.

우리가 '최대 다수의 최대 행복'이라는 기획에 따라 적극적으로 행동에 나설 경우 우리는 적지 않은 가난한 자들의 목숨을 살릴 수 있습니다. 예상치도 못하게 스스로 쉰들러가 되었다고 생각해봅시다. 아마도 나눔을 실천하면서 느낄 수 있는 어떤 경우보다도 큰 보람을 느낄 수 있을 것입니다.

이왕이면 가장 도움이 될 수 있는 기부를 하자

내가 1만 원을 기부한다고 가정해봅시다. 그리고 내가 기부를 할수 있는 대상이 ①부자, ②서민, ③빈자, ④극빈자 가운데 한 명입니다. 여기서 1만 원을 여러 명에게 나누어 줄 수 없다고 가정했을 때 내가 기부해야 할 대상은 누구일까요? 아마도 ④일 것입니다. 이와 같은 질문을 해본 이유는 우리의 선택 기준을 분명히 하기 위해서입니다. 우리가 부자에게 기부를 하지 않는 이유는 그들이 굳이 기부를 하지 않아도 잘 살 수 있는 능력을 갖추었으며, 그럼에도 기부를 한다면 그들이 불쾌해할 수도 있기 때문입니다. 반면 극빈자는 조금의 도움이라도 기꺼이 받으려 할 것이고, 이것이 그들에게 커다란 도움이 될수 있을 것입니다. 특히 먹지 못해 생존의 위협을 받는 아이들에게 1만 원을 가지고 먹을거리를 마련해준다면 그 아이들은 굶어죽는 최악의 상태에서 벗어나게 될 겁니다. 반면 어렵게 살아가긴 하지만 기초생활 수급자라 나라에서 약간의 돈이 나오는 사람이 있다고 가정해봅시다. 내가 그에게 1만 원을 기부할 경우 이는 그의 생활에 어느 정도 도움이 될 겁니다. 하지만 1만 원이 없다고 해서 생존이 불가능할 정도는 아닐 겁니다. 이처럼 어떤 사람에게는 1만 원이 어느 정도 도움이 될 수 있고, 또 어떤 사람에게는 생존에 절실한데, 이 상황에서 기부금을 가장 보람 있게 쓸 수 있는 곳이 어디인지는 굳이 말하지 않아도 되겠지요.

저는 적은 금액으로 목숨을 살릴 수 있는 소중한 기부에 사람들이 적극적으로 나섰으면 좋겠고, 혼자만이 아니라 사람들을 이끌어서 함께 기부를 해나가면 좋겠습니다. 그리고 이왕이면 생사의 기로에 선 아이들이 궁극적으로 남의 도움 없이 살아가는 데에 도움을 줄 수 있으면 좋겠습니다. 이는 좀 더 근본적으로 아이들의 고통을 근절하는 데에 도움을 주는 방법인데요. 예컨대 먹고 나면 아무것도 남지 않아 도움을 계속 받을 수밖에 없는 데에 기부를 하기보다는, 자신들이 농사를 지어서 먹을거리를 마련할 수 있도록 하는 데에 기부를 했으면 한다는 것이죠. 가뭄으로 인해 농사를 지을 수 없다면 지하수를 파서 농사를 짓도록 만들어주고, 심을 묘종이 없으면 묘종을 공급하는 데에 기부를 하는 것은 그들이 좀 더 근본적으로 기아에서 벗어날 방법을 마련해주는 것입니다. 우리가 살아가면서 많은 사람들을 이끌어 이런 기부를 하게 하는 것 이상으로 보람 있고 소중한 일을 하는 경우가 얼마나 될까요? 많은 아이들의 목숨을 살리는 영웅이 되어보세요. 요즘 리더, 리더 하는데 리더가 따로 있나요? 수많은 아이들을 구하는 사람이야말로 진정한 리더이죠.

한마디 덧붙여야 할 것은 제가 2~3만 원으로 살릴 수 있는 아이들에게 기부하는 것만이 가치 있다고 말하는 것은 아니라는 것입니다. 기부를 통해 남을 돕는다는 것은 어떤 경우에도 칭찬받아 마땅합니다. 그러니까 아프리카나 동남아의 굶주림에 허덕이고 있는 아이들을 돕는 것은 옳고, 나머지 기부는 그른 것은 아니라는 거죠. 저는 누구를 위한 기부이건 기부는 거의 대부분 좋다고 생각합니다. 다만 좋은 것, 더 좋은 것, 더더 좋은 것, 더더더 좋은 것이 있을 수 있고, 기부를 할 때에도 나름의 기준을 마련한다면 좋겠습니다.

기부 대상에게 적극적으로 관심을 갖자

마지막으로 저는 구체적으로 누구에게 기부를 하는지 확실하게 알 경우 상대에 대해 관심이 높아지면서 그 기부에 더욱 정성이 담기리라 생각합니다. 이렇게 이야기하는 이유는 우리가 흔히 혈연이나 잘 아는 사람에게 더욱 관심을 갖기 때문인데요. 예를 들어 내 아이, 내 친구가 아프리카나 동남아의 어느 곳에서 극도의 고통 속에 살아가고 있다면 우리는 절대로 무관심할 수 없습니다. 설령 내 혈연, 친지가 아닌 내가 아는 사람이 그와 같은 상황에 놓여 있다고 해도 우리는 결코 수수방관하지 않을 겁니다.

만약 이것이 사실이라고 한다면 우리는 기부 대상에 관심을 갖기 위해 노력해야 합니다. 만약 호수에 빠진 아이의 경우처럼 눈에 보이는 경우에 대해서는 관심을 갖지만 보이지 않는 곳에서의 고통에는 관심을 갖기 힘들다면 거꾸로 보이지 않는 곳의 상황을 보기 위해 노력해야 하고, 이를 통해 그들에 대한 자연스러운 관심을 가지려 해야 하지 않을까요? 이와 같은 노력을 통해 상대에 대한 사랑이 조금씩 생긴다면 형식적으로 기부금을 보내주는 것을 넘어 상대의 진정한 행복을 바라고, 이를 위해 할 수 있는 일에 관심을 갖게 될 것입니다. 그리고 여기에서 나눔의 보람과 행복을 느낀다면 이것이 나눔의 가치치기로 이어지게 될 겁니다.

현재 이루어지는 다양한 방식의 기부가 얼마만큼 기부 대상에게 관심을 갖는 데에 도움이 되는 방안들을 마련하고 있는지는 잘 모르겠습니다. 하지만 만약 기부 수혜자와 직간접적으로 교류를 하고, 친분을 맺을 수 있다면 아마도 기부자는 훨씬 능동적이고 즐거운 마음으로 기부를 하게 될 겁니다. 실제로 상대와 친해졌을 경우 상대는 나에게로 와서 꽃이 되고, 나는 그 꽃을 자연스레 소중하게 생각하게 됩니다. 이때 나는 상대의 행복을 위해 무엇을 할 것인가를 고민하게 되겠죠.

> 내가 그의 이름을 불러주기 전에는
>
> 그는 다만
>
> 하나의 몸짓에 지나지 않았다.
>
> 내가 그의 이름을 불러 주었을 때,
>
> 그는 나에게로 와서
>
> 꽃이 되었다.
>
> — 김춘수의 「꽃」 중에서

얼마 전 한 동생에게서 연락이 왔습니다. 시설에서 지내던 친구였는데 현재는 인천에 살고 있습니다. 정신적인 문제로 먹는 약을 바꾸어야 하는데 백혈구 감소 가능성 때문에 걱정이 된다고 제가 의사 선생님을 한번 만나봤으면 한다고 그러더군요. 부리나케 달려가 의사 선생님을 만났습니다. 의사 선생님은 제게 그 동생과 혈연도 아닌데, 또 전화로 문의해도 될 텐데 어떻게 이렇게 멀리까지 왔냐고 물으시면서 동생과 저와의 관계에 대해 궁금해하셨습니다. 사실 저로서는 별로 이상할 것이 없었습니다. 그저 동생이 불안해하는 것이 걱정이 되었을 뿐이고, 때문에 달려간 것이니까요.

저는 친분을 쌓다 보면 누구나가 자연스레 이처럼 상대의 일상에 관심을 갖게 되고, 상대가 힘들 때 도움이 되려 하며, 상대에게 도움이 되었을 때 작은 행복을 느끼리라 생각합니다. 작은 행복은 상대에게 또 다른 도움을 주고자 하는 계기가 되겠죠. 저는 상대가 처해 있는 상황을 잘 알게 될 경우 기부를 하는 마음가짐에서도 유사한 변화가 일어나리라 생각합니다. 여러분들이 기부를 어떻게 생각하는지와 무관하게, 기부는 혜택을 받는 측에 확실하게 도움이 되는 매우 소중한 나눔의 방법입니다. 때문에 저는 설령 그 의미를 충분히 느끼지 못하고 있다고 하더라도 그 의미를 느끼기 위해 노력해야 한다고 생각하며, 이를 위한 한 가지 방법으로 수혜자와 그의 처지를 잘 알아야 한다고 말하고 있는 것입니다. 저는 사람들이 기부를 긍정적으로 생각할 수 있는 다양한 방안들이 마련되어 더 많은 기부가 이루어지길 바랍니다. 이를 위해서는 단지 기부자뿐만이 아니라 기부를 매개하는 기관 또한 사람들이 기꺼운 마음으로 기부를 할 수 있도록 도움을 주어야 할 것입니다.

21

기부와 일을 결합한
나눔 활동 제안

　제가 기부에 관심을 갖고, 이를 널리 확산시키고 싶어하는 이유
는 현재 우리나라에 실질적으로 수혜자에게 도움이 되는 나눔 프로
그램이 많지 않다고 생각하기 때문입니다. 만약 나눔 활동을 하는 사
람이나 나눔 수혜자 모두에게 명실상부하게 도움이 되는 프로그램이
많이 있다면 제가 이렇게까지 기부에 대한 이야기를 하지 않을지도
모릅니다. 물론 학교마다 봉사 시간을 의무화하는 등 제도적인 장치
를 마련하여 나눔 활동을 장려하고 있는 것은 분명 사실입니다. 하지
만 이로 인해 형식적인 활동만 많이 늘어난다면 그것이 과연 누구에
게 도움이 될지 한 번쯤 생각해봐야 합니다. 제도가 마련되었다는 데
에서 만족하고 안주할 것이 아니라 이제는 봉사자와 수혜자 모두에

게 실질적인 도움이 되는 방법들을 적극적으로 모색할 필요가 있죠.

앞에서 언급한 바와 같이 수혜자 입장에서 보자면 기부는 가장 도움이 되는 나눔 활동 가운데 하나입니다. 그럼에도 이는 기부를 하는 사람들의 나눔 의지를 촉발하는 데에는 다소 미흡해 보입니다. 실제로 자동이체 등을 통해 기부가 이루어질 경우 사람들은 좀처럼 수혜자에게 관심을 갖게 되지 않습니다. 그저 부지불식간에 통장에서 돈이 빠져 나갈 따름이죠. 이러한 문제를 해결하기 위한 방법으로 기부금을 받는 쪽에서 소식지나 편지 등을 보내주어 계속적인 관심을 유발하고자 하지만 다소 모자란 듯한 느낌입니다.

또한 돈을 벌지 못하는 젊은이들에게 금전적인 기부는 부담이 될 수 있습니다. 젊은이들은 부모님께 용돈을 받아 쓰는 경우가 많고 대개 금전적으로 넉넉지 못합니다. 때문에 직접 봉사활동을 하기 어려운 젊은이들에게 무턱대고 기부를 권유하는 것은 썩 훌륭한 활동 제안이라고 말하기 힘든 측면이 있습니다.

이러한 문제를 피하려면 어떤 방법이 가능할까요? 이를 위한 방법으로 생각해볼 수 있는 한 가지는 노동이나 작업을 통해 나눔을 실천했다는 느낌을 받을 수 있는 방법을 마련하고, 그러한 노동의 대가를 기부에 활용하는 것입니다. 이를 위한 방법으로 제가 염두에 두는 것은 작업장 기부, 농장 기부, 아르바이트 기부, 그리고 공공근로 기부입니다. 앞 장에서의 제안이 개인적인 기부와 관련된 것이었다면 이들은 복지시설이나 교육기관, 회사나 구청 등이 봉사자들에게 제공하는 일종의 봉사 프로그램입니다. 만약 이와 같은 기부가 이루진다면 이는 봉사자와 나눔 수혜자 모두에게 만족을 줄 수 있는 나눔 프로그램이 될 겁니다. 특히 이러한 기부는 봉사자들에게 일의 보람과 기부라는 두 마리 토끼를 동시에 잡게 해줄 것입니다. 일단 들어보고 만약 괜찮은 생각 같다면 이를 널리 알려서 학교나 기관 등이 실행에 옮길 수 있도록 함께 노력했으면 합니다.

작업장 기부

작업장 기부란 학교나 복지관, 시설 등에서 작업장을 마련하고, 기업 등으로부터 부품 조립 등 단순 작업거리를 가져와 봉사자들에게 일을 하게 해서 봉사자들이 일한 만큼의 금액을 기부하게 하는 것을 말합니다. 이러한 작업장이 마련될 경우 봉사자들은 시간이 나는 대로 작업장에 찾아가 작업을 함으로써 기부를 하게 될 것이며, 이는 노동과 기부를 연결하는 프로그램이기 때문에 봉사자들에게 무엇인가를 했다는 느낌을 줄 수 있습니다. 이는 봉사에 대한 의욕, 그리고 스스로가 좋은 일을 하고 있다는 의식을 고무할 수도 있습니다.

이러한 기부는 면대면 봉사가 아니기 때문에 봉사자의 마음가짐이 수혜자에게 줄 수 있는 부정적인 영향을 줄일 수 있고, 지속적인 활동에 부담을 느끼는 봉사자들을 흡수할 수 있는 장점이 있으며, 일거리만 마련된다면 많은 사람들이 한꺼번에 방문해도 별다른 문제가 생기지 않습니다. 또한 봉사 의욕을 고취시킬 수 있는 일정한 환경이 마련될 경우 봉사자와 봉사 수요자가 모두 만족하는 활동이 될 수 있으며, 이러한 작업장이 학교나 복지관 등 사람들이 방문하기에 어렵지 않은 곳에 위치한다면 장소 이동에 대한 부담까지도 덜 수 있습니다. 만약 이러한 작업장을 별도로 마련하기가 쉽지 않을 경우 기업에서 작업 장소를 만들어놓고 봉사자들을 모집하는 방법도 생각해볼 수 있을 텐데요. 이와 같은 역할을 맡을 경우 기업은 "기업 이미지 및 브랜드 가치를 제고시키고, 이것이 그 기업 제품의 재구매로 이어져 더 큰 이익을 창출하는 긍정적인 결과"[17]를 낼 수도 있습니다.

이러한 작업장은 봉사자가 실제로 봉사를 하고 있다는 느낌을 받을 수 있는 환경을 마련할 필요가 있습니다. 예컨대 이러한 작업장에는 기부를 받을 사람들의 생활 등을 보여주는 홍보물이나 다큐멘터리를 볼 수 있는 장치들, 기부를 받는 사람들이 직접 보낸 편지나 사진 등을 전시함으로써 봉사자들의 의욕을 높여야 할 것입니다.

기부 작업장이 만들어질 경우에 예상되는 문제점은 일거리를 어느 정도까지 끌어올 수 있는지가 확실치 않다는 것입니다. 또한 이러한 작업장에서 할 수 있는 일들은 제한적일 것입니다. 예컨대 복잡한 제품을 만들면 불량품이 많이 발생하여 기업 입장에서는 도움이 되지 않을 수 있으며, 이 때문에 대부분의 작업들은 매우 단순한 것들일 수밖에 없습니다. 이 경우 시간당 또는 제품당 책정되는 대가가 적어 기부다운 기부가 이루어지지 못할 우려가 있습니다. 한편 이러한 작업장이 다수 마련될 경우 단순 작업을 통해 생계를 꾸려가는 서민들에게 자칫 피해를 줄 가능성도 있습니다. 다시 말해 이러한 작업장으로 인해 일거리를 잃어버리는 서민들이 생길 수도 있다는 것입니다. 이

---

17 김덕용, 「기부 문화와 행복 고찰」, 『교양논총』 제7권, 2012, 57쪽.

와 같은 문제점들만 보완한다면 기부 작업장은 봉사활동을 하고자 하지만 지속적으로 하기 어려운 사람들에게 봉사활동 기회를 마련해줄 수 있습니다. 특히 공익에 활용되는 무엇인가를 작업장에서 하고, 노동의 대가를 기부에 활용한다면 일거양득의 효과를 거둘 것입니다.

농장 기부

농장 기부는 일반 농민들을 대상으로 일손을 돕는 것이 아니라 기부를 위한 농장을 마련해놓고, 이 장소를 방문하는 개인이나 모임, 단체 등이 작업을 해서 나오는 수익을 기부하는 것을 말합니다. 이는 단기 농활을 응용한 활동으로, 만약 이와 같은 농장을 도시와 가까운 곳에 마련할 수만 있다면 봉사자들이 적절한 봉사활동 장소로 이용할 수 있습니다. 이러한 기부는 단기 농활의 장점을 그대로 가지고 있으면서, 동시에 기부를 통해 나눔을 실천할 수 있는 장점도 가지고 있습니다. 나아가 이러한 활동은 개인이 아무 때나 방문하여 활동을 할 수 있으며, 면대면 활동이 아니라 작업에 초점이 맞추어진 활동이기 때문에 봉사자들이 일정한 기간 지속적으로 활동을 해야 하는 부담을 갖지 않을 수도 있습니다.

이러한 기부에서는 수확에 오랜 시간이 걸리고, 수확량의 정확한 산출이 어렵기 때문에 기부 금액을 확실하게 정할 수가 없습니다. 따라서 농장 기부는 활동이 이루어질 때마다 기부금을 계산할 것이 아니라 봉사활동 시간만을 인증해주어야 할 것이며, 수확이 끝나고 나서 유지비 등의 비용을 제외한 기부 가능한 금액을 봉사자들에게 고지하고, 승인 절차를 거쳐 이를 기부하는 방법을 마련해야 할 것입니다.

이러한 활동이 제대로 이루어지게 하기 위해서는 기부가 구체적으로 어디에, 어떻게 활용되는지를 알려주는 인터넷 사이트가 필요하며, 구청이나 학교 등에서 농장을 왕복하는 버스를 정기적으로 운행하여 사람들이 참여할 수 있게 도와야 할 것입니다. 무엇보다도 이와 같은 기부가 활성화되려면 설령 일회성 봉사자들이라고 하더라도 많은 봉사자들이 방문하여 작업이 끊이지 않아야 실효성이 있습니다. 만약 활동이 간헐적으로만 이루어진다면 농장을 관리하는 사람들이 나머지 작업을 해야 하고, 그 사람들에게 적지 않은 인건비를 지급하게 됨으로써 사실상 기부가 이루어지지 못할 수도 있습니다.

이러한 유형의 기부 농장과는 다소 다르게 만약 특정한 복지시설이나 단체가 농장을 마련할 수만 있다면 이를 기부 농장으로 활용할 수 있습니다. 예컨대 A라는 복지시설이 농장을 소유하고 있고, 그 농장으로 사람들이 가서 일손을 돕는다면 그 시설은 농장에서 나오는 수익을 시설 운영에 활용할 수 있게 될 것입니다. 이러한 농장이 반드시 시설 근처에 있을 필요는 없습니다. 농장과 시설을 연결하는 셔틀버스를 운행할 경우 시설 봉사를 온 사람들은 농장에서 일을 함으로써 그 시설에 도움을 주게 될 것입니다. 그런데 만약 이것이 가능하다면 도시 등에 있는 시설이나 단체가 굳이 농장이 아니라고 하더라도 일정한 공간을 마련하고 봉사자들에게 현금화할 수 있는 작업 거리를 제공함으로써 재정적인 도움을 받는 방법도 생각해볼 수 있습니다. 이러한 작업장 또한 시설이나 단체 내에 있어야 할 필요는 없습니다. 만약 특별한 재정적 부담 없이 활용할 수 있는 장소라면 어디든 상관이 없을 것입니다.

아르바이트 기부

아르바이트 기부는 말 그대로 아르바이트를 해 기부를 하는 것을 말합니다.[18] 이러한 기부는 자신이 가지고 있는 재능이나 인력을 제공함으로써 이루어지는데, 그 방법으로 생각해볼 수 있는 것은 두 가지입니다. 첫 번째는 어떤 기관을 경유하지 않고 직접 아르바이트를 해서 번 돈의 일부를 기부에 활용하는 방법입니다. 이러한 방법의 기부는 새로울 것이 없습니다. 실제로 뜻만 있으면 누구나가 아르바이트를 하고 수입의 일부를 기부할 수 있습니다. 이처럼 그다지 새로울 것이 없음에도 이러한 기부가 제대로 이루어지지 않는 이유 중의 하나는 이러한 활동이 별다른 동인(動因)을 갖지 않기 때문입니다. 이와 같은 기부를 유도할 수 있는 방법은 학교 등에서 이를 봉사활동 점수로 인정해주는 것입니다. 주지하다시피 대학생들이 봉사활동을 하는 커다란 이유 중의 하나는 이를 장학금, 학점, 스펙 등에 활용할 수 있기 때문입니다. 만약 기부를 봉사 점수로 인정해주기만 한다면 아르바이트 기부가 이루어지는 것은 그리 어렵지 않을 것입니다.

이러한 활동이 파행적으로 이루어지지 않게 하기 위해서는 일정한

---

18 여기에서는 대체로 대학생들에 초점을 맞추고 있는데, 이를 다소 응용하면 대학생 외의 일반인들도 이와 같은 기부가 가능할 것입니다.

조치가 필요합니다. 예컨대 부모에게 손을 벌려 기부하는 것을 막기 위해 학기가 시작되기 전에 아르바이트 기부를 학교에 신청하고, 학기가 끝날 즈음에는 아르바이트를 했다는 증명서와 기부 내역을 제출하여 봉사 점수나 봉사 시간을 인정받는 방법을 생각해볼 수 있습니다. 이러한 기부는 민폐가 될 수 있는 활동을 피할 수 있고, 지속성이 없어도 봉사 수요자들에게 어느 정도 도움이 될 수 있습니다. 또한 자신이 편하게 생각하는 아르바이트를 해서 기부를 하는 것이기 때문에 기부자의 입장에서도 크게 부담을 느끼지 않을 것입니다.

그럼에도 전적으로 기부만으로 봉사 시간이나 점수를 받게 하는 것은 바람직하지 않을 듯합니다. 그 대안으로 가령 채워야 할 열 시간의 봉사활동 시간 중 기부로 채울 수 있는 시간을 한두 시간 정도로 제한하고, 돈의 액수를 정하지 않고 꾸준히 몇 개월 동안을 계속 기부를 했을 경우에 시간을 인정하는 등의 방법을 생각해볼 수 있습니다.

이러한 활동은 봉사자가 봉사활동을 한다는 느낌을 갖기 힘들기 때문에 나눔에의 의지를 다지는 효과를 거두기 쉽지 않으며, 이러한 문제에 대한 해결책을 마련하는 것도 간단치 않아 보입니다. 그럼에도 기부를 통해 사람의 목숨을 살릴 수 있다는 등 기부의 장점을 강조하는 방안을 마련한다면 문제는 어느 정도 해소될 수 있을 것입니다.

두 번째 유형의 기부 아르바이트는 학교나 단체 또는 시설의 담당 직원이 인터넷 사이트를 통해 일거리에 대한 정보를 제공하고, 아르바이트 기부를 하고자 하는 사람들은 이 중에서 원하는 일을 선택하여 하고 난 뒤 일정액을 기부하는 것입니다. 이 때 담당 직원은 기부 아르바이트를 하고자 하는 사람과 일거리를 요청하는 사람을 매개해주는 일, 그리고 기부 대상을 정해 기부하는 일 등의 제반 업무를 맡게 됩니다.

이와 같은 방식의 기부에서는 아르바이트 기부를 하고자 하는 사람들이 사이트나 사무실 등을 통해 수혜 대상을 소개받고, 그들이 살아가는 모습, 감사 인사가 담긴 동영상 등 비교적 상세한 정보를 제공받을 수 있을 것입니다. 또한 기부자들은 사이트에 올려놓은 나눔에 대한 직간접적인 교육 자료를 통해 나눔에 대한 생각을 다질 수도 있습니다. 이는 중개자가 중간에 끼어 있지 않은 기부 아르바이트에 비해 기부자의 나눔 의욕을 고취시키고, 나아가 계속적으로 나눔에 관심을 갖게 하는 데에 도움을 줄 수 있는 장점이 있습니다. 또한 편의점 아르바이트에서부터 번역이나 영작, 회화 등 비교적 전문적인 일에 이르기까지 대학생들이 할 수 있는 일 위주로 일거리가 제공되기 때문에 저소득층의 일거리를 빼앗지 않게 될 텐데, 이는 이러한 기부의 또 다른 장점입니다.

이러한 기부를 활성화하기 위해서는 기관이나 단체가 일정한 역할을 해주어야 합니다. 만약 이러한 활동을 봉사활동 점수 등으로 인정해주지 않는다면 사람들이 별다른 관심을 갖지 않을 것이기 때문입니다. 또한 이러한 기부가 힘을 받으려면 이의 필요성과 이유 등에 대한 적극적인 홍보가 이루어져야 하고, 이것이 진정으로 의미 있는 활동임이 널리 알려져야 합니다. 이러한 기부는 첫 번째 유형에 비해 나눔에 대한 동인을 갖게 하기 때문에 교육 효과를 거둘 수 있습니다. 반면 이를 전담하는 직원이 필요하고, 그러한 직원이 맡아야 할 일들이 적지 않을 수 있습니다. 또한 기부자들이 함께 할 수 있는 일도 있겠지만 대체로 하는 일은 개인적인 일일 것이며, 작업 장소가 직접적으로 나눔이 이루어지는 현장이 아니기 때문에 기부자가 나눔을 실천하고 있음을 실감하기가 어려울 수 있습니다. 그럼에도 이는 현재 이루어지고 있는 봉사활동의 문제점을 어느 정도 해결할 수 있는 장점이 있는, 채택해볼 만한 방안입니다.

공공근로와 기부의 연결

이 밖에 제가 생각해본 기부 방법은 공공근로와 금전적인 기부를 연결하는 것인데요. 이는 공공 기관이 공익에 도움이 되는 일거리를 제공하고, 여기에서 나오는 급여나 수당 등을 기부에 활용하는 것을 말합니다. 이는 당장 실현하는 데에 어려움이 있습니다. 현재 공공근로가 사회 약자들에게 일거리를 제공하는 데 활용되고 있기 때문인데요. 이를 일반인들의 기부에 활용하려 할 경우 사회 약자들의 생계를 위협하게 되는 문제가 발생합니다. 이렇게 보았을 때 지금 당장 공공근로와 금전적 기부를 연결하는 것이 그리 쉽지만은 않습니다. 그럼에도 공공 기관에서 필요한 일들 중 사회 약자들이 하기 어렵거나 사회 약자들만으로는 인력이 충당되지 않는 것들이 있을 수 있고, 여기에 기부를 위한 봉사자가 투입될 수 있을 것입니다. 이와는 별개로 기부 봉사자를 위해 일거리를 만드는 방안도 생각해볼 수 있는데, 만약 적극적으로 시도해볼 경우 이러한 방식의 기부가 불가능한 것만은 아닐 겁니다.

　만약 이러한 기부 방법이 실현된다면 일이 마무리되는 시점에 기부금 전달식을 통해 기부 근로 대표가 약정한 금액을 공공 기관에 전달하는 상징적인 절차가 마련되어야 할 것입니다. 이는 봉사자에게 보람된 일을 했다는 느낌을 준다는 측면에서도 반드시 필요합니다. 또한 기부 근로 공모를 할 때 수당이나 급여가 전적으로 기부에 사용된다는 사실을 공지해야 할 것이고, 구체적으로 어디에, 어떻게 사용될 것인지 등에 대해서도 충분히 알려야 하며, 기부자들이 기부 사실을 확인할 수 있는 방법도 마련되어야 할 것입니다. 이렇게 해서 기부금을 전달받을 경우 관할 공공기관은 다양한 용도로 이를 활용할 수 있을 겁니다. 예컨대 이는 관내의 어려운 이웃들을 위해 쓸 수 있을 텐데, 이러한 방식으로 기부가 이루어질 경우 어설프게 이루어지는 봉사활동보다 훨씬 효과가 클 것입니다.

　이러한 근로 기부를 굳이 공공기관이 담당할 이유는 없습니다. 예컨대 기업이나 교육기관 등도 근로 기부를 위한 일거리를 마련해볼 수 있는데, 만약 사람들이 원하는 바를 보완하고, 기부금이 투명하게 집행되기만 한다면 많은 사람들이 기부에 동참하게 되어 훨씬 의미 있는 이웃돕기가 이루어질 수 있을 겁니다. 여러 기관들이 이러한 활동이 가능할 수 있도록 적극적으로 나섰으면 좋겠습니다.

누구나, 소액이라도 할 수 있는 기부를 꿈꾸며……

아래 글은 제가 모 기부 단체에 보낸 메일입니다.

개인적으로 나눔을 널리 확산하는 것이 삶의 목표이고, 그 하나로 학생들과 함께 할 수 있는 프로그램을 만들어내고자 이런저런 생각을 해봅니다. 그런데 학생들의 상황을 감안하면 생각보다 실질적으로 도움이 될 수 있는 나눔 프로그램이 많지 않더군요. 결국 기부를 유도하는 것이 실질적으로 누군가에게 도움이 될 수 있는 방법이라 생각을 하게 되었습니다.

문제는 대부분의 단체들이 기부금의 최저선을 정해놓는 바람에 학생들이 부담을 느껴서 참여를 하기가 만만치 않다는 것인데요. 물론 최저선을 정해놓은 것은 어느 정도 이해가 가는 부분입니다. 그럼에도 학생들에게 나눔 교육을 시키고자 한다면, 나아가 학생들이 돈을 벌게 되어서도 계속 기부를 할 수 있게 하려면 어떤 방식으로든 학생들에게 기부 습관을 만들어 주는 것이 중요하다는 생각이 들더군요.

그래서 한 가지 질문 또는 부탁을 드리는데요. 혹시 기부함 또는 기부 저금통 개념의 기부를 할 수 있는 방법은 없을까요? 예를 들어 '숙명여대 기부 천사들'이라는 계좌 또는 기부할 곳을 하나 만들어놓고 아프리카 아이들에게 우물을 파주겠다는 목표를 정합니다. 그리고 목표 금액을 정해서 학생들이 원할 때, 금액에 구애받지 않고 기부를 하게 합니다. 그래서 정해놓은 목표액이 채워지게 되면 그 금액을 정해놓은 목표에 사용하도록 하는 것이죠. 만약 상위 폴더가 '숙명여대 기부 천사들'이라면 경영학과, 경제학과 등 학과나 동아리, 또는 여러 명의 기부 대표

학생 이름 등의 하위 폴더를 만들어 관리를 하면 효율적으로 관리가 이루어질 것 같습니다. 적극성을 가질 것 같기도 하고요.

이런 방식으로 기부가 이루어질 수 있으면 학생들이 졸업을 하고서도 계속적으로 목표를 가지고 기부를 할 수 있을 것 같고, 새로 학교에 들어오는 학생들까지 기부에 동참할 경우 기부를 하는 사람들이 계속적으로 늘어날 수도 있을 것 같습니다. 홍보만 잘 되면 단지 숙명여대뿐만 아니라 훨씬 많은 중고등학교를 포함한 대학, 각종 단체들이 이를 채택하게 될 수도 있을 것 같고요.

이러한 제안은 퇴짜를 맞았고, 그것이 이상하다는 생각이 들지는 않았습니다. 그럼에도 제가 이와 같은 제안을 하는 데에는 나름의 문제의식이 있었던 건데요. 젊은이들이 기부를 하는 데 겪는 어려움 중의 하나는 대부분의 기부 단체들이 기부 금액의 최저선을 정해놓는 바람에 기부를 하기가 그리 녹록지 않다는 것입니다. 이처럼 최저선을 정해놓는 것은 어느 정도 이해가 가는 부분입니다. 그럼에도 젊은이들에게 나눔 교육을 하려면, 나아가 젊은이들이 돈을 벌게 되어서도 계속 기부를 할 수 있게 하려면 어떤 방식으로든 학생들에게 기부습관을 만들어주는 것이 중요할 수 있습니다. 그래서 이러한 메일을 보냈던 것이죠.

저는 이러한 생각을 아직 포기하지 않았고, 공신력 있는 단체에 계좌를 개설해달라고 부탁해 누구나, 소액이라도, 이왕이면 팀을 만들어 기부를 할 수 있도록 해보려 합니다. 만약 이것이 가능해져서 학교나 회사, 종교 단체 등에서 과나 부서, 동아리나 모임별로 기부금을 모을 수 있게 된다면 기부에 관심을 갖는 사람들이 늘어나겠죠.

제가 생각해본 기부 활성화 방안은 여기까지입니다. 여러분들도 기부 활성화에 도움이 되는 방안들을 생각해보세요. 만약 그러한 방안들을 생각해내기 힘들다면 위에서 제가 이야기한 것들이라도 현실화될 수 있도록 힘써보면 좋겠습니다.

22

일상 속에서의 작은 배려도
나눔 활동이다

어머니의 부드러운 손길은 지금까지 내가 해온 일과, 지금하고 있는 일과, 앞으로 할 일에 잴 수도 없을 만큼 큰 영향을 미쳤습니다. 어머니의 다정한 마음이 지금까지 나였던 사람과, 지금 나인 사람과, 앞으로 나일 사람의 마음에 지울 수 없는 자국을 남겼습니다. 그래서 어머니는 내가 이루어낸 업적과 지금 나라는 사람의 한 부분입니다.
– 잭 캔필드 외·김원영 옮김,『어머니의 사랑은 동그라미처럼 시작도 끝도 없다』(이레, 1999), 5쪽.

우리는 흔히 나눔이라 하면 장애인, 홀몸 노인, 결손가정 아동 등을 생각하며, 정기적으로 이들을 방문해 활동하는 것을 떠올립니다. 사회 약자에 대한 배려라는 측면에서 볼 때 이것이 잘못된 생각은 전혀 아닙니다. 실제로 우리는 이와 같은 상대와 무엇인가를 할 때 이러한 단어들을 사용합니다. 우리는 이들을 방문함으로써 뿌듯함이나 보람을 느끼고, 이러한 활동을 하고서야 봉사활동을 한 것이라고 생각합니다.

그런데 아쉽게도 많은 사람들은 이에 적극적으로 관심을 갖지 못하는 편이며, 설령 관심이 있다고 해도 막상 나눔 활동을 하기가 그리 쉽지만은 않습니다. 특히 직장 생활을 하는 사람들이 주중에는 말할 것도 없고, 새로운 주를 준비하기 위한 휴식이 필요한 주말을 이용해 봉사활동을 하기란 매우 어렵습니다. 심지어 아르바이트, 과제, 취업 등으로 정신없이 바쁜 대학생을 포함한 젊은 사람들도 정기적으로 나눔 활동을 하기란 쉬운 일이 아닙니다. 바로 이것이 나눔 활동과 관련해 우리 사회의 성원들이 처해 있는 딜레마입니다. 상황이 이러하다면 결국 나눔 활동을 포기해야 하는 것일까요?

제가 말씀드리고 싶은 것은 굳이 어떤 시설이나 장소를 방문하는 것만이 봉사 또는 나눔이 아니라는 것입니다. 봉사 또는 나눔은 ①타인에 대한 배려와 관심이 바탕에 자리 잡고 있는 활동으로, ②사회 약자의 처지를 개선하는 데에 목적이 있는 활동입니다. 여기에서 사회 약자라는 조건이 붙는 것은 그들이 대개 고통이 일상화된 삶을 살아가기 때문인데요. 제 생각에 이와 같은 배려와 관심의 대상을 굳이 사회 약자로 국한할 필요는 없습니다. 다시 말해 일상적인 의미를 다소 벗어나지만 우리가 대상이 누구이건 그 사람의 고통을 나누고 행복을 도모한다면 그것만으로도 나눔을 실천하는 것이죠. 만약 이와 같은 배려와 관심이 사람들에게 일상화된다면 세상은 지금보다 훨씬 살만한 곳이 될 것입니다. 우리가 익히 알고 있는 배려나 관심 몇 가지를 살펴보도록 하죠.

부모에 대한 효도

바쁜 일상에 쫓기다 보면 우리는 부모님의 은혜를 잊고 사는 경우가 많습니다. 아마도 부모님께서 우리에게 해주시는 것의 극히 일부에 해당하는 배려와 관심을 누군가가 보여도 우리는 그 사람에게 엄청난 고마움을 느낄 것입니다. 하지만 우리는 부모님의 은혜에 감사할 줄 모르고, 그저 당연하게 여기죠. 하지만 부모의 사랑이 그저 당연한 것만은 아닙니다. 우리는 이를 의식하고 부모님의 은혜에 보답하려는 생각을 가지려 해야 합니다. 가급적 매일매일을 어버이날이라 생각하고 살기 위해 노력해야 하는 것이죠.

비록 맛있는 음식을 자주 대접해드리거나 해외여행을 보내드리지는 못하더라도, 우리가 부모님께 작은 배려를 할 수 있는 방법들은 얼마든지 있습니다. 예를 들어 부모님과 떨어져 산다면 하루에 한 번, 그것이 많다면 이틀이나 사흘에 한 번 정도 안부 전화를 드릴 수 있습니다. 한창 사랑에 빠졌을 때 애인에게 보내는 문자나 통화의 극히 일부에 해당하는 정도만 부모님과 통화를 한다고 해도 부모님은 자식의 효심에 정말 기뻐하실 것입니다. 애인이 하루라도 문자나 카톡을 보내지 않으면 그것 때문에 대판 싸움이 날 정도로 상대의 문자나 카톡에 연연하면서, 막상 자식의 목소리라도 듣고 싶어 하시는 부모님께 자주 전화를 드리지 않는 것은 너무 자기 위주로 살아가는 것 아닌가요? 이러한 데에서도 우리는 공평무사함을 의식할 필요가 있습니다.

부모님께 전화를 드리는 것은 하나의 예에 불과한 것으로, 부모님께 해드릴 수 있는 소소한 일들은 수없이 많습니다. 이를 굳이 여기에서 일일이 언급할 필요는 없을 것입니다. 우리가 몰라서 해드리지 못하는 것은 아닐 테니까요. 부모님의 사랑이 당연하다고 생각하지 않고 실로 표현하지 못할 정도로 많은 것을 받고 있음을 느끼기 위해 노력한다면, 그리고 자신이 사람들을 대할 때의 태도와 비교해 부모님께도 일관성 있는 태도를 취하려 한다면, 특히 자신이 부탁을 하는 입장에서 상대를 대하는 태도를 떠올려보고, 이를 자신의 부모님을 대하는 태도와 비교해보면 부모님께 어떻게 해야 하는지에 대한 답을 자연스레 구할 수 있을 것입니다.

조부모님에 대해서도 마찬가지입니다. 조부모님은 직장을 은퇴하고 외로움을 느끼면서 살아갈 가능성이 매우 큽니다. 게다가 연세도 많아 건강이 예전 같지 않은 경우가 대부분이죠. 이처럼 쓸쓸하게 생활하는 조부모를 간혹 찾아뵙고 인사를 드리거나, 그렇게 하지 못할 경우 전화라도 드린다면 이 또한 작지만 나눔을 실천하며 살아가는 것입니다. 작은 행동이 커다란 기쁨을 줄 수 있음을 명심하세요. 그리고 이분들이 늘 우리 곁에 계시는 것이 아님을 기억하시기 바랍니다.

주변 사람들에 대한 배려

이번에는 범위를 조금 넓혀 주변 사람들에 대한 배려를 생각해봅시다. 사람을 만나서 지켜야 할 기본적인 것들은 많습니다. 여기에서는 자기 위주의 이기적 태도에 대해 언급해보도록 하겠습니다. 많은 경우 사람들은 자신을 우선 고려하고 행동합니다. 하지만 명심해야 할 것은 우리가 자신을 우선적으로 고려해도 전혀 문제가 없는 상황과 그렇지 않은 상황을 구분해야 한다는 점입니다. 만약 어떤 행동이

다른 사람들에게 피해를 주지 않는 경우라면 자기 위주로 행동해도 별다른 문제가 없겠지만, 다른 사람의 이익과 상충되는 경우에도 지나치게 자신만을 고려할 경우 다른 사람들에게 피해를 주게 됩니다. 친구들과 어떤 일을 하고자 할 때 자신이 원하는 방향으로 결정을 내리기 위해 궤변을 늘어놓는 경우, 자신의 필요에 따라 말을 쉽게 뒤집는 경우, 동료들과의 공동 작업에 슬그머니 무임승차를 하는 경우 등 이에 대한 사례는 무수히 많습니다. 이러한 태도는 모두 공평무사함을 망각한 것으로, 주변 사람들은 이로 인해 심기가 불편해지게 됩니다.

이처럼 의도적으로 자기 위주로 사는 경우뿐만 아니라 무심코 한 행동도 다른 사람에게 피해를 줄 수 있는데요. 예를 들어 수업 시간에 계속 스마트폰을 들여다보는 경우도 이에 해당합니다. 만약 이의 영향이 단순히 개인적으로 수업을 듣지 않는 데에 국한된다면 별다른 문제는 없습니다. 하지만 이와 같은 태도가 선생의 집중을 방해하여 수업 진행에 지장이 초래되고, 이 때문에 둘을 가르치려 하다가 하나만 가르치는 데에 그친다면 이는 수업을 듣는 전체 학생들에게 피해를 주는 격이 됩니다. 학생들이 의식하지 못할 수 있지만 수업을 듣는 학생들의 태도는 선생의 강의에 커다란 영향을 줍니다. 특히 학생들에게 반드시 전달하고 싶은 무엇인가를 애써 강조하고 있는데, 일부 학생들이 스마트폰만 들여다보고 있다면 선생은 맥이 빠지지 않을 수 없겠죠. 수업에 들어가기 전에 스마트폰을 끄고 강의를 적극적으로 들으려는 태도, 이는 곧 선생에 대한 작은 배려, 아니 큰 배려라 할 것입니다.

한편 우리가 적극적으로 주변 사람들에게 도움을 줘야 하는 경우도 있는데, 동료나 친구의 부모님이 돌아가셨거나 그들이 시련을 겪고 있을 경우, 병으로 쓰러졌을 경우 등 고통을 겪을 때 그 고통을 함께 나누려 하는 것이 그 예입니다. 제 수업을 들었던 한 학생은 친구가 밀가루 알레르기가 있고, 이러한 사실로 괴로워하고 있다는 이유로 자신도 그 고통을 공유하고자 일주일에 하루 밀가루 음식을 먹지 않는다고 했는데, 이는 친구의 아픔을 공유하고자 하는 참으로 예쁜 모습입니다. 그 친구는 이처럼 아픔을 함께 나누려는 친구 덕분에 많은 용기를 얻었을 것입니다. 제 생각에 기쁨을 공유하는 것도 중요하지만 그 이상으로 중요한 것은 아픔을 함께 나누는 일입니다. 기쁠 때는 굳이 주변에 누군가가 없어도 행복합니다. 하지만 아픔을 겪을 때 주변에 아무도 없다면 그 아픔이 상당히 커지겠죠. 이를 감안한다면 주변 사람들이 기뻐할 때 함께 기뻐하는 것도 중요하지만 특히 실의에 빠져 있을 때 그 아픔을 함께 나누려 하는 것이 그 이상으로 중요합니다.

작지만 결코 작지 않은 우회적인 나눔 활동

이번에는 평범한 사람들이 애써 품을 팔지 않으면서도 제대로 나눔을 실천할 수 있는 방법으로 '~를 하지 않는 것'을 말씀드려볼게요. 이를 활동이라고 말할 수 있을지가 애매하기는 한데요. 그럼에도 이는 가치를 인정받아 마땅합니다. 사실 우리의 도덕률은 상당수가

~를 하지 말 것을 요구합니다. 기독교의 십계명만 봐도 '간음하지 말라', '거짓말을 하지 말라', '살인하지 말라' 등 '~을 하라'보다는 '~를 하지 말라'는 명령이 훨씬 많이 나옵니다. ~를 하지 않으려는 노력이 의미를 갖는 것은 그것이 자신의 욕구를 극복한다는 일종의 수도자의 고행과 유사한 것이기 때문은 아닙니다. 이러한 명령을 거스를 경우 우리는 누군가에게 직접적으로 피해를 주게 되며, 따라서 ~를 하지 말아야 하는 것이죠.

그런데 ~를 하지 않음으로써 누군가에게 우회적으로 '도움을 줄 수 있는 경우'가 있는데, 가령 동물에게 도덕적 지위가 부여된다고 생각하는 사람들은 육식이나 동물 제품 사용을 피함으로써 동물에게 우회적으로 도움을 줍니다. 만약 더 많은 사람들이 육식을 하지 않으려 한다면, 그래서 사람들이 즐겨 먹는 소, 돼지, 닭들이 살아가는 환경이 크게 개선된다면 이는 커다란 선행에 동참한 격이 되죠. 아프리카 아이들을 착취하여 생산된 커피나 카카오 제품 등을 피하려는 노력 또한 봉사활동 시간으로 인정되지는 않지만 간접적으로 그들에게 도움이 되는 매우 의미 있는 실천입니다. 우리가 착취의 결과로 생산된 제품을 먹지 않을 경우, 그래서 그러한 제품들이 더 이상 팔리지 않을 경우 착취당하는 사람들은 제대로 노력의 대가를 인정받으면서 노동하게 될 것입니다.

~를 하지 않는 것과 반대로 우리는 ~를 하는 작은 노력을 통해서도 동일한 효과를 거둘 수 있습니다. 예컨대 '부모에게 효도하라', '어른을 공경하라', '어려운 이웃을 도와라' 등은 이를 행할 경우 직접적으로 그 대상에게 기쁨과 흐뭇함 등을 주게 됩니다. 그런데 ~를 하는

것 중에서도 우회적으로 누군가에게 도움을 주는 것이 있는데, 공정무역 제품을 이용하는 것은 이에 해당합니다. 이와 유사하게 필요한 제품을 살 때 어려운 상황에 놓인 사람들이 생산한 것을 산다든가, 어려운 사람들에 대한 적극적인 관심을 가지고 있는 기업의 제품을 사는 것 등 또한 당장 그 결과를 확인할 수 없다고 해도 매우 의미 있는 실천입니다. 나 하나의 노력으로 과연 무엇이 변할까라는 생각을 갖지 마세요. 당장 가시적인 효과가 드러나지 않는다고 해도 노력이 꾸준하게, 많은 사람들에 의해 이루어질 경우 결국 변화는 일어납니다. 그리고 여러분들이 그토록 사랑하는 스마트폰은 두었다 뭐 하실 겁니까? 이를 이용해서 관련 홍보도 해볼 수 있지 않을까요?

정치와 경제 등을 포함한 사회문제에 대한 관심도 비록 직접적인 도움주기 활동은 아니지만 상당히 중요한 의미를 갖습니다. 그 이유는 누가 대통령이 되고, 어떤 당(黨)이 정권을 잡느냐가 국민들의 삶에 적지 않은 영향력을 행사하기 때문입니다. 후렴무치한, 오직 자신의 정권 획득에만 관심이 있는 정치인이 권력을 획득할 경우, 그 정치인이 어떤 방식으로 소수의 이익만을 부당하게 챙기려 할 것인지는 굳이 언급할 필요도 없습니다. 이와 같은 이유로 우리는 현상에만 매달리지 말고 정치인들의 옥석을 정확히 가려야 하며, 이러한 판단이 선거를 통해 사회 행동으로 이어져야 합니다. 이는 결코 작은 일이 아닌데, 그 이유는 그들이 하는 정치가 우리의 삶을 크게 좌우하는 사회제도나 구조와 밀접하게 관련되기 때문입니다.

주변 사람들을 넘어선 사람들에 대한 배려

 마지막으로 내가 알고 있는 사람들을 넘어선 사람들에 대한 배려에 대해 이야기해봅시다. 직접 나와 관련이 없는 사람들에게 보여주는 태도는 그 사람의 인격을 가늠케 하는 잣대가 됩니다. 흔히 사람들은 이해관계가 얽혀 있거나 혈연이나 친구, 그리고 이웃 등 친하게 지내는 사람들에게는 매우 친절하고, 배려를 하고자 합니다. 하지만 친분이 없는, 모르는 사람들에게는 함부로 하는 편인데, 특히 익명성이 보장되고, 상대를 괴롭힐 수 있지만 상대가 자신을 어떻게 할 수 없는 상황에서는 가히 악마라고 이야기해야 할 정도의 행동을 하는 경우도 있습니다. 인터넷에 극단적인 비방 글을 올리는 악플러들은 이러한 예에 속합니다.

 악플은 과거에는 볼 수 없었던, 직접적으로 알지 못하는 사람들에게 고통을 주는 방법입니다. 세월호 참사로 인해 극심한 고통을 받고 있는 가족들에게 차마 입에 담지 못할 말들을 쏟아붓는 글, 연예인이나 정치인들에 대한 도를 넘은 안티 글, 주식 시장에서 큰 손해를 봐 황망해하는 사람들의 가슴을 후벼 파는 글 등. 이러한 글들은 심지어 사람을 죽음으로 몰아가기도 할 만큼 파괴력이 엄청납니다. 물론 사람들의 비판이 필요한 경우가 분명 있고, 그러한 상황에서의 비판은 일면 정당한 측면이 있습니다. 하지만 사실에 대한 정확한 정보나 근거도 없이, 그저 자신의 스트레스를 해소하는 방편으로 아무렇게나 심한 험담을 늘어놓는 것은 바람직하지 못하다 못해 일종의 치사한 범죄 행위입니다. 여기서 치사하다고 말하는 이유는 상대가 자신을 알 수 없고, 또한 어떻게 할 수도 없다는 점을 이용하여 별다른 책임감을 느끼지 않고 커다란 상처를 주기 때문입니다. 좋건 싫건, 또한 옳건 그르건 무엇에 대한 판단을 할 권리는 누구에게나 있습니다. 하지만 그러한 권리를 행사하는 데에는 더하지도 덜하지도 않는 중용(中庸)이 필요합니다. 가장 이상적인 수준은 모두에게 긍정적인 영향을 주는 정도의 댓글일 텐데, 중용이 어느 정도인지를 가늠하기란 매우 어렵습니다. 그럼에도 적어도 지나치지 말아야겠다는 생각을 가지고, 개선을 의식하고 최대한 예의를 갖추어 댓글을 쓴다면 지금보다 훨씬 건전한 댓글 문화를 만들어갈 수 있을 것입니다.

우리나라 사람들의 운전하는 태도는 모르는 사람에 대한 배려가 결여된 또 다른 현상 중의 하나입니다. 대한민국 사회가 워낙 바쁘게 돌아가서 사람들이 여유가 없어서인지 모르겠지만 상대를 배려하지 않는 운전 태도는 너무나도 흔합니다. 제 경우 학교에서 집이 멀어 차를 운전해 다니는데, 운전할 때마다 불쾌감이나 위험을 느끼지 않는 경우가 거의 없을 정도입니다. 조금만 입장을 바꿔 생각하고 운전을 해도 사람들이 서로 피해를 주지 않고 살아갈 수 있을 텐데, 그렇게 생각하고 운전하는 사람이 드문 험악한 세상이 되어버린 것이죠. 오죽했으면 양보해줄 경우 상대방이 깜빡이를 켜서 감사를 표하는 기본적인 태도가 감격스럽게 느껴질까요. 다른 사람을 배려하지 않는 운전 또한 익명성이 확보되었다는 이유로 행해지는 악행인데, 운전자들은 역지사지해 타인을 배려하는 마음으로 운전해야 할 것입니다.

제가 지금 이야기하고 있는 내용은 기초 질서와 관련된 것으로, 소위 공중도덕이라 불리는 것들입니다. 제가 체감하는 우리 사회의 공중도덕 수준은 정말 뭐라고 말하기 힘든 수준입니다. 거리를 다니면서 다른 사람들은 아랑곳하지 않고 스마트폰에 집중하는 사람들, 노약자석에 아무렇지도 않게 앉아 가는 젊은이들, 앞에 서 있는 사람이 불편해하는지 상관없이 다리를 꼬거나 다리를 쩍 벌리고 앉아 있는 사람들, 주변 사람들의 귀에 거슬릴 것을 의식하지 않고 음악을 크게 듣는 사람들. 상대방이 자건 말건 자신이 궁금한 점이 있으면 새벽에라도 문자를 보내고, 자신이 귀찮으면 전화를 받지 않는 사람들. 이러한 문제들을 지적하면 오히려 화를 내는 사람들도 없지 않습니다. 얼마 전 이어폰에서 새어 나오는 음악 소리가 너무 커 소리를 줄여달라고 요청했는데 상대는 전혀 개의치 않더군요. 그래서 또다시 부탁을 했더니 다른 사람들은 가만히 있는데 왜 당신만 그러느냐고 화를 버럭 내더라고요.

어디 이뿐이겠습니까? 당장 행사가 끝난 어떤 장소를 찾아보세요. 사람들은 그저 그 순간의 즐거움만을 생각하고, 그곳을 치워야 하는 환경 미화원의 노고에 대해서는 관심이 없죠. 공공시설을 이용하는 사람들의 태도 또한 마찬가지입니다. 요금을 자신이 내는 것이 아니라고 마구 써버리는 물, 뒷사람이 쓸 수 없을 정도로 해놓고 그냥 나가버린 화장실, 며칠만 치우지 않아도 산더미처럼 쌓이는 쓰레기……

우리가 사회 약자들에게 관심을 가져, 이들과 함께 잘 살아가고자 하는 것도 매우 소중한 노력이지만 이에 못지않게 공중도덕을 지켜 타인에 대한 배려의 끈을 놓지 않으려는 노력 또한 중요합니다. 저는 나눔 활동을 따로 하는 것도 좋지만 그 못지않게 사람들이 공중질서 의식을 확립하는 것에도 적극적으로 관심을 가졌으면 합니다. 장황하게 말할 것도 없습니다. 이는 타인의 입장이 되어보면 왜 그런지 쉽게 알 수 있죠. 나눔 활동을 통해 사회 약자에게 도움을 주고자 하는 것이나 공중질서를 지키는 것이나 양자는 모두 타인의 입장에 서보고 타인을 배려하는 것입니다.

우리가 결코 잊어선 안 되는 것은 살아가면서 누군가에게 피해를 주지 않고, 나아가 행복을 주기 위해 노력해야 한다는 것입니다. 일상적인 의미의 나눔이나 봉사건, 부모와 주변 사람들, 그리고 모르는 사람에 대한 배려건 이들은 모두 이러한 커다란 전제에 따르려는 방법의 일환이며, 그렇게 생각하고 행동하려는 것이 곧 삶에 일관성을 부여하는 태도임을 잘 기억해야 할 것입니다.

23

노블레스 오블리주에 대한
상념

나는 빈곤을 개인의 자멸적인 가치관이나 습성 탓으로 보는 관점 대신 구조적 관점
을 제안한다. 오늘날 빈곤 문제는 깊이 뿌리박힌 소득과 부, 권력의 불균형에 기인한
다. 이러한 근원적인 정치·경제적 불평등을 다루지 않는다면 어떠한 빈곤 완화 정책
도 성공할 수 없다. 빈곤은 구조적인 문제이며, 구조적인 해법을 통해서만 해결할 수
있다.

– 에드워드 로이스·배충효 옮김, 『가난이 조종되고 있다』(명태, 2015), 430쪽.

　지금까지 저는 평범한 사람들이 할 수 있는 나눔 활동이 적지 않
다고 애써 강조했습니다. 그런데 일반인들이 미칠 수 있는 영향에 비
할 수 없을 정도로 엄청난 영향력을 행사하는 사람들이 있습니다. 사
회 지위가 높거나 널리 알려진 사람들이 그들입니다. 이들은 각 방면
에서 사회를 주도하고 있는 사람들인데, 이들이 사회에 미치는 영향
은 평범한 개인들에 비할 바가 아닙니다. 특히 커다란 영향력을 행사
할 수 있는 정치·경제계의 인물들은 사회 지도층으로 불리며, 그들
에게는 지위에 걸맞은 도덕적 의무가 요구됩니다. 운동선수, 연예인,
예술인, 문필가 등 수많은 사람들에게 널리 알려져 있는 인기인들도
일반인들에게 커다란 영향을 미치는 사람들인데, 비록 이들이 사회

지도층으로 분류되지는 않지만 이들에게도 일반인들에 비해 높은 도덕성이 요구됩니다. 노블레스 오블리주(Noblesse Oblige)는 바로 이러한 사람들이 개인과 사회에 대해 도덕적 책임과 의무가 있음을 뜻하는 말이죠.

노블레스 오블리주는 불어로, 노블레스는 귀족을, 오블리주는 책임이 있음을 의미합니다. 그런데 현대사회에는 더 이상 귀족이 존재하지 않으며, 설령 존재한다고 해도 명목상으로 남아 있을 따름입니다. 특히 대한민국 사회는 신분 사회가 아니기 때문에 노블레스는 현재 우리나라에서는 사회 지도층을 뜻한다고 생각해야 할 것입니다. 어떤 사회이건 노블레스, 즉 사회를 이끌어가는 사람들은 있기 마련이고, 이들에게는 대개 평범한 사람들에 비해 훨씬 커다란 도덕적 임무, 품위 등이 요구됩니다. 사회 지도층이 이러한 덕목을 갖추지 못할 경우 그 사회는 안정을 잃고 붕괴될 가능성이 커집니다. 예를 들어 서로 경쟁 관계에 놓인 집단 A와 B가 있다고 가정해봅시다. 이 중 A 집단은 지도자가 모든 사회 성원들과 사회적 재화를 함께 나누려함에 반해 B집단은 지도자가 모든 것을 독식합니다. 그런데 이 두 집단이 전쟁을 벌인다고 가정해봅시다. 이 경우 어떤 집단이 이길 가능성이 높을까요? 아마도 자신의 집단을 지키려 하는 성원들은 A집단에 훨씬 많을 것이고, 이에 따라 다른 모든 조건이 비슷할 경우 승리를 거둘 확률은 A집단이 커질 겁니다. 만약 이것이 사실이라면 사회의 유지와 번영을 위해서도 지도자들은 성원들의 안녕과 행복 등을 도모하기 위해 노력해야 합니다. 이것이야말로 모두가 윈윈하는 방법이죠.

이러한 이유 때문에 어떤 사회 집단에서건 노블레스에게는 오블리주가 요구되었을 것이며, 실제로 지도층이 이러한 임무를 잘 수행하는 사회는 번영을, 그렇지 못한 사회는 쇠퇴를 거듭하다 결국 사라지고 말았음을 역사는 여실히 보여줍니다. 예를 들어 초기 로마 제국은 노블레스 오블리주의 전통이 확고히 자리 잡고 있었다고 하는데, 이와 같은 의식을 갖지 못한 사람들은 자격을 갖추지 못했다는 이유로 사회 지도자가 될 수 없었습니다. 사회 지도층은 권력을 이용해 온갖 부귀영화를 누릴 수 있었음에도 기꺼이 솔선수범해서 시민들과 국가를 위해 자신을 희생했으며, 이러한 정신이 확고히 자리 잡고 있던 시절의 로마는 이탈리아 반도 및 지중해 지역 전체를 지배했던 고대 서양 최대의 제국으로 명성을 떨쳤습니다.

영화 〈엠퍼러스 클럽〉과 노블레스 오블리주

서구에서 이러한 노블레스 오블리주의 정신은 일종의 당위로 사회 지도층 또는 미래의 사회를 이끌어나갈 젊은이들에게 요구되어왔습니다. 영화 〈엠퍼러스 클럽〉은 이를 적절히 보여주고 있는데요. 주인공인 헌더트 선생이 수업을 하고 있는 학교는 미국 사회를 이끌어갈 인재들이 모인 명문 사립학교입니다. 헌더트 선생은 이 학교에서 그리스 로마사를 가르치는데, 저는 이 점이 유독 눈에 들어왔습니다. 먼저 이와 같은 학교에서 학생들에게 그리스 로마사를 가르치는 것은 그저 과거에 일어났던 일들을 기억하라는 차원에서가 아니라 그리스

로마인들의 정신, 특히 노블레스 오블리주 정신을 배우라는 이유 때문입니다. 이는 교장 선생님이 이 학교 입학 연설에서 했던 말인 "세상은 나 혼자만 사는 곳이 아니며, 이곳에서 배운 지식은 나 자신뿐만 아니라 다른 사람들을 위해 써야 합니다."는 말에서 잘 드러납니다. 한편 헌더트 선생은 그리스 로마사라는 과목을 가르치면서 단순히 역사적 사실을 나열하는 데에만 그치지 않고 창학 정신, 나아가 진정으로 따라야 할 서구의 전통을 학생들에게 심어주기 위해 노력하는데, 이는 그가 교실 문 위에 걸어놓은 현판을 학생들에게 읽어보게 하는 장면에서 엿볼 수 있습니다. 현판은 정복왕 슈트럭 나혼테가 자신의 업적을 기려 쓴 문구인데, 어떤 역사책에도 그의 이름은 남아 있지 않습니다. 플라톤, 아리스토텔레스, 키케로 등은 우리가 역사 공부를 통해 익히 알고 있지만 그의 이름을 아는 사람은 없죠. 헌더트 선생은 이러한 차이가 사회 공헌에 대한 관심의 유무에서 빚어지게 된 것이라고 힘주어 말합니다. 슈트럭 나혼테는 당대에는 유명했을지 몰라도 노블레스 오블리주를 망각했던 인물이고, 때문에 쉽게 사람들의 기억에서 잊히고 말았다는 것이죠. 이러한 역사적 사례를 통해 헌더트 선생은 앞으로 미국을 이끌어갈 주역이 될 학생들에게 노블레스 오블리주의 중요성을 각인시키고자 합니다.

서구 사회에서 실제로 얼마만큼 이러한 교육을 통해 학생들을 계도하려 하는지 저는 잘 모릅니다. 하지만 막대한 기부를 통해 귀감이 되고 있는 비교적 오래전의 철강왕 카네기, 록펠러, 오늘날의 빌 게이츠와 워렌 버핏 등 수많은 인물들이 노블레스 오블리주 정신을 구현하고 있는 것으로 미루어보았을 때, 그리고 "전체 미국인들의 98%가 어떤 형태로든지 기부에 참여하고 있으며 소액기부자들의 기부가 총 기부액의 77%에 이르고 있고 그들의 연평균 기부액수가 140만 원을 상회한다."[19]는 사실을 통해 짐작해보건대, 적어도 미국인들은 노블레스가 아니라고 해도 오블리주 정신을 구현하고 있는 것처럼 보입니다. 기부에 익숙한 이런 사회 분위기는 지도층의 기부를 낳게 되고, 이것이 평범한 사람들의 크고 작은 기부를, 이것이 또다시 선순환 구조를 이루며 사회 지도층의 노블레스 오블리주를 추동하는데, 이러한 모습은 적어도 미국이 기부만큼은 모범적으로 이루어지고 있는 사회임을 보여주고 있습니다.

빌 게이츠의 노블레스 오블리주, 그리고 대한민국

그렇다면 우리나라의 노블레스 오블리주는 어떨까요? 굳이 노블레스 오블리주를 실천한 역사상의 인물들을 언급하지 않는다고 하더라도 오늘날 우리 사회의 지도층들은 이에 관심을 가지고 있으며, 이런저런 방식으로 노블레스 오블리주를 실천하는 모습을 보이기도 합니다. 그들이 개인적으로, 그리고 사람들과 함께 복지시설 등을 방문해 사회 봉사활동을 펼치는 장면들, 그리고 연말이나 재난이 닥쳤을 때 거액을 기부했다는 소식 등은 우리가 비교적 쉽게 접할 수 있는 노블레스 오블리주의 모습입니다. 또한 기업들이 재단을 만들고,

---

19 예종석 지음, 『노블레스 오블리주-세상을 바꾸는 기부의 역사』(살림, 2006), 18-19쪽.

각종 공익사업을 펼치며, 사람들을 모집하여 봉사활동을 하는 등의 모습 역시 노블레스 오블리주에 해당하죠.

하지만 제게 이 정도는 필요 충분한 정도의 노블레스 오블리주는 아닌 것처럼 보입니다. 아니 현재 이루어지는 노블레스 오블리주는 크게 부족하다는 표현이 더욱 적절합니다. 이는 그 규모, 일관성과 진정성 등 여러 측면에서 아직 갈 길이 먼 오블리주인 것입니다. 물론 자신의 이익이나 타인의 이목 때문이라고 해도 오블리주를 실천한다는 것은 긍정적으로 평가받아 마땅합니다. 하지만 이러한 이유로 오블리주를 실천할 경우 진정성이 결여될 수밖에 없는데요. 실제로 이와 같은 오블리주는 본인들의 이익에 도움이 되지 않거나 이목이 닿지 않는 경우 방기되어버릴 가능성이 큽니다. 재벌 일가가 편법 증여나 주식 상장 등을 통해 엄청난 부를 걸머쥐면서도 이를 사회에 제대로 환원하지 않고, 재벌 2세들이 상상을 초월할 정도로 직원들을 함부로 대하며, 자신들이 벌어들이는 것에 비해 형편없다는 표현이 적절할 정도로 기부에 인색한 태도, 서민 경제에 어떠한 영향을 미칠지 아랑곳하지 않고 돈이 된다면 수단과 방법을 가리지 않고 관련 사업에 뛰어드는 모습 등에서 저는 진정성이 결여된 오블리주의 한계를 목도합니다.

재벌에 국한해서 말한다면 저는 대한민국의 재벌이 빌 게이츠와 같은 모습을 견지하게 되길 희망합니다. 제가 빌 게이츠에게서 우리 재벌들이 본받았으면 하는 것은 그가 말로만 올바른 기업가 정신을 이야기하고 있는 것이 아니라 자신의 삶과 직접 연결시켜 이를 구현하고 있다는 점입니다. 사실 그가 강조하는 기업의 사회 책무는 특별히 새로울 것이 없습니다. 기업이 개인의 소유물이 아니며, 사회에 대한 책임을 결코 망각해서는 안 된다는 말은 우리에게 비교적 익숙합니다. 문제는 이것이 얼마만큼 마음을 담아 실천으로 옮겨지는지의 여부인데, 그는 아내와 함께 재단을 설립해 인류의 행복과 번영, 특히 고통 속에서 살아가는 제삼세계 사람들이 가난과 질병에서 근본적으로 벗어날 수 있는 방안을 강구하고, 이에 대한 사업에 지원을 아끼지 않고 있습니다.

또한 그는 이러한 사업에 전념하기 위해 회사 경영 일선에서 물러났는데, 이보다 놀라운 사실은 그 엄청난 재산의 99%를 사회에 환원하고, 세 명의 자녀들에게 각각 천만 달러씩만 물려주겠다고 선언을 했다는 점입니다. 이는 우리나라의 재벌이 보여주는 모습과 극명하게 대비되는 대목입니다. 이처럼 빌 게이츠는 구호로만 외치는, 또는 마지못해 하는 눈치 보기 식의 노블레스 오블리주가 아니라 진정성을 가지고, 일관성 있게 노블레스 오블리주를 실현하고 있는데, 이는 우리 경제를 이끌어가는 재벌 일가들이 본받아야 할 태도입니다.

우리나라에도 유한양행의 창립자인 유일한 박사와 같이 사회의 귀감이 되는 분들이 없지 않습니다. 하지만 사회가 전반적으로 과거에 비해 훨씬 풍족해졌다면 제2의 유일한 박사가 많아져야 함에도 재벌 관련 이야기는 훈훈함보다는 씁쓸함을 주는 경우가 대부분입니다. 제가 통이 작아서인지 모르겠지만 저는 재벌 일가들이 수천억 이상의 재산을 보유하고 있음에도 주식 상장, 편법 증여 등을 통해 재산을 더 불리려 하는 이유를 잘 모르겠습니다. 그처럼 재산을 꽉 쥐고 나중에 죽음을 맞이하기보다는 가치 있는 일에 이를 사용하는 것이 잘 사는 방법 아닐까요? 설령 "부자로 죽는 것은 너무 부끄러운 일"이라는 카네기의 말을 실행에 옮기지 않는다고 하더라도 적어도 진정성이 담긴, 제대로 된 노블레스 오블리주를 실천하려는 사회 지도층이 훨씬 많아졌으면 좋겠습니다.

제도 차원의 노블레스 오블리주

노블레스 오블리주를 수행하는 방법은 여러 가지입니다. 지도층의 사회 약자에 대한 배려와 관심, 갑의 을에 대한 배려, 나아가 사회 지도층의 비사회 지도층에 대한 배려와 관련한 모든 것은 일종의 노블레스 오블리주에 해당합니다. 노블레스 오블리주의 대표적인 방법 중의 하나는 앞에서 살펴본 기부입니다. 하지만 기부 못지않게 중요한 오블리주가 있는데, 약자를 고려하는 방향으로 사회제도를 개선하는 것이 그것입니다. 이렇게 이야기하는 이유는 사회제도 개선은 일시적인 데에 그치지 않고 전체 사회 성원들의 삶에 지속적으로, 큰 영향을 미치기 때문입니다. 예를 들어 정치인들이 사회 약자들을 위한 법을 제정할 경우 그것이 사회 성원들에게 미치는 영향은 그 어떤 기부 이상입니다. 사회 지도층이라 불리는 사람들은 이와 같은 역할을 할 수 있는 사람들인데, 이들이 이러한 제도 개선에 관심을 갖지 않거나 의도적으로 자신들에게 유리한 제도를 마련할 경우, 의도적이 아니라고 해도 결과적으로 자신들에게 유리한 제도를 마련할 경우의 부정적인 파급 효과는 상상 이상입니다. 가령 우리가 아무리 열심히 기부를 해서 아프리카의 아이들을 도와도 그 사회의 근간을 뒤흔드는 정부 관료들의 각종 비리, 내전, 교역 문제 등을 해결하지 않는다면 아이들은 근본적으로 기아에서 벗어날 수가 없습니다. 이러한 상황에서는 아무리 나눔 활동이 이루어진다고 해도 밑 빠진 독에 물 붓기입니다. 반대로 정치, 경제, 사회, 문화 등 국가를 이루고 있는 모든 영역에서 빈곤을 벗어나는 데에 도움이 될 수 있게 제도를 개선하고, 그 효과가 가시화될 경우, 그 국가의 국민은 굳이 기부를 받지 않아도 조금의 도움만으로도 자립할 수 있습니다.

그렇다면 우리나라에서 요구되는 사회 지도층의 제도와 관련된 오블리주는 무엇일까요? 이는 거시적으로는 국가 차원의 제도 개선으로부터 작게는 학교나 종교 단체 등의 제도 개선에 이르기까지 실로 다양합니다. 이 중에서 개선이 절실히 요구되는 비교적 거시적인 문제의 한 예를 들자면 청년 실업을 들 수 있습니다. 아무리 열심히 노력해도 젊은이들이 취업을 할 수 없는 것은 분명 우리 사회가 무엇인가 잘못되어 있음을 보여줍니다. 우리나라의 정치와 경제계 지도자들은 이에 대해 적극적으로 관심을 기울여 구조적인 대책들을 마련해야 합니다. 근래 주가가 사상 최고에 달했다면 우리 경제도 아주 나쁘지는 않다고 생각해볼 수 있는데, 이처럼 경제 상황이 괜찮음에도 유능한 젊은 인재들이 취업을 하지 못하고 좌절감에 빠져 하루하루를 보내고 있는 것은 뭐가 잘못되어도 한참 잘못된 것이죠.

이처럼 거시적인 차원이 아니라고 하더라도, 또한 사회 지도층이 아니라고 해도 크고 작은 방식의 제도 개선을 통해 오블리주를 실천할 방법은 많이 있습니다. 예를 들어 현재 대학 사회봉사 과목은 일반적으로 간단한 오리엔테이션을 하고, 나머지 시간은 학생들 각자가 알아서 봉사 시간을 채우는 방식으로 운영됩니다. 제가 보기에 이와 같은 방식을 통해 생산적인 사회봉사가 이루어질 가능성은 낮습니다. 그런데 만약 과목 담당자가 문제점을 보완하여 수업 방식을 전면적으로 바꿀 경우, 우리 젊은이들이 나눔에 대한 생각을 달리 하면서 훨씬 의미 있는 봉사활동을 하게 될 것입니다. 예컨대 학생들이 개별적으로 하는 봉사활동 외에 교수자와 학생이 함께 봉사활동을 하고, 나눔에 대한 강의실 수업까지 병행하면서 운영의 묘를 살리면 봉사 과목이 존재하는 의미가 극대화될 수 있을 것입니다. 이는 비록 사회 지도층은 아니지만 그럼에도 개인이 제도적인 개선을 이룸으로써 오블리주를 실천하는 한 사례입니다. 이는 노블레스는 아니지만 제도에 대한 결정권을 갖는 사람들이 실천할 수 있는 결코 작지 않은 오블리주인 것입니다.

24

사람을 대상으로 하는
나눔 활동

늘 한결같은 사람

임병옥

제가 알고 있는 성한 오빠는 늘 한결같은 사람이고. 마음이 따뜻한 사람. 착하고 천사 같은 사람이고. 겉마음과 속마음이 똑같은 사람. 아무런 편견이 없이 대해 주는 사람이고. 뭐든지 열심히 하는 사람입니다.

학교 일도 그러고 강의 할 때도 열성적으로 하고 그리고 봉사활동도 참 열심히 한답니다. 아마 이 세상에 오빠 같은 사람은 없을 거라고 생각합니다.

제가 오빠를 알게 된지도 25년이 넘어가고 있는데. 그 길고 긴 25년 시간 넘게 한결같아요. 아마 앞으로도 변하지 않을 거예요. 옛말에 10년이면 강산도 변한다는 말도 있지요. 25년이면 강산이 두 번 변했네요.

그런데 성한 오빠는 늘 그 자리에 서 있는 나무처럼 그 자리에 서 있어요. 한결 같은 마음으로 지낸다는 건 진짜 어렵고 쉬운 일은 아니죠. 그런데 오빠는 제가 맨 처음에 만났던 그때의 마음이 지금까지 쭉 이어져 오고 있어요. 제가 장애인인데도 편견 없이 대해줘서 늘 오빠에게 고마워하고 늘 감사해 하고 있지요.

제가 늘 누구랑 싸워서 투덜거리고 화가 난다고 하소연해도 들어주고 언제나 제 편이 되어주고 또 아프다고 하소연하고 늘 혼자인 제가 얘기할 상대가 오빠밖에 없어서 여러 가지 얘기를 해도 언제나 변함없이 따뜻한 마음으로 대해주지요. 제가 제일 많이 했던 얘기가 아프다는 얘기였어요. 아마 제가 백번 천번 만번 얘기를 했을 거라고 생각하는데 듣기 좋은 말도 여러 번 하면 지겨운 법이잖아요. 그런데 오빠는 단 한 번도 싫은 소리. 싫은 내색을 안 했어요. 늘 저를 먼저 걱정해주고 위로해주고 항상 한결같은 마음으로 대해주는 사람이 오빠입니다. 이 사람이 지금 나를 진심으로 걱정해주고 그 사람의 아픈 것을 대신 아파해주고 싶어 하는 그 마음이 느껴지게 하는 사람이 바로 성한 오빠입니다. 그리고 봉사활동도 진짜 열심히 하는 사람입니다.

대학시절에는 봉사활동을 하지만 막상 졸업을 하면 직장생활 하기에도 바쁘다는 핑계로 자연스럽게 안 하게 됐는데 현실이지요. 그런데 오빠는 대학시절부터 지금까지 봉사활동을 꾸준히 하고 있어요. 그게 쉬운 일이 아니란 건 누구나 잘 알지요. 그런 면을 보면서 참! 존경스럽고 훌륭하고 대단한 사람이라고 생각해요. 그런 오빠를 알게 돼서 제가 복 받은 사람이라고 생각해요. 법 없이 살 수 있는 사람, 진정한 이 시대의 훌륭하고 존경스러운 교수인 김성한 오빠입니다.

나눔 활동은 활동이 미치는 영향에 따라 ①봉사자와 봉사 대상 모두에게 긍정적인 영향을 주는 경우, ②오직 봉사자에게 긍정적인 영향을 주는 경우, ③오직 봉사 수혜자에게만 긍정적인 영향을 주는 경우, ④양자 모두에게 부정적인 영향을 미치는 경우로 나눌 수 있습니다. 이 중에서 최선이 ①이고, 최악이 ④임은 말할 것도 없습니다. 하지만 ②, ③ 중에 어떤 것이 나은지에 대해서는 논란의 여지가 있습니다. 그럼에도 저는 봉사 수혜자가 사회 약자임을 감안한다면 비교적 확실성이 떨어지는 봉사자의 의식 변화에 비해 수혜자에게 도움이 되는 것이 더 중요하다고 생각합니다. 만약 이런 생각이 적절하다면 우리가 봉사활동이라고 해서 아무 활동이나 선택해서는 안 됩니다. 초래될 행복이나 고통을 종합적으로 고려하지 않은 활동은 민폐가 되기 십상인데, 안타깝게도 현실에서 그런 경우가 적지 않습니다.

반복되는 이야기지만 봉사 수요자 측에서는 지속성 등 일정 조건이 충족되지 않는 봉사자를 받지 않으려 합니다. 그 이유는 봉사 수요자 입장에서는 봉사자들의 인격 성장에 도움이 되는 것도 중요하지만 그 이상으로 중요한 것이 봉사 수혜자들에게 미칠 영향이기 때문입니다. 실제로 "자원봉사자들이 약속한 과정을 마치지 못하고 중도에 그만둘 경우 클라이언트들에게 상처를 주거나 불신감을 초래"[20]하는데, 이러한 이유로 우리가 나눔의 대상이라고 생각하는 새터민이나 소년소녀 가장 등은 구청에서 특별 관리를 하고 있으며, 봉사자들이 일정한 조건을 충족시키지 못하는 이상 그들을 봉사자들에게

---

20 이만식·손신·신효진 등, 『21세기 자원봉사 관리』(학지사, 2010), 8쪽.

소개해주지도 않습니다. 이들에게 상처를 줘서는 안 되고, 실질적인 도움을 줄 수 있어야 하기 때문입니다. 만약 이러한 문제가 있다면 우리는 봉사 수혜자나 수요처의 선별에 앞서 자신이 할 수 있는 활동이 무엇이고, 이것이 얼마만큼 상대방에게 도움이 될지 등을 종합적으로 고려해야 합니다.

그렇다면 우리가 나누고자 할 때 제공할 수 있는 것에는 무엇이 있을까요? 배려나 관심, 노동, 재능, 금전, 홍보 등은 우리가 제공할 수 있는 것들입니다. 이 중에서 나눔 활동을 하면서 진정성을 담은 배려나 관심은 어떤 경우에도 전제되어야 합니다. 이러한 마음가짐이 없는 나눔은 사실상 나눔이 아닙니다. 심지어 나눔이라는 단어에는 이미 이러한 마음가짐이 포함되어 있다고 말해야 할 것입니다. 그럼에도 다른 활동에 비해 상대에 대한 배려나 관심이 더욱 절실히 요구되는 활동이 있는데, 특히 사람 대 사람의 만남이 그러합니다. 홀몸 노인, 지적 장애인, 신체 장애인, 결손가정이나 부모가 없는 아동 혹은 청소년 등을 대상으로 이루어지는 활동은 사람과 사람이 만나서 이루어지는 활동의 예입니다. 이에 대해 이야기를 해보도록 하죠.

가장 어려운, 청소년을 대상으로 한 활동

사람을 만나는 활동은 신중을 기해야 합니다. 그 이유는 흔히 봉사자의 동기나 태도, 행동의 의미 등이 봉사 수요자에게 읽히는데, 이로 인해 그들의 아픔이 더 커질 가능성이 있기 때문입니다. 특히 유의해야 할 대상은 결손가정 또는 부모가 없는 청소년들입니다. 이들은 많은 경우 어렸을 때부터 받은 정신적인 상처가 깊기 때문에 쉽게 마음을 열지 않으며, 상대가 자신을 찾아오는 동기를 냉소적으로 평가하기도 합니다. 그런데 소위 봉사자라는 사람들이 책임감 없이 찾아와서 몇 번 친한 척하다가 더 이상 나타나지 않는다고 가정해봅시다. 이 경우 이러한 청소년들은 더 마음의 문을 닫아버릴 것입니다. 봉사를 하고자 하는 사람들은 과연 이러한 결과를 초래하는 활동이 어떤 의미가 있는지 생각해 봐야 합니다.

제가 이처럼 조심스럽게 접근해야 한다고 말하는 이유는 저의 경험에 기인합니다. 제가 맏형 노릇을 했던 시설의 아이들은 적지 않은 노력을 기울였음에도 좀처럼 마음을 열지 않았습니다. 물론 당신의 노력이 부족함을 탓해야 하는 것 아니냐고 묻는 사람들도 있을 것입니다. 인정합니다. 하지만 일주일에 서너 번 이상, 시험 때는 같이 밤을 새기도 하는 등의 노력이 부족했다고 말하기엔 다소 억울한 면이 있습니다. 어찌되었건 즐겁게 놀 때는 마음을 연 것처럼 보이다가도 좀 더 깊이 들어가보면 여전히 마음이 닫혀 있음을 깨닫게 되는 경우가 있었는데요. 수녀님 몰래 아이들과 술을 마시던 중이었습니다. 이들 중에서 한 친구가 "형! 여기 오는 이유가 뭐예요?"라고 묻더군요. 순간 저는 머리를 무엇으로 두드려 맞은 듯 멍해졌습니다. 이 친구는 자신을 소위 봉사의 대상으로 여기고 있다는 것이 마땅치 않았던 것이고, 이 때문에 속으로는 기분이 나빴던 것이죠.

이런 일이 있은 후 저는 반성을 많이 했습니다. 하지만 반성을 해도 해도 더 반성해야 할 일이 남는 것일까요? 지금까지 두고두고 후회하고 있는 것 중의 하나는 제가 이 친구들을 반드시 대학에 보내야 한다고 생각해 너무 공부를 시키려 했던 점입니다. 저는 이 친구들이 공부를 잘해야 어렸을 때 겪었던 힘든 일들을 훌훌 털어버리고 새로운 삶을 살 수 있을 것이라 생각했고, 이 때문에 어떻게 해서든 공부를 시키려고 발버둥쳤습니다. 하지만 제가 간과했던 것은 이 친구들의 마음속 깊이 박혀 있는 한(恨)이었습니다. 부모님께 사랑도 받지 못하고, 어렸을 때부터 한 보육원 생활. 그들은 두드려 맞는 게 싫어 보육원에서 도망 나와 산에서 지낸 적이 있고, 너무 배가 고파서 뱀을 잡아서 구워 먹었다는 이야기를 내게 들려주기도 했죠. 물론 수녀님과 같이 살게 되면서 이들의 생활은 완전히 달라졌지만, 저는 그처럼 힘든 시절이 그들을 짓누르고 있다는 사실을 충분히 이해하지 못했습니다. 그저 우리나라의 일반 가정의 아이들에게 하듯, 머리에 들어오지도 않는 공부를 강요했던 것이죠.

이처럼 어렵게 살았음에도 이 친구들은 괜한 말이 아니라 정말 순수하고 착했습니다. 하지만 어찌된 일인지 이 친구들은 사춘기에 접어들면 하나같이 가출을 했고, 크고 작은 사고를 쳤습니다. 급기야 그중 한 친구가 소년원에 가게 되었는데…… 핏기 없는 휑한 얼굴을 보고 소년원을 나오면서 저는 입술을 깨물며 눈물을 참으려 했지만 흘러내리는 눈물을 어쩔 수가 없었습니다. 이 친구가 어릴 때 하도 인상을 써서 주름 생긴다고 미간에 테이프를 붙여주곤 했는데, 그 찡그림이 짧은 삶 동안 생긴 마음속 응어리의 표현임을 모르고, 그래서 그 표정을 보고서 같이 아파해야 했음에도 그저 장난이나 쳤던 나. 그런 아픔이 있었기 때문에 공부가 머리에 들어오지 않는 것도 의식하지 못한 채 그저 공부, 공부를 외쳤던 것 같아 마음이 아프고 또 아팠습니다.

제가 장황하게 제 이야기를 한 이유는 아이들이나 청소년 지도는 정말 마음을 굳게 먹지 않으면 안 된다는 말을 하고 싶어서입니다. 일주일에 한 번 이상, 그것도 학습 지도를 꾸준히 하는 것이 봉사자 입장에서는 그렇게 쉬운 일이 아닙니다. 저는 이와 같은 활동을 하는 사람들이 정말 대단하다고 생각합니다. 과외를 해서 돈을 벌 수도 있는데, 이를 포기하고 어려운 상황의 아이들을 위해 귀한 시간을 쪼갠 다는 것은 칭찬받아 마땅합니다. 그런데 이러한 활동을 하고자 하는 사람들이 유의해야 할 것은 의욕만 앞설 경우, 그것이 아이들과 청소년들에게 어떤 영향을 미칠 것인가를 곰곰이 따져보아야 한다는 것입니다. 예컨대 활동을 해보려는 사람들은 약속을 정해놓고 다른 일이 있다는 이유로 쉽게 약속을 어길 경우 아이들이 어떤 생각을 하게 될지를 곰곰이 생각해볼 필요가 있습니다.

남을 돕는다는 것, 특히 사춘기의 아이들을 돕는다는 것은 생각보다 간단한 일이 아닙니다. 많은 고민을 해야 하고, 자신과의 싸움에서 이겨야 하는 경우도 적지 않습니다. 관련 봉사를 하고자 하는 사람들은 이를 감안해 각오를 잘 다져야만 아이들에게 작으나마 도움이 될 수 있음을 명심해야 합니다. 봉사보다는 형 동생, 언니 동생 같은 관계를 맺어야 아이들에게 조금이라도 도움이 되지, 그렇지 않을 경우 별다른 도움이 되지 못할 수도 있습니다. 그런데 이를 위해서는 한 학기, 1년 정도의 시간으로는 어림도 없습니다. 그리고 만남 자체를 목적으로 하려는 노력이 이루어지지 않으면 친해지기도 힘듭니다. 너무 겁을 주는 것 같이 보일 수도 있지만 활동할 때 무엇을 조심해야 하는지를 분명하게 알아야 작으나마 상대에게 도움이 될 수 있기에 수선을 좀 떨어봤습니다.

지적 장애인과의 만남

지적 장애인에는 그 정도가 심각한 경우에서부터 매우 경미한 경우에 이르기까지 여러 층위가 있습니다. 이와 같은 층위, 그리고 성격에 따라 다소 차이가 있을 수 있지만 제 개인적으로는 지적 장애인들과의 만남은 아이들이나 청소년들을 만나는 경우에 비해 훨씬 편한 편이었습니다. 이처럼 편안함을 느낀 이유는 이분들이 거의 예외 없이 순진한 아이들처럼 심성이 고왔고, 봉사자의 동기를 예민하게 간파하여 그러한 동기를 탓하는 경우도 없었기 때문입니다. 때문에 만나서 즐겁게 웃고 떠들고, 정기적으로 방문해서 친해지면 특별히 문제될 것이 없었습니다. 나무 그릇, 나무 십자가 등을 만들기 위해 함께 앉아서 했던 '빼빠질', 이처럼 작업을 하는 모습이 대견스럽다는 듯이 심지어 내 머리까지도 쓰다듬어주셨던 방문자들, 매해 있었던 3박 4일 동안의 장애인 캠프와 크리스마스 행사. 이 모든 것들이 어우러져 행복한 기억만이 남아 있는 것을 보면 아마도 이분들과의 만남이 사람을 만나는 활동 중에는 비교적 수월했던 것이 아니었나 싶습니다. 물론 청소년들과 함께 지낸 시간도 정말 행복했고, 많은 것들을 배운 시간이었습니다. 함께 여행을 가고, 지금까지도 정기적으로 만나는 등 친분을 유지하는 쪽은 오히려 청소년들입니다. 그럼에도 제가 아이들에게 제대로 해주지 못한 것들이 많았다는 회한 때문에, 그리고 이 친구들을 대할 때에는 정말 생각해야 할 점들이 많기 때문에 저는 초심자라면 지적 장애인과의 만남을 조심스레 권해봅니다.

대학 시절 제가 처음으로 봉사활동을 시작했던 곳은 '늘푸른나무'라는 지적 장애인 시설이었습니다. 꽤 오랜 시간이 흘렀음에도 그곳에서 서로 웃고 장난쳤던 그 시절을 떠올리면 왠지 모를 웃음이 나곤합니다. 시설에서 크리스마스가 되면 매해 행사를 치렀는데, 한 해는 행사 프로그램으로 ○× 게임을 한 적이 있었습니다. 평소 저는 원우들에게 제가 탄산음료 광고를 하는 중국의 영화배우 주윤발이라고 계속 세뇌를 했는데, 이를 옆에서 지켜봐서 잘 알고 있던 사회자가 게임에서 밀키스 광고를 하는 사람이 김성한인지를 물었습니다. 그랬더니 80% 정도의 원우들이 ○이라고 대답했죠. 저는 틀린 답을 제시해서 탈락한 원우들의 원성을 엄청나게 들었고, 그들의 주먹을 피해 도망 다녀야 했습니다. 1년이 지난 후 크리스마스 행사 날, 또다시 ○× 게임을 했습니다. 1년 동안 원우들이 얼마만큼 달라졌는지 궁금했던 사회자가 또다시 같은 질문을 던졌죠. 이분들 중 상당수는 저에 대한 의리를 지켰는데요. 또다시 50%의 원우들이 잘못 대답을 해서 탈락하고 말았던 겁니다.

저는 말 그대로 아무것도 모르고 그 시설에서 활동을 시작했고, 처음에는 이런저런 핑곗거리를 만들어 활동을 미루고 또 하지 않으려 했었습니다. 하지만 지금 생각해보면 그곳에서 계속 활동했던 것이 저로서는 정말 다행입니다. 그리고 제가 지속적으로 '늘푸른나무'를 방문할 수 있었던 것은 무엇보다도 원우들의 친절함과 순수함이 커다란 힘이 되지 않았나 회상해봅니다.

홀몸 어르신과의 만남

제 개인적인 생각으로는 홀몸 어르신 방문은 아이들을 만나는 것과 지적 장애인들을 만나는 것의 중간 정도의 어려움이 있는 활동입니다. 무엇보다도 홀몸 어르신 방문은 어르신들의 외로움을 작게나마 덜어드릴 수가 있습니다. 어르신을 방문할 때에도 동기가 중요하지 않은 것은 아닙니다. 그럼에도 어르신들은 넓은 아량으로 모든 것을 보듬어주십니다. 그래서 집안 형편이 넉넉지 않음에도 손자 같은 아이들이 찾아왔다고 기꺼이 음식을 내놓으시며, 행여나 방문해서 조금이라도 불편을 겪지 않을지 노심초사하십니다. 물론 모든 어르신들이 그러신 것은 아닐 것입니다. 그럼에도 제가 찾아뵙는 할머님은 누가 봉사자인지 모를 정도로 방문한 저를 포함한 대학생 친구들에게 많은 것들을 베푸십니다. 이렇게 늘 받기만 하는 것이 좋아 저는 염치없이 할머님을 계속 방문하고 있고, 그 세월이 벌써 8년입니다. 처음에는 의무감으로 방문을 했지만 이제는 그저 식구를 방문하듯이 할머님을 찾아갑니다. 그러다 보니 특별하게 해드리는 것도 없습니다. 공원 산책, 영화 관람, 식사 등을 하면서 자연스레 함께하는 시간을 가질 따름이죠. 한번은 할머님과 함께 노래방을 갔는데, 노래방에 처음 가보시는 것이라서 곤혹스럽고 당황스러우셨을 텐데도 할머니께서는 그런 내색을 하지 않으시고 우리들과 함께 어울리려고 노력하셨죠. 이처럼 저의 방문은 간혹 할머님께 불편함을 안겨드리기도 하는 등 몹시 허접합니다. 그럼에도 할머님은 제가 어쩔 줄 모를 정도로 늘 고마워하십니다. 그만큼 할머님이 혼자 보내시는 날이 적지 않은 외로움의 연속이기 때문이겠죠.

제가 느끼기에 어르신 방문 빈도는 한마디로 다다익선이지만, 그렇다고 날짜를 정해서 반드시 무엇인가를 해야 한다는 강박관념을 가질 필요는 없습니다. 그리고 방문하는 사람은 외로움을 함께 나누는 데에 초점을 맞추면 되기 때문에 무슨 프로그램을 딱히 준비하지 않아도 됩니다. 그럼에도 어르신 방문은 기본적으로 갖출 것은 갖추어야 하며, 무엇보다도 지속성이 필요한 활동입니다. 지속성은 어떤 활동이건 요구되지만 그럼에도 어르신 방문의 경우는 몇 번 가다가 그만둬버릴 경우 자칫 외로움을 배가시킬 수 있습니다. 만약 홀몸 노인들께 가장 문제가 되는 것 중의 하나가 외로움이라면 설령 자주는 아니더라도 지속적으로 방문을 하는 것이 좋으며, 이를 적절히 충족시킬 수 있는 사람이라면 어르신 방문을 추천하고 싶습니다.

이 밖에 사람을 대상으로 하는 활동에는 지체 장애인, 영아, 새터민, 소년소녀 가장을 찾아가는 활동 등이 있습니다. 이들을 대상으로 하는 활동에서도 우리가 잊어서는 안 되는 것은 역지사지하면서 최대한 상대를 배려해야 한다는 점입니다. 자기 위주로 생각하는 봉사, 특히 사람을 대상으로 한 활동을 이렇게 할 경우 이는 사실상 나눔이 아닐 수 있음을 명심해야겠습니다.

25

일에 초점이 맞춰진
봉사활동

이번에는 조금 더 쉽게 접근할 수 있는 봉사활동에 대해 생각해 보죠. 자료를 찾아보면 우리나라의 젊은 봉사자들은 봉사 수혜자에 대한 관심보다는 자신의 이익 때문에 활동을 하는 경우가 많고, 지속적으로 하지도 않습니다.[21] 문제는 이런 경우 봉사 수혜자에게 피해를 줄 가능성이 크다는 것인데요. 그럼에도 봉사활동을 해야 한다면, 그리고 봉사 수혜자에게 조금이라도 도움이 되려면 어떤 봉사활동이 적당할까요? 만약 지적된 문제들을 현실로 인정한다면 활동은 봉사자들이 동기를 제대로 갖추지 않았고, 봉사활동을 지속적으로 하

---

21 안수향, 「한국 대학생 자원봉사의 동기 및 관리방안에 관한 조사 연구: S.W. 여자대학교를 중심으로」, 서울여자대학교 사회사업학과 석사논문, 1993, 47쪽.

기 어렵다는 점을 감안해야 합니다. 그리고 이를 감안한다면 제 생각에는 직접 사람을 만나서 친분을 도모하는 활동보다는 일에 초점을 맞춘 활동이 더 나을 듯합니다. 어떤 활동을 하더라도 마음을 담아야 하는 것은 분명합니다. 그럼에도 일에 방점을 두는 활동은 사람을 직접 대상으로 하지 않기 때문에 설령 누군가에게 피해를 준다고 해도 그것이 적어도 면대면 피해는 아닐 것입니다. 이러한 활동의 예를 들어보도록 하죠.

설거지, 청소, 음식 나르기

제가 판단하기에 설거지나 청소, 음식 나르기 등은 동기가 상대적으로 덜 중요한 활동에 해당합니다. 복지관이나 구청 등에 일회성 봉사활동을 신청하면 대개 이와 같은 활동을 알선해주는데, 이러한 활동은 주어진 시간 동안 자신이 맡은 일을 열심히 하기만 하면 나눔수혜자에게 도움이 될 수 있습니다. 저도 학생들과 함께 이러한 활동을 해본 적이 있는데요. 대략 5~10명, 많게는 20명 정도까지도 함께 활동이 가능하며, 어느 정도 보람도 느낄 수 있었습니다. 시간을 정해놓고 이러한 활동을 지속적으로 하는 사람들도 꽤 있는데, 제가 지도교수로 있던 봉사 모임의 회장이었던 친구는 같이 일하는 아주머니들의 사랑을 듬뿍 받으며 수년 동안 설거지 봉사를 했습니다.

어떤 활동이건 마찬가지겠지만 이러한 활동은 장점 못지않게 단점도 눈에 띄었습니다. 무엇보다도 하고자 하는 사람들의 수가 많다

보니 순서를 기다려야 하는 문제가 있었습니다. 이 때문에 함께 활동을 하고자 했던 학생들과 저는 활동을 하기 위해 여기저기 수소문을 하고 다녀야 했는데요. 이는 봉사활동을 하고자 하는 사람들의 이유나 동기 등을 생각해보면 특별히 이상할 것이 없습니다. 봉사를 하고자 하는 사람들은 대체로 지속적인 활동보다는 본인들이 하고 싶거나 해야 할 때 할 수 있는 활동을 선호하기 때문에 일회성 활동에 사람들이 넘쳐나게 되는 것이죠. 실제로 매주, 시간을 맞춰 지속적으로 해야 하는 활동의 경우는 늘 봉사 인력이 부족하다고 합니다. 한번 복지관이나 구청 등에 연락해서 봉사활동을 알선해달라고 요청해보세요. 아마도 적지 않은 경우에 지속적으로 활동을 할 수 있는지부터 물어볼 것이며, 일시적으로 할 수 있는 활동은 별로 없고, 있다고 해도 순서를 기다려야 한다고 할 것입니다.

다음으로 일회성 활동은 사람들이 많이 몰리다 보니 봉사 수요처에서 일을 억지로 만들어 시키는 것 같다는 느낌이 드는 경우가 있었습니다. 예를 들어 제가 방문했던 시설은 여러 사람들이 자주 청소를 해서 상당히 깨끗했는데(적어도 제 방보다는 훨씬 깨끗했고, 걸레로 바닥을 닦아보면 거의 먼지가 훔쳐지지 않았습니다.), 이왕이면 더 깨끗한 것이 더 낫긴 하겠지만 자칫 봉사자 공급 과잉이 되어버릴 수 있었습니다. 이 경우 봉사자나 봉사 수요처나 활동의 의미는 현저하게 퇴색되어버릴 것입니다. 만약 봉사 수요처에 실질적인 도움을 주지 못하고, 진정한 봉사가 아닌 행사 참여 정도에 그친다면 그 활동이 과연 얼마만큼 의미가 있을지 생각해볼 필요가 있습니다.

이 밖에 봉사를 하고자 하는 사람들이 주로 시간을 낼 수 있는 시간은 주말에 집중되는 편인데, 그러한 시간과 요일에는 봉사자가 집중됨에 반해, 시설에서 막상 도움이 필요할 때에는 도움이 되지 못하는 경우가 적지 않았습니다. 저와 함께 활동을 하고자 했던 학생들 또한 주말밖에 시간을 내지 못했는데, 이미 봉사 일정이 모두 잡혀 있는 터라 주말에 할 수 있는 활동처를 찾는 데 애를 먹었습니다. 그럼에도 이러한 활동은 만약 봉사자들이 적재적소에 투입되고, 주어진 시간에 성실하게 일하기만 한다면, 비록 일회성이라고 하더라도 봉사 수요처에 도움이 되는 활동이라 할 수 있습니다.

사건이나 행사에 투입되는 봉사

지속적으로 활동을 하지 않음에도 긍정적인 봉사활동이 될 수 있는 또 다른 활동으로는 행사성 봉사활동 또는 피해 복구 활동 등을 들 수 있습니다. 행사 안내 요원, 수재 지역 복구 활동, 연탄 나르기 등은 그 예입니다. 이들은 직접 사람을 만나 정을 나누는 활동이기보다는 인력을 제공함으로써 문제 해결에 도움이 되는 활동입니다. 이들은 지속적으로 활동을 하지 않아도 봉사자와 수요자 모두에게 어느 정도 긍정적일 수 있습니다.

피해 복구 활동은 천재지변을 포함한 뜻밖의 돌발 사고로 피해를 입은 사람들에게 도움을 주는 활동으로, 수재 지역 복구 활동, 세월호 참사 후 지역 활동, 오폐수 방지 활동처럼 대형 사건·사고가 일어났을 때 이루어지는 활동이 이에 속합니다. 인력이 적절하게 배치되어 효율적인 활동이 이루어질 경우, 이는 수요자에게 큰 도움이 될 수 있습니다. 저는 수년 전 수재가 났을 때 구룡 마을 복구 활동에 참여해보았는데요. 구룡 마을은 우리가 전혀 생각지도 못하는, 강남에 위치한 판자촌 마을입니다. 그 당시 다른 강남 지역의 침수 피해 지역과는 달리 구룡 마을에는 거의 도움의 손길이 닿지 않았는데, 방송인 김제동이 SNS를 통해 마을 복구에 함께 나서자는 제안을 했고, 매우 촉박하게 제안을 했음에도 적지 않은 사람들이 모여 한마음 한뜻으로 복구 활동을 했습니다. 저는 그곳에서 처음 본 청년들과 함께 물이 빠져 나갈 수 있도록 하수구에 들어가서 흙을 퍼내는 작업을 했는데, 하루 종일 일을 하면서 나도 모르게 그들에게 동지 의식을, 일을 마치고 나서는 다른 활동에서 느끼기 힘든 보람을 느꼈습니다.

이러한 활동은 당장 시급한 문제를 해결하고자 하는 활동으로, 시름에 잠겨 있는 피해자들의 커다란 고통을 제거하는 데 도움이 되며, 안전이 문제가 되지 않는다면 제대로 나눔을 실천할 수 있는 소중한 활동 중의 하나입니다. 이러한 활동의 한 가지 흠은 불행한 사건이 일어나야 이루어질 수 있다는 것인데요. 그럼에도 만약 활동을 하게 된다면 봉사자들은 다른 활동에서 느끼지 못하는 뿌듯함을 느끼게 될 것입니다. 그 어떤 경우보다도 극한 상황에 놓인 분들께 힘이 되는 활동이니까요. 저 또한 피해 주민의 진심 어린 감사를 받았는데, 재산 피해를 입은 힘든 상황임에도 제게 무엇이라도 챙겨주려고 하시던 할머니가 새삼 떠오릅니다.

연탄 나르기 활동은 초겨울에 이루어지는 일회성 활동이면서 힘들게 살아가고 있는 분들께 도움이 될 수 있는 활동입니다. 여러 명이 함께 할 수 있으며, 도시를 벗어나지 않으면서도 가파른 길을 연탄을 들고 올라가고, 연탄을 묻혀가며 노동의 참맛을 느낄 수 있는 매력적인 활동이죠. 아쉽게도 저는 이 활동을 경험해본 적이 없는데, 그 이유는 이에 대한 봉사 수요가 가히 폭발적이어서 신청을 해도 쉽게 활동을 할 수가 없었기 때문입니다. 여러 번 신청했지만 번번이 뜻을 이룰 수 없었는데, 실제로 연탄 나르기 활동을 하는 것은 하늘의 별 따기 만큼 어려운 듯 했습니다. 이와 같은 활동은 사시사철 아무 때나 할 수 있는 것이 아니라 겨울이라는 계절로, 그리고 지역 또한 제한되는 등의 문제가 있습니다. 그럼에도 만약 제대로 활동을 할 수만 있다면 연탄 나르기는 추천할 만한 나눔 활동이라고 할 것입니다.

마지막으로 행사 보조 요원으로 봉사활동을 하는 경우가 있는데, 그 행사가 무엇이냐에 따라 저는 의미가 달라질 수 있다고 생각합니다. 만약 행사가 장애인 캠프나 공정무역 촉구 캠페인 등 도움을 주고자 하는 대상이 어려움 속에서 살아가는 사람들이라고 한다면, 그러한 행사에 어떤 방식으로든 참여하는 것이 가치 있다고 생각합니다. 하지만 이와 같은 행사가 아니라 봉사활동 수요에 맞추기 위해 억지로 만든 행사, 나눔의 대상으로 간주되기 힘든 사람들을 돕기 위한 행사 등에 참여하는 것은 권하고 싶지 않습니다. 간단히 이유를 이야기하면 먼저 전자의 경우 사실상 봉사활동이 아닌 이름만의 봉사활동이기 때문에 봉사자에게 긍정적인 교육 효과를 주기 어렵습니다. 봉사자는 사유 능력이 없지 않습니다. 따라서 그러한 활동을 왜 해야 하는지 짜증스러워할 수 있고, 이는 결국 봉사활동 자체에 대한 부정적인 생각으로 이어질 수 있습니다. 물론 이러한 활동이 긍정적인 효익을 낸다면 그래도 이야기는 달라질 수 있습니다. 하지만 이러한 활동은 봉사활동을 하는 목적이라는 측면에서 보았을 때 누구에게도, 특히 봉사자에게 별다른 도움이 되지 않습니다. 굳이 도움이 된다고 한다면 봉사 시간을 채우려는 사람들의 의도를 충족시키는 정도인데, 이것 때문에 활동을 한다는 것은 어불성설입니다.

이는 후자도 특별히 다를 게 없습니다. 저는 봉사처가 이러한 활동을 봉사라는 이름으로 요구해서는 안 된다고 생각합니다. 심하게 이야기하면 이는 봉사 시간이나 봉사활동을 빌미로 이루어지는 일종의 착취일 수 있죠. 제 관점에서 보았을 때 관공서 등에서 심부름을 포함해 이런저런 잡일을 시키면서 봉사활동 시간을 인정해주는 것은 바람직하지 못하며, 봉사자 또한 봉사 시간이나 편리함 등의 이유로 이러한 활동을 하는 것은 좋게 생각할 수 없습니다. 어떻게든 누군가에게 도움을 주는 것은 좋은 일이지만, 금전적으로 충분히 노동의 대가를 치를 수 있는 사람들이 봉사라는 미명하에 그러한 도움을 무상으로 제공하길 요구하는 것은 노동을 착취하는 것이죠. 예를 들어 부자인 사람이 얼마든지 월급을 주고 인력을 고용할 수 있음에도 봉사를 빌미로 무상으로 인력을 제공받는 것은 긍정적으로 평가할 수 없습니다. 때문에 아무리 간편하고 손쉬운 활동이고 접근이 용이하다고 해도, 그리고 이를 봉사활동으로 인정해준다고 해도, 이와 같은 활동은 하지 않는 편이 좋습니다. 무엇보다도 이는 사실상 봉사활동이 아니니까요.

유기동물 봉사

이번에는 약간 다른 활동인 유기동물 봉사활동을 이야기해볼까요? 어떤 측면에서 유기동물 봉사는 일회성 활동으로 분류할 수 없으며, 노동보다는 사랑이 요구되는, 인간 대 인간의 만남에 요구되는 덕목을 갖추어야 하는 봉사입니다. TV에서 방영되는 동물 관련 프로그램을 본 사람들, 그리고 직접 반려동물을 키워본 사람들은 알겠지만 동물은 감정을 가지고 있고, 상대가 어떤 마음으로 자신을 대하는지를 느낄 수 있습니다. 게다가 유기동물들은 버려졌다는 사실로 인해, 그리고 버려져서 겪게 된 고통스런 경험으로 인해 마음의 상처가 상당히 깊죠. 물론 사랑에 대한 간절한 그리움 때문에, 어떻게든 입양되길 바라기 때문에, 그리고 어쩌면 안락사로 이 세상과 영원히 이별하지 않길 원해서 사람들에게 상냥하게 구는 친구들도 있을 겁니다. 하지만 사람에 대한 두려움이나 적개심을 채 떨쳐버리지 못한 친구들은 사람에게 좀처럼 마음을 열지 못할 겁니다.

그런데 이와 같은 동물이 인간이 아니며, 따라서 내가 방문을 하건 말건 별로 개의치 않을 것이라 생각하고 편의에 따라 활동을 한다고 가정해봅시다. 과연 그것이 동물들에게 무슨 도움을 줄 수 있을까요? 어떤 경우에도 우리가 잊지 말아야 할 것은 봉사활동이 그저 윤리적 허영심을 만족시키는 데에 그쳐서는 안 된다는 점입니다. 활동은 봉사 수혜자에게 말 그대로 수혜가 되어야 하는 것이지, 내가 만족감을 느끼는 데에만 그친다면, 그리고 상대에게 도움이 되기는커녕 피해만 준다면 이는 결과적으로 이타심이 아니라 이기심을 발휘한 격이죠.

유기동물을 돌보는 활동을 하려는 사람들은 적어도 동물이 정서를 가진 존재임을 의식해야 합니다. 또한 이들이 모르는 사람에게는 경계심을 가지며, 특히 유기되어 이런저런 고초를 겪었기 때문에 사람에게 쉽게 정을 붙이지 못함을 의식해야 하는데, 동물의 기억력이 인간에 비해 훨씬 떨어진다는 점을 감안한다면 적당히 찾아가서 이들을 귀여워해주는 것은 그다지 도움이 되지 못합니다. 그들이 다시는 기억하고 싶지 않은 과거를 씻을 수 있을 만큼 충분히 자주 찾아가서, 충분히 사랑해줘야 그들에게 도움이 되겠죠. 만약 이것이 힘들다면 차라리 우리 청소를 해주는 등 그들이 비교적 안락한 환경에서 살아갈 수 있도록 도움을 주는 것이 더 나을지도 모릅니다.

이것이 경우에 따라 다를 수 있음은 물론입니다. 사람들이 천차만별이듯이 동물들 또한 마찬가지입니다. 그리하여 유기동물 중에는 상대를 가리지 않고 그저 자신을 찾아오는 사람들이 있는 것만으로도 기뻐하는 친구들도 있겠죠. 중요한 것은 동물이건 인간이건 종(種)에 구애받지 않고 상대방이 무엇을 좋아하고 싫어하는지를 적절히 파악하고, 이를 의식해 상대를 최대한 행복하게 만들기 위해 노력하는 일입니다.

26

대규모의 인원이
함께 할 수 있는 나눔 활동, 농활

"성한이 형! 이따가 밥 먹고 밭일 좀 도와줘."

"네, 수녀님~"

1997년 여름, 충북 괴산의 '소년예수의 작은집'에서의 대화입니다. 저는 이 대화가 그 후에 이어진 학생들과의 농활의 시발이 될 줄은 꿈에도 생각하지 못했습니다. 그해 서울에서 충북 괴산으로 이사를 간 수녀님과 아이들을 만나기 위해 그곳을 방문했고, 모처럼 만난 아이들과 한참 장난을 치다가 수녀님의 도와달라는 말씀에 별 생각 없이 응했죠. 밥을 먹고 나서 조금 쉬다가 밭에 나가 일을 시작했는데, 처음에는 일이 재미있기도 했습니다. 하지만 작렬하는 태양, 해도 해도 좀처럼 진척이 없는 일에 저는 곧 지치기 시작했고, 수녀님은 시뻘게진 제 얼굴을 보시고는 살짝 웃으시며 그만하자고 하셨습니다.

그날 저녁, 서울로 돌아오는 차 안에서 졸다가 깨서 창밖을 보며 이런저런 생각을 했습니다. 나름 열심히 했음에도 티도 나지 않았던 밭일에서 시작한 생각의 꼬리는 힘들게 일하시는 수녀님과 우리 농민들에 대한 감사함과 안타까움으로, 그리고 내가 무엇을, 어떻게 해야 작게는 수녀님과 아이들에게, 크게는 우리 농촌에 작게라도 도움이 될 수 있을까라는 생각으로 이어졌죠. 그러다가 문득 학기 중에 학생들과 일손을 도우러 가야겠다는 생각을 해 봤습니다. 여러 명이 간다면 일이 훨씬 빠르고 수월하게 끝날 것이라는 막연한 기대감으로 그렇게 하기로 결정을 했던 것입니다.

이렇게 시작한 학생들과 함께 하는 농활. 솔직히 시작할 때 초점은 '소년예수의 작은 집' 일손 돕기에 맞춰져 있었을 뿐, 이것이 긍정적인 사회적 파장을 드리울 수 있고, 나눔 교육의 수단이 될 수 있으리라곤 생각하지 못했습니다. 하지만 그동안 나의 농활에 대한 생각은 자가발전을 하여 지금은 상당한 가지치기가 이루어졌습니다. 그리하여 이제는 왜 이러한 활동이 필요한지, 어떻게 해야 하는지 등에 대한 확고한 생각을 가질 수 있게 되었고, 지금은 제가 나름 정리해놓은 농활에 대한 생각과 실천을 많은 사람들과 공유하는 작업을 시작해보려 합니다. 그럼 농활에 대한 이야기를 해볼까요?

일일 농활 선택 배경

대한민국이라는 특수한 환경에서 사람들이 꾸준히, 지속적으로 마음을 담아 봉사활동을 하기란 여간 어렵지 않습니다. 그럼에도 사람들은 봉사활동의 필요성을 인정하며, 자신이 원할 때에 할 수 있는 봉사활동에 기꺼이 참여하려 합니다. 그런데 문제는 이와 같은 봉사자의 입장을 반영하면서도 봉사 수요처에 도움이 될 수 있는 적절한 활동이 생각보다 많지 않다는 것인데요. 제가 판단하기에 일일 농활 내지 단기 농활은 이러한 요구를 충족시킬 수 있는 흔치 않은 활동 중의 하나입니다.

일일 농활이란 농촌에 며칠 머물면서 일손 돕기를 포함한 다양한 프로그램을 진행하는 것을 말하지 않습니다. 이는 대부분의 사람들이 상당한 부담을 느끼는 활동으로, 시간 여유가 없는 사람들이 선택할 수 있는 활동이 아닙니다. 실제로 장기 농활은 비교적 시간 여유가 있는 대학생들이 방학을 이용하여 다녀올 수 있는 활동이지, 일반인들은 엄두도 내기 힘듭니다. 그런데 이와 같은 농활이 아닌 하루 또는 1박 2일 정도로 다녀오는 농활이 있을 수 있는데, 저는 이를 단기 농활 또는 일일 농활이라 부릅니다.

저는 지난 18년 동안 학생들과 매 학기 3~6회에 걸쳐 이러한 일일 농활을 해왔고, 지금까지 이와 같은 활동에 참여한 학생들의 수만도 줄잡아 1만 명에 가깝습니다. 저는 앞으로도 힘이 닿는 데까지 계속 농활을 갈 것입니다. 왜 그렇게 일일 농활에 집착하느냐고요? 무엇보다도 우리 농촌을 사랑하기 때문이겠죠. 하지만 이렇게 일일 농활을 가는 이유는 제가 농촌을 사랑하기 때문만은 아닙니다. 제가 많은 사람들이 일일 농활을 갔으면 하는 바람을 가지고 이를 적극적으로 권하는 것은 앞에서 잠시 언급했던 우리나라 봉사활동의 현실, 그리고 제가 처한 상황과 직접 관련이 있습니다.

대학에서 학생들을 가르치고 있는 저는 학생들의 나눔 의식을 정립하는 데에 많은 관심을 가지고 있습니다. 그리고 이에 관심을 가지고 있다면 저는 교수자가 학생들과 함께 나눔 활동을 함으로써 실천 없는 사유의 공허함을 넘어서야 한다고 생각하죠. 그런데 여러분들이 교수자의 입장이 되었다고 가정해보세요. 그리고 나눔에 대해 어떤 생각들을 가지고 있는지 알 수 없는, 적지 않은 수의 학생들과 함께 나눔 활동을 하면서 봉사 수요처에 도움이 되고, 나아가 학생들에게도 교육이 될 수 있는 일회성 활동에 어떤 것이 있을지 한번 생각해보세요. 예를 들어 제가 대규모의 학생들과 함께 서울에 있는 보육시설을 방문했다고 가정해봅시다. 과연 이것이 봉사 수요처에 도움이 되고, 학생들에게 도움이 되는 활동이 될 수 있을까요? 저는 힘들다고 생각합니다. 심지어 이는 민폐 활동이 될 우려마저 있죠. 아마도 이와 같은 방문은 어수선한 상황에서 우왕좌왕하다가 마무리되기 일쑤일 겁니다.

반면 지금까지의 경험으로 미루어볼 때, 일일 농활은 봉사 동기를 알 수 없는 대규모의 학생들이 참여하면서도 봉사자와 봉사 수요처 모두에게 도움이 될 수 있는 일회성 활동입니다. 때문에 저는 번거로운 일이 있음에도, 계속되는 노동으로 인해 제대로 걷지 못하고, 식은 땀이 날 지경이 되어도 주말을 반납하고 일일 농활을 이어가고 있는 것이고, 저뿐만 아니라 저와 유사한 상황에 처해 있는 다른 사람들에게도 적극적으로 일일 농활을 권하고 있는 것입니다. 만약 일일 농활을 농촌의 현실과 중요성, 나눔의 중요성 등에 대한 이론 교육과 더불어 시행하고, 여기에 재미까지 곁들일 수 있다면 일일 농활 내지 단기 농활은 훌륭한 봉사활동으로 자리매김할 것입니다.

일일 농활의 장점

지금까지의 경험을 통해 저는 일일 농활이 다음과 같은 장점을 가지고 있음을 느낄 수 있었습니다.

1) 정기적으로 봉사활동을 하기 어려운 사람들에게 적합하다

대부분의 복지시설들은 봉사자에게 일주일에 한 번 이상 꾸준히 활동할 것을 요구합니다. 때문에 틈틈이 짬을 내 봉사활동을 할 수밖에 없는 사람들은 결국 봉사활동을 포기하기 십상이죠. 농활은 이와 같은 사람들에게 훌륭한 활동의 기회를 줄 수 있는데, 만약 정기적으로 농활을 이끄는 주체만 있다면 사람들은 그 시기와 장소를 파악해서 자신이 가능한 시간과 장소에서 활동하게 될 것입니다. 이것이 가능해진다면 봉사활동에 관심은 있지만 정기적으로 시간을 내기 어렵거나 여유 시간을 활용하여 봉사활동을 하고자 하는 사람들이 봉사 수요처에 제대로 도움이 되는 활동을 할 수 있게 될 것입니다.

2) 동기의 영향이 상대적으로 적다

봉사활동을 하는 사람들 중 적지 않은 사람들은 제도의 강요로 마지못해 활동을 합니다. 그런데 이러한 활동은 그 누구에게도 도움이 되지 않을 가능성이 매우 큽니다. 반면 농활은 그렇지 않습니다. 다시 말해 봉사활동 점수나 스펙 등 봉사자의 관심이 개인의 이익에 있건, 농촌의 어려움을 공유하겠다는 데에 있건 그것이 커다란 문제가 되지 않습니다. 이렇게 말하는 이유는 단기 농활의 초점이 사람을 만나서 친분을 쌓는 일보다는 노동에 맞추어져 있기 때문입니다. 물론 농촌의 어려움을 함께 나누어보겠다는 생각을 가지고 일을 한다면 아무래도 더욱 열심히 일을 할 것임은 분명합니다. 하지만 설령 그와 같은 동기가 없어도, 만약 하루 종일 아무것도 하지 않고 놀지만 않는다면 어떤 방식으로든 농촌에 도움이 될 수 있습니다. 특히 학교에서 수업의 일환으로 농활을 가고, 교수자 또한 함께 일을 한다면 봉사자들은 싫건 좋건 일을 하게 되며, 이 경우 설령 봉사자의 동기가 긍정적인 방향으로 전환되지 않더라도 적어도 농민들은 일손을 덜수 있게 됩니다.

3) 봉사자와 봉사 대상 모두에게 긍정적인 영향을 준다

단기 농활의 장점은 무엇보다도 농촌에서 필요로 하는 일손을 제공한다는 것입니다. 농번기의 농촌은 절대적으로 일손이 부족합니다. 이러한 상황에서 다수의 인력이 동원되어 일손을 도울 경우 농촌의 입장에서는 이것이 가뭄의 단비와 같을 것입니다. 물론 농촌에도 다양한 일들이 있고, 비교적 전문 기술이 요구되는 일들이 있습니다. 이러한 일들은 농촌 일에 익숙하지 않은 사람들이 하기엔 역부족입니다. 하지만 농촌에는 이러한 일 외에도 아주 간단한 교육을 통해서도 쉽게 터득할 수 있는 일들이 적지 않으며, 이러한 일들만을 봉사자들이 한다고 하더라도 농촌은 일손을 덜 수 있습니다. 다음은 어떤 농촌 출신 학생이 쓴 리포트에서 가져온 것입니다.

> 방학 때 친구들을 집에 초대하면서 많은 것을 깨닫게 되었다. 아빠가 친구들에게 대학 동아리나 학생회에 '농활'을 소개해달라고 부탁했기 때문이다. 시골의 작은 은행에서 일하시는 아빠는 누구보다 농촌 생활을 잘 알고 계시는데, 인력이 부족한 농촌에 대학생들의 농활은 큰 도움이 된다고 하셨다.

이처럼 농활이 봉사 수요자에게 도움이 될 수 있어도 봉사자에게 얼마만큼 긍정적인 효과가 있을지에 대해서는 확실하게 이야기할 수 없습니다. 무엇보다도 나눔에 대한 관심을 갖게 되는 것은 여느 봉사활동과 다를 바 없이 봉사자 본인의 의지에 달린 것이기 때문입니다. 그럼에도 농촌을 직접 경험하게 될 경우 봉사자들은 노동의 보람과 소중함을 느낄 수 있으며, 농촌 일이 얼마만큼 힘든지, 일손이 얼마만큼 부족한지 등을 알게 됨으로써 우리 농촌의 현실을 재고해 보게 될 것입니다. 또한 농산물이 얼마나 어렵게 생산되는지를 직접 경험해볼 경우 음식물을 쉽게 남기지 않는 등의 변화가 일어날 것이며, 협동 작업을 통해 일손을 거들 수 있었다는 뿌듯함 등은 나누는 삶의 의지를 다지는 데에 도움이 될 것입니다.

농활은 정말 재미있고 뿌듯했다…… 땡볕에 무지 더웠지만 주인아저 씨께서 정말 고마워하시고 맛있는 점심과 간식도 챙겨주셔서 힘내서 해낼 수 있었다. 우리의 노동력이 마음에 드셨는지 가을에 밤 따러 한 번 더 오라고 하시기도 했다.

이 또한 학생이 제출한 리포트의 일부인데요. 항상 그런 것은 아니 겠지만 이는 농활이 봉사자와 봉사 수요처 모두에게 도움이 되는 활 동임을 느낄 수 있게 합니다.

4) 많은 인원이 한꺼번에 참여하는 활동으로 적합하다

최근 봉사를 하고자 하는 사람은 많이 늘어났지만 비교적 가벼운 마음으로 단기적으로 할 수 있는 활동을 찾기란 그리 쉽지 않습니다. 이러한 어려움은 대규모의 인원이 행사 차원에서 활동을 하고자 할 경우 더욱 그렇습니다.

그런데 농활은 대규모의 인원이 동원된다고 하더라도 봉사 수요자 에게 도움이 될 수 있는 활동입니다. 아마도 대규모의 인원이 한꺼번 에 참여하면서 도움이 되는 봉사활동으로는 농활이 거의 유일할 것 입니다. 이러한 활동은 다양한 방법으로 활용할 수 있는데, 예를 들 어 대학에서는 인성과 관련한 과목, 사회봉사 과목뿐만 아니라 교수자가 원하기만 한다면 어떠한 과목에서도 활용할 수 있으며, 학교 내의 봉사 관련 부서에서 농활을 갈 날짜를 정해놓고 학생들을 모집하여 다녀오는 방법도 생각해볼 수 있습니다. 이 밖에 동아리나 학생회 등 학생들끼리 자체적으로 활동을 계획할 수 있는데, 이러한 활동을 활성화하기 위해 누군가가 관심을 갖는다면 농활은 봉사의 즐거움을 느낄 수 있는 훌륭한 활동으로 자리매김할 것입니다.

안녕하세요 김성한 교수님! 경상대학 회장 최○○입니다! 어제 농촌봉사활동을 무사히 다녀오고 연락을 드리려 했는데 시간이 너무 늦은 것 같아서 오늘 연락드립니다. 교수님이 지원을 해주시고 가이드라인을 다 제시해주신 덕에 편하고 재미있는 농촌봉사활동을 한 것 같아서 기쁩니다! 이번 농촌봉사활동을 통해 많은 것을 배우고 느꼈던 것 같습니다. 이번을 계기로 이러한 뜻깊은 봉사활동이 지속적으로 이루어질 수 있도록 노력하겠습니다! 감사합니다^^*

저는 이러한 젊은이들을 보면서 우리나라 미래의 희망을 발견합니다. 저는 이와 같은 팀들이 더욱 많이 생겨 농활의 싹이 아름드리나무로 성장할 것을 믿어 의심치 않고, 이를 위해 안간힘을 써보려 합니다.

5) '우리' 의식을 싹틔울 수 있다

농활은 함께 일을 한 사람들끼리 유대 의식을 강화하는 데에도 도움이 됩니다. 일의 특성상 농활 참여자들은 공동 작업을 하게 되는데, 하루 종일 함께 작업을 하고 나면 자신도 모르는 사이에 동료애가 싹트고, 특히 일을 다 마무리하고 나서 막걸리 등으로 뒤풀이까지 할 경우 그와 같은 마음이 더욱 커지게 됩니다. 이는 어려움을 함께 나누었다는 느낌, 제대로 봉사활동을 해냈다는 자긍심 등이 복합적으로 어우러져 나타나는 현상이죠. 이는 함께 일한 사람들끼리 친해지는 계기로 작용하게 됩니다. 농활에 참여했던 친구의 말을 들어볼까요?

농활은 친구와 함께하기 좋은 활동이라는 점도 장점이다. 아무래도 하나보단 둘이 좋고, 여럿이 하는 것이 즐겁게 할 수 있고 많은 사람을 만날 수 있으니 농활을 통해 새로운 관계를 쌓을 수 있을 것이다.

실제로 농활은 친구들끼리 신뢰를 쌓는 데에서 한걸음 더 나아가 교수자와 학생들간의 벽을 허무는 데에도 도움이 됩니다. 이를 위해서는 무엇보다도 교수자가 솔선수범하는 모습을 보임으로써 말 그대로 스승으로서의 모습을 보이는 것이 중요하며, 뒤풀이 자리를 포함해 학생들과 소통을 하기 위해 노력해야 합니다. 한 학생의 다음과 같은 이야기는 솔선수범이 교육자의 덕목이어야 함을 적절히 드러내고 있습니다.

솔선수범은 누구나 필요하다고 생각하겠지만, 특히 나는 말과 행동이 다른 것만큼 교육자에게 무책임한 행동도 없다고 생각한다. 아이의 손을 잡고 무단 횡단하는 엄마가 아이에게 아무리 "규칙을 잘 지켜야 한다."고 교육한들 그것이 효과가 있을까?

한편 학생들끼리, 그리고 교수자와 학생들 간에 우애와 정을 나눌 경우 이는 강의실에서의 수업에도 도움이 됩니다. 교수자에 대한 신뢰감을 갖게 된 학생들은 수업에 더욱 열심히 참여할 것입니다.[22] 그런데 만약 교수자가 학생들에게 농활의 의의와 나눔의 중요성 등을 주지시키고, 이를 근간으로 봉사 모임 등까지도 조직해서 봉사활동을 이끌어주기까지 한다면 농활이 지향하는 소기의 목적을 더욱 잘 달성할 수 있을 것이며, 봉사 지도 인력 부재의 문제를 해결하는 데에도 도움이 될 것입니다.

농활의 실제 효과

농활을 통해 과연 실제로 위에서 언급한 긍정적인 효과가 나타날까요? 다음과 같은 학생의 글은 그러한 효과가 나타남을 시사합니다.

농활은 분명 봉사를 활성화하는 데 있어 좋은 방안이다. 직접 경험하고 나니 더 그 주장에 동의할 수 있다. 이를 활성화하는 데 어려움은 존재하겠지만, 중고등학교와 대학교의 사회 봉사 부분에 저금씩 적용해

---

22 이승훈, 「대학 인문학 수업에서 농촌 봉사 활동의 연계 활용과 그 영향」, 『학습자 중심 교과 교육연구』 제14권, 2014, 82쪽.

나간다면 많은 이들이 참된 봉사를 할 수 있지 않을까 한다. 처음으로 경험해본 농활은 나에게 매우 좋은 경험이자 봉사였으며, 이전까지 내가 해왔던 봉사와는 다른 무언가를 깨닫게 해주었다. 기회가 된다면 꾸준히는 아니더라도 한 번 더 도전해보고 싶다. 아마 내년의 나는 또 농촌 어딘가에서 농활을 하고 있지 않을까.

이는 한 학생의 의견이기보다는 농활에 참여한 학생들의 일반적인 생각인 것처럼 보입니다. 비공식적인 자료이긴 하지만 일일 농활의 효과는 2013년 10월 3일과 5일 이틀에 걸쳐 진행된 일일 농활에 대한 숙명여대 학생 104명을 대상으로 한 설문 조사에서도 확인된 바 있습니다.

설문 대상자들은 '농촌활동이 필요하다고 느끼는가?'라는 질문에 32명(31%)이 '매우 필요하다'라고, 66명(63%)이 '필요하다'라고 답하여 전체 학생들 중 94%가 농활의 필요성에 대해 긍정적으로 답했습니다. 또한 '농활이 인성교육의 한 축인 실천 능력을 함양하는 계기를 마련하는 데 '크게 도움이 되었다'와 '도움이 되었다'라고 답한 학생들이 88%, '농촌활동이 정기적으로, 빈번하게 봉사활동을 하기 어려운 사람들에게 적합한가'라는 질문에 '매우 그렇다'와 '그렇다'고 답한 학생들이 86%, '농촌활동이 봉사자와 봉사 대상 모두에게 긍정적인 영향력을 발휘할 가능성이 큰가?'라는 질문에 '매우 그렇다'와 '그렇다'라고 답한 학생들이 91%, '농촌활동이 많은 인원이 한꺼번에 참여하는 봉사활동으로 적합한가?'라는 질문에 '매우 그렇다'와 '그렇다'라고 답한 학생들이 85%, '농촌활동이 '우리' 의식을 싹틔울 수 있는가'라는 질문에 '매우 그렇다'와 '그렇다'가 82%, '전체적으로 농촌활동에 대한 느낌을 묻는 질문에는 89%가 '매우 만족'이나 '만족'을, '기회가 되면 농촌활동을 다른 학우들에게 적극 추천하겠다'와 '추천하겠다'라고 답한 학생이 91%였습니다. 설령 이 설문조사가 상식적인 수준에서 이루어진 것이었다고 하더라도 적어도 설문은 많은 학생들이 농활에 대해 긍정적인 생각을 가지고 있음을 보여줍니다. 게다가 일부 질문이 오해가 있을 수 있었음을 감안한다면, 그리고 모든 학생들과 교수자가 함께 활동하지 못할 만큼 인원수가 많았음을 감안한다면 일일 농활은 많은 사람들이 참여하는 봉사활동으로 적절하다고 말할 수 있을 겁니다.

농활과 관련한 앞으로의 계획

수녀님 일손을 거들 생각으로 시작했던 농활. 아쉬운 것은 제가 농활이 괜찮은 프로그램임을 확신하면서도, 그리고 18년이라는 적지 않은 시간이 흘렀음에도 이를 확산시키는 데에 소홀했다는 점입니다. 제 게으름이 가장 큰 이유일 텐데, 최근 나름 노력을 하고 있지만 농활 확산 프로젝트가 정상 궤도에 오르려면 한참을 더 기다려야 할 듯합니다. 현재 제가 계획하고 있는 것은 먼저 대학 사회에 일일 농활을 확산하는 것입니다. 이를 위해 저는 여대와 남학생들이 많은 과의 연결을 주선해서 그들끼리 농번기에 특정 농촌 지역을 정기적으로 방문하게 하고, 봉사 동아리, 종교 동아리 그 외 과 단위로 농활을 가게 하려는 계획을 가지고 있습니다. 2016년까지 이러한 팀을 30개 만드는 것이 목표인데, 6개의 팀이 꾸려졌으니 5분의 1의 목표를 달성한 것인가요?

그 다음 단계, 아니 어쩌면 동시에 시도해보려는 것은 일반인들까지도 농활을 가게 하는 것입니다. 이를 위해서는 간단하나마 사무실과 직원이 필요할 것이고, 이외에도 번거로운 일들이 있을 텐데, 이는 별 문제가 아닙니다. 저는 이를 최대한 빠른 시일 내에 시작할 것이며, 이를 계기로 사람들이 농활 외의 또 다른 나눔 활동에도 관심을 갖도록 하는 방안들을 마련하고자 합니다. 일일 농활에 조금이라도 관심을 갖게 된 분들, 도와주세요! 아니 함께 일구어나가 보자고요.

27

반려동물이 아닌
가축에게도 관심을……

> 인간에게는 영원히 또는 이 행성이 더 이상 살아있는 존재들이 살 수 없는 장소가 될 때까지 계속해서 다른 종들을 억압할 수 있는 힘이 있다. 냉소적인 시인과 철학자들이 항상 말해온 바와 같이 도덕성이 자기 이익과 부딪칠 경우에는 아무런 역할도 하지 못한다는 사실을 입증하면서 우리의 횡포가 계속될 것인가? 아니면 [……] 우리의 지배하에 있는 생물 종들에 대한 무자비한 착취를 종식시킴으로써 진정한 이타성을 발휘할 수 있는 능력이 우리에게 있음을 입증할 것인가?
> – 피터 싱어·김성한 옮김, 『동물해방』(연암서가, 2012), 416~417쪽.

이효리 등 일부 연예인이 채식을 선언하고, 동물에 대한 사랑을 촉구하는 TV 프로그램이 방영되면서 최근 채식 열풍이 불어 닥치고 있습니다. 이와 더불어 채식에 반대하는 사람들도 그 못지않게 많이 나타나고 있죠. 저는 반려동물은 물론, 우리가 즐겨 먹는 소, 돼지, 닭 등을 배려하고, 가급적 채식을 하려는 것 또한 나눔의 실천 방법이라 생각합니다.

인간의 육식에 대한 수요를 최대한 충족시키기 위해 공장식 농장에서 가축을 사육하면서 평생 동안 고통 속에 살게 하고, 결국 그들을 먹을거리로 이용하는 것은 엄청난 학대 행위입니다. 수백 만 마리의 동물을 전염병 확산 방지를 이유로 한꺼번에 구덩이에 파묻고, 서로 쪼아대지 않게 하기 위해 병아리의 부리를 자르고, 수평아리는 필요하지 않다며 한데 모아 질식시켜 죽이며, 스트레스를 받은 새끼 돼지들이 서로 물어뜯지 못하게 하려고 그들의 이빨을 뽑아버리며, 꼬리를 잘라 불로 지지고, 심지어 돈이 될 것 같지 않은 새끼 돼지는 바닥에 쳐서 죽이고, 훌륭한 마블링을 위해 수소를 거세하는 등 이루 말로 하기 힘든 수없이 많은 만행이 단지 그들이 우리의 먹을거리로 태어났다는 이유로 거리낌 없이 행해지고 있습니다.

저는 동물 보호에 반대하는 사람들이 이러한 사실을 알고 동물 보호를 외치는 사람들을 비난하는 것인지 잘 모르겠습니다. 제가 생각하기에 동물 보호에 반대하는 일반인들은 대체로 이러한 현실을 잘 모르고 있을 뿐만 아니라 윤리 이론이나 도덕 원리가 무엇인지, 이를 어떻게 활용하는지를 잘 모르고 있는 것이 아닌가 싶습니다. 우리가 윤리 이론이나 원리를 의식하고, 그리하여 가령 공리주의를 기준으로 동물에게 도덕적 지위가 있는지의 여부를 판단하려 할 경우 동물에게 일정한 도덕적 지위가 있음을 부인하기가 어렵습니다. 왜냐하면 공리주의의 기준인 쾌락을 도모하고, 고통을 막아야 한다는 측면에서 보았을 때 쾌락과 고통을 느낄 수 있는 동물은 마땅히 배려해야 할 대상이기 때문이죠.

이러한 기준에서 보자면 사람들이 즐겨 먹는 동물은 그저 음식이고, 반려동물은 함께 즐겁게 살아가는 동물들이라는 구분 또한 유지하기 어렵습니다. 그 이유는 반려동물이건 소위 식용동물이건 쾌락과 고통을 느끼는 것은 마찬가지이기 때문입니다. 제 생각에 우리가 현재 더욱 적극적으로 관심을 가져야 하는 동물은 반려동물이 아니라 식용동물인데, 그만큼 그러한 동물은 열악하다는 표현으로는 모자랄 정도로 극도로 모진 환경에서 태어나 오직 고기로 쓰이기 위해 살다가 죽음을 맞이하기 때문입니다. 일부 반려견들은 주인의 품에 안겨, 심지어 저도 타보지 못한 비싼 승용차를 타고 다니면서 안락하게 살기도 합니다. 이처럼 엄청난 행복을 누리며 살아가는 경우가 아니라고 하더라도 적어도 반려동물들은 이제 배려의 대상으로 서서히 자리 잡아가고 있습니다. 간혹 인간에게 버려지는 반려동물들도 있지만 말입니다. 이에 반해 아직 국내에서는 소위 식용동물을 배려해야 한다는 이야기가 이상하게 들릴 정도로 식용동물에 대한 배려는 아직도 요원한 편입니다. 그리고 너무나도 당연한 귀결이겠지만 이러한 사회 분위기로 인해 채식을 하는 사람들을 위한 식단이 마련되어야 한다는 이야기는 좀처럼 듣기 힘들며, 우리 사회에서 아무 불편 없이 채식을 하기란 매우 어렵습니다.

하지만 다른 일부 서구 사회가 변하고 있듯이 우리 사회 또한 변할 수 있습니다. 당장 반려동물에 대한 배려만 봐도 불과 10여 년 전에 비해 우리의 태도는 현저하게 변했습니다. 이와 유사한 인식의 변화로는 동성애에 대한 태도를 들 수 있죠. 만약 식용동물이 살아 있는 동안의 처우 방식에 대한 사회 분위기가 바뀌게 된다면 그러한 동물들의 살아가는 환경 또한 현저하게 개선될 것이며, 이와 더불어 채식인들을 위한 사회적 배려도 점차 늘어날 것입니다. 이렇게 되려면 지금보다 훨씬 많은 사람들이 식용동물의 처우에 관심을 가져야 하며, 설령 적극적으로 어떤 단체에 가입해서 활동을 하지 않는다고 하더라도 적어도 '육식을 하지 않고', '이의 문제를 널리 알리는' 최소한의 방식으로라도 소위 식용동물에게 관심을 가져야 합니다. 이 또한 세상에 현존하는 실로 어마어마한 고통을 없애기 위한 작지만 커다란 실천이기 때문입니다.

현재 국내에 동물의 도덕적 지위를 다룬 번역서뿐만 아니라 국내의 학자가 직접 쓴 책들이 다수 출간되어 있기 때문에 여기서 그 내용을 일일이 소개한다는 것은 잉여적인 작업이라 할 것입니다. 그럼에도 동물 보호 운동에 반대하는 일부 사람들이 흔히 물고 늘어지는 논변들이 있는데, 여기에서는 이에 대한 동물 보호론자들의 대응만을 교수와 학생의 질의·응답의 방식으로 간단히 제시해보도록 하겠습니다.

식물을 먹든, 동물을 먹든?

학생 | 교수님! 질문이 있습니다. 만약 동물을 먹어선 안 된다면 식물 또한 먹지 말아야 하는 것은 아닐까요? 둘 다 생명체잖아요?

교수 | 학생은 생명체인 인간을 포함한 동물과 식물은 도덕적 배려의 대상임에 반해, 생명체가 아닌 무생물은 도덕적 고려의 대상이 아니라고 말하고 있는데요. 이를 '생명 중심주의'라고 부를 수 있겠군요.

학생 | 네~ 그렇습니다. 모든 생명체는 존중받아야 하는 것 아닐까요?

교수 │ 좋아요. 저도 모든 생명체를 소중하게 생각해야 한다는 데에는 원칙적으로 동의합니다. 하지만 학생은 생명을 기준으로 하는 것의 논리적 귀결을 받아들일 용의가 있나요?

학생 │ 무슨 말씀이신지……

교수 │ 만약 모든 생명이 존엄하고, 이에 따라 어떤 생명도 해치지 말아야 한다면 우리는 무엇을 먹으며 살아가야 할까요? 우리가 과식인(果食人, fruitarian)이 되지 않는 이상 생명을 빼앗지 않고 살아가는 것은 불가능합니다. 심지어 과식인마저도 자신도 모르는 사이에 생명체의 생명을 빼앗아버리는 경우가 있을 텐데, 결국 우리는 생명의 중요성의 층차를 인정하지 않을 수 없게 될 것입니다. 그런데 층차의 기준을 세우려하다 보면 결국 육식이 아닌 채식을 선택해야 한다고 생각하게 되지 않을까요? 예컨대 우리는 모기와 인간이 모두 생명체라고 해서 어떤 목숨을 빼앗건 마찬가지라고 생각하지 않습니다. 이처럼 우리는 생명을 앗아갈 수밖에 없다고 해서 어떤 생명을 앗아가도 마찬가지라고 생각하지 않습니다. 우리는 분명 생명의 중요성의 차이를 부지불식간에 인정하고 있죠. 그런데 식물과 동물의 생명 중 더욱 소중한 쪽을 고르라고 하면 아마도 후자라고 답변을 할 것입니다. 그리고 이렇게 답변을 한다면 우리는 육식을 피하고 채식을 하는 것이 좋겠죠?

학생 │ 만약 생명 중심주의를 고수한다면 어떤 다른 문제가 생길 수 있을까요?

교수 ┃ 이런 문제도 있을 것 같습니다. 우리는 본의 아니게 생명을 앗아가며 살아갑니다. 무심코 식물이나 곤충 등의 생명을 밟아서 죽이는 경우는 말할 것도 없고, 보이지 않는 무수한 생명체마저도 의지와 무관하게 죽이면서 살아가죠. 또한 우리는 인류의 건강을 위협하는 수많은 생명체들을 제거하려 하기도 하는데, 예컨대 우리는 에볼라 바이러스 등 인류의 안위를 위협하는 각종 병원체를 박멸하기 위해 노력합니다. 그런데 생명 중심주의를 채택할 경우 이러한 노력을 포기해야 할 수도 있습니다. 그러한 병원체들 또한 생명이니까요. 이러한 문제들에 대해 생명 중심주의자는 어떻게 대처할 수 있을까요? 물론 식물을 포함한 어떤 생명체에게도 인간의 척도로 알 수 없는 고유한 생명 활동이 있고, 이와 같은 활동의 주체인 생명체를 함부로 대해서는 안 된다고 말할 수 있습니다. 하지만 인간의 생존을 위해 불가피한 경우마저도 생명을 앗아갈 수 없다는 태도를 유지해야 한다고 주장하는 사람이 있다면 우리는 그 말의 진정성을 의심해보아야 할 것입니다.

학생 ┃ 그렇다면 공리주의의 기준인 쾌락과 고통은 어떤가요? 일부 사람들은 식물도 고통을 느낄 수 있는 능력이 있고, 이에 따라 우리가 아껴주면 싱싱하게 자라는 반면 관심을 기울이지 않으면 시들시들해진다는 주장을 합니다. 그러면서 양자가 모두 고통을 느낄 수 있다면 우리가 어떤 것을 먹어도 상관없지 않느냐고 의문을 제기합니다. 또한 어떻게 오직 동물만이 고통을 느낀다고 이야기할 수 있느냐고 항변을 하기도 하는데, 여기에 대해서는 어떻게 답할 수 있을까요?

교수 : 사실 저는 이러한 질문이 당혹스러운데, 질문을 하는 사람이 실제로 동물과 식물이 비슷하게 고통을 느낀다고 생각을 하는 것인지, 아니면 반대를 위한 반대, 혹은 육식이 너무 하고 싶은 나머지 사유 능력을 다소 상실한 것인지 모르겠어요. 건전한 상식을 가지고 판단을 해 보건대 소나 돼지, 닭 등이 식물에 비해 고통을 훨씬 크게 느낄 능력이 있음은 명백합니다.

학생 : 그래도 그 반대의 가능성을 배제할 수 없잖아요.

교수 : 물론 그렇긴 하죠. 그럼에도 그와 같은 의문을 제기하는 사람들에게는 대통령 선거에 개와 돼지, 그리고 김성한과 히틀러가 나왔을 때 누구를 찍겠냐고 물어보고 싶습니다. 이때 사람들은 김성한을 찍을 가능성이 큰데, 김성한이 100점 만점에 100점이기 때문에 그를 선택하는 것은 아닙니다. 설령 김성한의 종합 점수가 0점이라고 하더라도 '상대적으로' 다른 후보에 비해 점수가 높기 때문에 불가피하게 김성한을 뽑는 것이죠. 마찬가지로 어떤 선택을 할 때 우리는 설령 만족스럽지 못하다고 하더라도 주어진 상황에서 최선의 것을 선택해야 합니다. 그리고 이에 따른다면 식물과 동물 중에서 어느 쪽이 더 고통을 크고 예민하게 느낀다고 생각해야 할지는 굳이 말할 필요가 없을 것입니다. 이것이 확고한 진리가 아닐지라도 현재의 과학 기준에서 보았을 때 식물이 동물에 비해 고통을 크고 예민하게 느낄 가능성은 현저히 낮습니다. 때문에 우리는 동물보다 고통을 제대로 느끼지 못하는 식물을 선택해서 먹어야 하는 것이죠.

건강에 문제가 생기는 것은 아닐까?

건강 문제는 채식을 둘러싼 가장 커다란 쟁점 중의 하나입니다. 수업 시간에 학생들이 토론을 벌일 때에도 보면 이 문제를 놓고 가장 치열한 논쟁을 벌이죠. 이에 대해서는 건강에 도움이 된다는 입장과 그렇지 않다는 입장이 팽팽하게 의견의 대립을 보이고 있는데, 어느 쪽이 옳은지에 대해 비전문가들이 판단을 내리기가 쉽지 않습니다. 그럼에도 채식인의 입장에서는 이 문제에 대해 다음과 같이 대응할 수 있습니다.

첫째, 만약 실제로 채식이 건강을 해친다면 채식을 권하는 서적들은 잘못된 지식을 전달하는 책으로 이미 오래전에 폐기되었어야 했을 것입니다. 또한 채식이 몸에 해롭다면 지구상에 존재하는 적지 않은 수의 비건(vegan)이라 불리는 완전 채식주의자들이 어떻게 지금까지 살아남아 있는지, 어떻게 건강을 유지하면서 살아갈 수 있는지를 설명하기가 힘듭니다. 이처럼 지구상에 존재하는 완전 채식주의자들이 잘 살아가고 있다는 사실만으로도 채식이 건강을 해친다는 주장에 대해서는 의문이 제기됩니다.

둘째, 채식에 함유되어 있지 않은 영양소를 육식을 통해 섭취해야 한다는 지적에 대해 채식인들은 이것이 적절치 않은 지적이며, 식물성 음식으로도 얼마든지 대체가 가능하다고 주장합니다. 이에 대한 공방은 계속 이어지고 있는데, 전문가가 아닌 이상 이들 중 어느 쪽이 옳은지 가늠하기가 힘듭니다. 심지어 이는 전문가들 사이에서도 합의가 이루어지고 있지 않은 것처럼 보입니다. 그럼에도 『채식이

답이다』라는 책을 펴 낸 의사들의 모임인 베지닥터들이 채식을 하고 있음을 감안해보았을 때, 적어도 "채식이 건강을 해친다."가 정답이라고 말하긴 어려운 듯합니다.

셋째, 우리가 채식인이 된다고 해서 반드시 완전 채식주의자가 되어야만 하는 것은 아닙니다. 일부 철학자들은 생명체의 중요성에 층차가 있음을 보여주려 하는데, 주체로서의 삶을 살아가는 존재에게 본래적 가치(intrinsic value)를 부여하는 톰 레간(Tom Regan)의 입장에서는 그러한 삶을 살아가지 못하는 동물들, 예를 들어 척추동물을 제외한 동물들은 먹어도 된다고 말할 수 있는 여지가 있습니다.

이처럼 생명의 중요성에 층차를 둘 수 있고, 동물성 단백질을 섭취하지 못할 경우 심각한 건강상의 문제가 일어나는 것이 사실이라면 우리는 생명의 중요도가 상대적으로 낮은 동물의 단백질을 최소한으로 취하는 방법을 생각해볼 수 있습니다. 그리하여 고기를 먹지 않을 경우 실제로 건강에 문제가 생기거나 생길 소지가 있는 사람들은 최소한으로 고기를 섭취하되, 생명의 층차를 염두에 두면서 포유류나 조류보다는 굼벵이나 해산물 등을 통해 영양소를 취하면 될 것입니다. 건강 문제 때문에 동물을 먹어야 하는데, 여기에 구분을 두지 않겠다고 생각하는 것은 편의에 따른 흑백논리의 오류를 범하는 것입니다. 이러한 구분이 귀찮다고 생각하는 사람들은 동물 문제가 윤리적인 실천과 관련됨을 상기해야 합니다. 다소 귀찮다고 하더라도 그러한 번거로움은 올바른 실천을 위해 어느 정도 감수해야 하는 것 아닐까요?

넷째, 만약 이것마저도 불가피한 이유로 선택할 수 없다면 또 다른 방법으로 우리는 고기 선별 기준을 만들어 이에 따르는 것을 생각해볼 수 있습니다. 예를 들어 우리는 고기의 출처와 관련해 공장식 농장에서 사육되는 동물의 살코기를 먹지 않겠다는 기준을 마련해볼 수 있으며, 육식의 빈도와 관련해서는 일주일에 하루는 채식만 하는 방법을 고려해볼 수 있습니다. 비틀즈 멤버인 폴 매카트니(Paul McCartney)가 2009년 시작한 '고기 없는 월요일'이라는 사회운동은 이에 해당하는데, 굳이 이러한 운동에 동참하지 않는다고 하더라도 개인이 일주일에 몇 번 또는 하루 식사에서 몇 번 등의 기준을 만들어놓고 이를 지키려 노력할 경우 이를 통해 세상에서 살아가는 동물의 고통을 줄이는 데 기여할 것입니다. 그런데 이처럼 최선의 선택은 아니더라도 나쁜 선택이 아닐 수 있는 충분히 다양한 스펙트럼의 훌륭한 실천이 있음에도, '이것 아니면 저것'의 방식으로 완전 채식주의자가 아닌 채식주의자들을 몰아세우는 것은 흑백논리의 전형입니다. 완전 채식주의자가 아니면 어떻습니까? 육식을 줄이기 위해 나름대로 노력하는 것도 충분히 의미 있습니다.

동물 문제가 우리에게 시사하는 바

저는 동물 문제가 단순히 ①우리의 식사 관행을 재고하게 하는 데에 그치는 것이 아니라, ②도덕 원리를 활용한 판단의 중요성을 일깨우며, ③갑의 입장이 되었을 때 을의 입장을 생각하기기 얼마나 어려운지, ④자신의 이익과 상충될 때 우리가 얼마나 자기 합리화를 위해 노력하는지, ⑤상식적으로 사는 것이 얼마나 위험할 수 있는지 등을 고려해보게 한다고 생각합니다. 이처럼 동물 문제는 매우 시사하는 바가 많은 주제입니다. 지면 관계로 이곳에서 충분히 다루지는 못했지만 동물에게 도덕적 배려가 필요하다고 생각하는 철학자들은 우리가 흔히 머리에 그리는 채식 반대 논변에 일일이 대응할 수 있는 논리들이 있습니다.

만약 이러한 논리들에 수긍한다면 우리는 마땅히 인간에 비해 훨씬 약자인 동물의 행복에 관심을 기울여야 합니다. 이에 관심을 갖고 채식을 하거나 육식을 줄이는 등의 작은 실천을 해나가는 것은 우리가 일반적으로 간과하기 쉬운 한 가지 나눔의 방식입니다. 이는 굳이 시설을 방문해야 하는 것도, 모임에 가입해서 활동해야 하는 것도 아닙니다. 단지 식사 시간에 먹고 싶은 것을 조금만 참으면 되고, 굳이 활동을 하고 싶다면 SNS 등에 홍보 글을 남기는 정도만 해도 충분하죠. 지금부터 우리 모두 이러한 작은 나눔을 실천해볼까요?

28

글을 마치며

나누어서 행복한 사람은 '남'이 아닌 바로 '나'

인간의 행복은 우리가 행복에 대해 적당히 거리를 두는 법을 배울 때에만 우리 곁에
가까이 온다. 다시 말해 내가 나 자신의 행복을 삶의 목표로 삼지 않을 때, 행복이나
욕망이 아니라 선과 도덕을 행복보다 더 중요한 가치로 숭상할 때, 도리어 행복은 우
리 모두에게 가까이 오는 것이다.

– 김상봉, 『호모 에티쿠스』(한길사, 1999), 7쪽.

이태석 신부님의 헌신하는 삶을 다룬 영화 〈울지마 톤즈〉를 보
다 보면 "가진 것이 그 사람의 인생을 말해주는 것은 아닙니다. 지구
반대편 두 평 남짓한 공간에서도 꿈을 이룬 남자는 충분히 행복해 보
입니다."라는 내레이션이 나옵니다. '아니? 지구상에서 가장 오지라
고 할 수 있는 곳에서 힘들게 고생하면서 살아가는데 행복이라니?'
평범한 사람들에게는 참으로 이상한 말입니다. 도대체 무엇이 행복
하다는 것인지……

사람들은 누구나 행복을 바라기 때문에 행복이라는 말을 쉽게 하
고, 또한 듣게 됩니다. 그런데 구체적으로 행복이란 무엇일까요? 사
전을 찾아보면 행복이란 "생활에서 기쁨과 만족감을 느껴 흐뭇한 상

태"라고 정의되어 있습니다. 이러한 정의에 따르면 사람들이 생각하는 행복은 각자 다른 것처럼 보입니다. 그럼에도 오늘날을 살아가는 일상인들은 대체로 비슷한 상황에서 행복을 느낍니다. 비싼 자동차나 명품 등을 구입했을 때, 맛있는 음식을 먹었을 때, 자신이 원하는 사람과 사랑에 빠졌을 때, 대학에 합격했을 때, 부자가 되었을 때 사람들은 행복하다고 말하죠. 하지만 이태석 신부님은 이러한 조건들이 전혀 충족되지 않았고, 거꾸로 사람들이 어떻게든 회피하려는 가난과 헐벗음 속에서, 또한 그러한 상황에 놓여 있는 사람과 함께 살았습니다. 그런데 이를 어떻게 행복하다고 할 수 있는 것일까요? 공연히 하는 이야기가 아닐까요?

저 또한 한때 "나누어서 행복한 사람은 남이 아닌 나"라는 이야기가 그저 듣기 좋으라고, 그리고 나눔을 권하기 위해 하는 말이라고 생각했습니다. 봉사를 하는 사람은 자신을 어느 정도 희생하는 것임에 반해 봉사 수혜자는 그와 같은 희생으로 아주 조금이나마 행복해지게 되며, 때문에 희생하는 사람이 행복해진다는 말은 그냥 하는 말 그 이상도, 그 이하도 아니라고 여겼죠. 하지만 9장에서 언급한 미러뉴런이 실제로 존재한다면 나로 인해 상대가 기쁨을 느낄 경우 나 또한 기쁘게 될 겁니다. 이러한 설명으로 미루어본다면 이태석 신부님이 정말 행복할 수 있었던 이유는 신부님 때문에 기쁨을 느낄 수 있는 수단 사람들이 많았고, 그들이 기뻐하는 모습을 보고 신부님 또한 덩달아 기쁨을 느꼈기 때문일 것입니다.

프로이트가 말하는 초자아와 행복

그런데 이처럼 행복을 주는 것이 사실이라면 왜 그토록 많은 사람들이 자신의 영달만을 위해 살아가는 것일까요? 이를 프로이트의 정신 구조에 대한 이론을 빌려 설명해보죠. 프로이트에 따르면 우리의 정신은 본능적인 욕구나 충동인 이드(id), 자아(ego), 그리고 도덕적 자아 또는 양심에 해당하는 초자아(superego)로 이루어져 있습니다. 이 중에서 이드는 우리에게 태어날 때부터 주어진 생물학적 경향임에 반해, 대체로 초자아는 후천적으로 발달이 이루어집니다. 사람들의 정신에서 이드와 초자아의 비중의 차이는 이드의 비중이 압도적으로 높은 경우에서 초자아의 비중이 매우 큰 사람에 이르기까지 천차만별입니다. 이는 환경, 학습, 의지 등을 통해 얼마만큼 초자아를 갖추게 되었고, 또한 갖추려 하였느냐에 따라 나타나는 결과입니다. 이 중에서 초자아의 비중이 낮은 사람, 혹은 정신에서 이드의 비중이 압도적으로 큰 사람은 나눔 활동을 통해 별다른 만족을 느끼지 못할 가능성이 큽니다. 왜냐하면 그에게는 마음에서 초자아가 차지하는 비중이 작아 설령 이를 충족시킨다고 해도 정신에 별다른 영향을 미치지 못하기 때문입니다.

반면 살아가면서 초자아의 힘을 부지런히 키운 사람은 정신에서 초자아가 상당 부분을 차지할 것인데, 이러한 사람은 이드를 근본적으로 제거할 수는 없어도, 그리고 이드의 영향 때문에 충동의 유혹을 어느 정도 받는다고 해도 초자아의 힘으로 이를 극복하려 할 것입니다. 그는 이드를 만족시켜도 마음에서 이드가 차지하는 비중이 그리

크지 않기 때문에 상대적으로 기쁨을 덜 느낄 것입니다. 심지어 그는 초자아에 따르지 못했다는 사실로 인해 가책을 느낄 수도 있는데, 그는 이러한 가책을 느끼지 않기 위해서라도, 또한 마음에서 큰 비중을 갖는 초자아를 만족시키기 위해서라도 타인을 기꺼이 도우려 하는 등의 도덕적 행동을 하려 할 것입니다. 이러한 사람이 나눔으로써 행복해지는 이유는 그가 자신의 정신에서 큰 비중을 차지하고 있는 초자아의 요구를 충족시켰기 때문입니다.

정리하자면 대부분의 평범한 사람들은 자신 속의 초자아의 힘이 상대적으로 약한 편이며, 이에 따라 초자아보다는 이드를 충족시킴으로써 행복을 느낍니다. 반면 이태석 신부님과 같은 분들께는 물질적인 안위나 평안함은 행복이 아닌 불편일 것입니다. 이러한 분들은 초자아의 힘이 남다를 것이며, 때문에 초자아의 요구에 부합되는 행동을 하지 않으면 결코 행복할 수 없을 것입니다. 만약 이러한 설명에 어느 정도 설득력이 있다면 우리는 도덕적 자아인 초자아의 힘을 기르기 위해 노력해야 합니다. 나눔을 통해 참된 행복을 느껴보려 한다면 말이죠. 이러한 노력이 어느 정도 성과를 거두어야 비로소 우리는 나누는 삶을 통해 참된 행복을 맛볼 수 있을 것입니다.

참된 행복이란

아리스토텔레스는 인간만의 고유한 기능을 이성과 사유 능력에서 찾았는데, 그는 이와 같은 기능이 잘 발휘되어야만 인간으로서의 참된 행복을 누릴 수 있다고 주장했습니다. 그에 따르면 사유를 본질로 삼는 이성의 기능을 유감없이 잘 발휘하는 것이야말로 인간으로서의 좋은 삶을 사는 것이요, 그렇게 사는 것이 곧 인간의 행복이며 궁극적인 목적입니다. 물론 사람들이 인간의 또 다른 기능인 영양과 생식의 기능 혹은 감각과 욕구의 기능에 따라 살아갈 수도 있습니다. 하지만 아리스토텔레스의 생각에 이를 충족시킴으로써 얻는 행복은 인간다움을 구현하는 참다운 행복이 아닙니다. 이러한 기능을 충족시킴으로써 사람들이 행복하다고 생각할 수 있지만 아리스토텔레스의 생각에 이는 착각일 뿐, 참된 행복을 얻은 것이 아닙니다. 참된 행복은 이성 능력을 발휘하면서, 그리고 이러한 능력을 이용해서 내린 결론에 따라 살아가는 데에서 얻는 것이죠. 우리가 이성 능력을 동원하지 않고 그저 좋은 게 좋은 것이라고 생각하면서, 이를 추구하고, 이를 얻는 데에서 행복을 느낄 수도 있습니다. 하지만 아리스토텔레스의 생각에 이는 행복한 것이 아님에도 행복하다고 착각하고 있을 따름인 것입니다.

다소 다른 맥락이지만 마루야마 겐지 또한 자신의 책 『인생 따위 엿이나 먹어라』에서 독자들에게 이성적으로 살아야 진정한 행복을 찾을 수 있음을 역설합니다. 그에 따르면 사회 지도층은 국민이 조금은 바보이길 바라며, 이러한 목적을 이루기 위해 다양한 방법을 활용합니다. 예를 들어 경쟁을 부추겨 국민들이 다른 생각을 할 겨를이 없게 만들며, 젊은이들을 컴퓨터 게임 등에 탐닉하게 함으로써 정치에 관심을 덜 갖게끔 합니다. 이와 같은 상황에서 깨어 있으면서 이성 능력을 활용하려 하지 않으면 국민들은 자신들을 약간 바보로 이끌어가기 위해 만들어놓은 미끼를 덥석 물어놓고도 행복하다고 생각하며 살아가게 됩니다. 이 경우에 느끼는 행복은 국가권력에 의해 세뇌가 이루어졌기 때문에 느끼는, 착각 속의 행복일 따름입니다. 자신과 세상을 관조함으로써 참된 삶, 참된 행복이 무엇인가를 파악하려 할 경우 우리는 다른 삶을 통해 행복을 얻어야 함을 깨닫게 되는데, 이를 위해 겐지는 이성 능력을 적극적으로 활용할 것을 요구합니다.

그런데 우리가 사유 능력을 동원해 나눔 활동에 대해 생각해본다면 어떤 결론에 도달하게 될까요? 만약 원초적 욕구 만족이라는 측면에서가 아니라 삶을 근원에서 돌이켜보고, 참된 삶, 올바른 삶이 무엇인지를 찾으려는 시도를 해볼 경우, 우리는 나눔을 실천하면서 살아가는 것이야말로 아름답고 숭고하다는 사실을 깨닫게 될 것입니다. 적어도 우리는 이것이 당위로 요청된다는 사실을 파악할 수 있을 것입니다. 이는 어떤 종교의 교리도, 어떤 윤리학적 논의도 나눔의 실천이 잘못되었다고 하지 않는다는 사실에서도 확인됩니다. "내가 진실로 너희에게 이르노니 너희가 여기 내 형제 중에 지극히 작은 자 하나에게 한 것이 곧 내게 한 것이니라."라는 성경의 구절이건, 중생들을 모두 구제할 때까지 자신이 부처가 되길 미루고 중생 구제의 길을 가려는 지장보살의 발원이건, 고통을 제거하고 행복을 도모하라는 공리주의의 입장이건, 타인을 단지 수단으로만 대하지 말고 목적으로 대하라는 칸트의 입장이건, 그리고 극빈자에게 어느 정도 사회 혜택이 돌아가게 하자는 롤스의 입장이건 나눔의 실천을 부정적으로 평가하는 경우는 사실상 없다고 해도 과언이 아닙니다. 심지어 윤리적 이기주의자나 완전자유주의(libetarianism)를 옹호하는 로버트

노직(Robert Nozick)조차도 나눔의 실천은 상황에 따라 필요할 수도 그렇지 않을 수도 있다고 생각하지, 그것이 도덕적인 잘못이라고 말하지는 않을 것입니다. 이렇게 보자면 나눔을 실천하는 것은 사유 능력을 동원해보았을 때 도덕적으로 옳은 것이며, 이를 실천하며 사는 것이 덕스러운 삶을, 그리고 행복한 삶을 살아가는 한 방법이 될 수 있습니다.

이처럼 이성 능력을 활용해 올바름에 대해 생각해보면 우리는 나눔 활동이 마땅하고 옳은 일이라고 생각하게 됩니다. 그런데 우리가 여기에 머물러서는 안 됩니다. 일단 나눔이 마땅하고 옳다는 결론에 이르렀다면 우리는 그 다음 단계로 이를 실천에 옮겨야 하며, 이것이 습관이 될 수 있도록 노력해야 합니다. 이처럼 사유하고 실천을 하게 될 경우 우리는 나눔과 관련한 덕을 얻게 될 것이고, 이것이 우리의 행복으로 이어지게 될 것입니다.

이렇게 살아가는 것은 본인이 행복하다고 느끼는지와 무관하게, 심지어 자신은 불행하다고 생각해도 사실상 행복한 삶을 살아가는 것입니다. 적어도 아리스토텔레스의 관점에서 보았을 때에는 그러합니다. 왜냐하면 그러한 삶은 이성적 판단 능력을 이용해 내린 결론에 따라 살아가는 것이기 때문입니다. 이러한 삶을 살면서 행복하지 않다고 생각한다면 이는 진정한 행복 속에 있음에도 본인이 이를 깨닫지 못하는 것일 따름입니다. 이런 상황에서 불행하다고 느끼는 것은 잘못된 판단 때문이지, 결코 실제로 불행한 것은 아닙니다.

저는 심지어 우리가 나눔을 통해 진정한 행복을 느낄 수 없다고 해도, 혹은 나눔과 행복이 별개라고 해도 나누기 위해 노력해야 한다고 생각합니다. 우리가 공평무사한 태도로 판단해보려 할 때, 나눔은 우리에게 당위로 요청됩니다. 만약 이것이 사실이라면 나눔은 내가 하기 싫으면 하지 않고, 하고 싶으면 하는 무엇이 아닙니다. 우리는 좋건 싫건 마땅히 관심을 가지고 나눔을 실천해야 합니다. 온갖 어려움이 앞을 가린다고 하더라도, 심지어 우리가 불행해진다고 하더라도 우리는 나누는 삶을 살아야 하는 것입니다.

만약 나눔이 당위로서 요청된다면 설령 다른 사람들이 나눔에 대해 전혀 관심이 없어도, 또한 수많은 방해 요인이 있어도 우리는 꿋꿋하게, 나 혼자만이라도 나눔을 실천하겠다는 자세로 살아갈 필요가 있습니다. 설령 나의 외침이 울림 없는 빈 메아리에 불과하며, 바람 앞의 등불이라고 할지라도 나는 나뿐만 아니라 주변 사람들에게도 나눔을 권해 나눔이 확산되도록 노력해야 합니다. 이와 같은 노력을 통해 실낱같은 진전이 있다고 할지라도, 아니 전혀 진전이 없다고 해도 나는 나의 의무를 다한다는 자세로 살아가야 합니다. 저는 이런 노력이 쌓여 언젠가 세상 사람들 모두가 고통 없이, 행복하고 평화롭게 살게 되는 날이 오길 소망하고 또 소망합니다. 지금 당장, 우리 모두 이를 위한 발걸음을 옮겨볼까요?

지은이 김성한

고려대학교 불문학과를 졸업하고 동 대학교 대학원 철학과에서 박사학위를 받았으며, 현재 숙명여대 의사소통센터에 재직 중이다. 저서로는 『왜 당신은 동물이 아닌 인간과 연애를 하는가』, 『어느 철학자의 농활과 나누는 삶 이야기』, 『생명윤리』, 『인간 본성에 관한 철학 이야기』(공저), 논문으로는 「도덕에 대한 발달사적인 접근과 메타 윤리」, 「오늘날의 진화론적 논의에서 도덕이 생래적이라는 의미」, 역서로는 『동물해방』, 『사회생물학과 윤리』, 『프로메테우스의 불』, 『동물에서 유래된 인간』, 『섹슈얼리티의 진화』 등이 있다.

나누고
누리며 살아가는
세상 만들기

2016년 5월 10일 초판 1쇄 인쇄
2016년 5월 15일 초판 1쇄 발행

지은이 | 김성한
펴낸이 | 권오상
펴낸곳 | 연암서가

등 록 | 2007년 10월 8일(제396-2007-00107호)
주 소 | 경기도 고양시 일산서구 호수로 896, 402-1101
전 화 | 031-907-3010
팩 스 | 031-912-3012
이메일 | yeonamseoga@naver.com
ISBN 978-89-94054-85-8 03190

값 15,000원